土地市场、土地供给与区域经济发展

黄凌翔　等著

中国财经出版传媒集团
中国财政经济出版社

图书在版编目（CIP）数据

土地市场、土地供给与区域经济发展／黄凌翔等著．--北京：中国财政经济出版社，2021.12

ISBN 978-7-5223-0991-0

Ⅰ.①土… Ⅱ.①黄… Ⅲ.①国土资源-资源配置-研究-天津②区域经济发展-研究-天津 Ⅳ.①F129.921②F127.21

中国版本图书馆CIP数据核字（2021）第249626号

责任编辑：谷兴华　　责任校对：胡永立
封面设计：卜建辰　　责任印制：党　辉

中国财政经济出版社 出版

URL：http：//www.cfeph.cn

E-mail：cfeph@cfeph.cn

社址：北京市海淀区阜成路甲28号　邮政编码：100142

营销中心电话：010-88191522

天猫网店：中国财政经济出版社旗舰店

网址：https：//zgczjjcbs.tmall.com

北京财经印刷厂印刷　各地新华书店经销

成品尺寸：170mm×240mm　16开　14.5印张　203 000字

2021年12月第1版　2021年12月北京第1次印刷

定价：65.00元

ISBN 978-7-5223-0991-0

（图书出现印装问题，本社负责调换，电话：010-88190548）

本社质量投诉电话：010-88190744

打击盗版举报热线：010-88191661　QQ：2242791300

前　言

当前，以京津冀协同发展、长江经济带发展、粤港澳大湾区建设、长三角一体化发展等为代表的区域协同发展已成为新时代我国重要的发展战略，城市群和中心城市成为影响国家竞争力的主要空间载体，如何科学配置有限的土地资源、实现区域内科学分工与合作是亟待研究的理论和解决的问题。

自 1987 年深圳市敲响土地拍卖“第一槌”奏响了城市土地市场化改革的恢宏序曲以来，我国土地市场经历了 30 多年的发展历程，市场机制对于土地资源的配置也已在党的十八届三中全会报告中明确其具有决定性的作用。土地市场的发展直接影响到土地资源以及其承载的技术、资本、劳动力的资源配置，对于国家和地区经济的发展至关重要。以中共中央、国务院 2020 年 4 月和 5 月出台的《关于构建更加完善的要素市场化配置体制机制的意见》和《关于新时代加快完善社会主体市场经济体制的意见》为标志的新时代土地要素市场化配置改革正进入攻坚期和“深水区”。

我国前期的经济增长多依赖于农村土地征收和流转为国有建设用地，土地从农业用途转为第二、第三产业用途，但随着后备土地资源的稀缺、城镇化和工业化的快速发展，人地矛盾日益突出，这种外延拓展的发展模式已不再可行。合理控制新增建设用地，提升存量建设用地利用效率，积极引导农村集体经营性建设用地进入市场，已成为城市发展的必然选择，因此，2019 年 8 月通过修订的、2020 年开始实施的《中华人民共和国土地管理法》（以下简称《土地管理法》）在这种背景下出台，修订后的《土地管理法》对于农村集体经营性建设用地直接入市、宅基地的改革及流转等进行了放松和许可。不过未来如何将这些土地纳入国家整体经济调控体系也相应成为一个难题。

土地不同于其他生产要素，土地供给可以通过不同用途土地的空间配置，引导城市和区域空间结构的变化，对于城市经济的发展具有显著的空间外溢效应，这成为土地政策有别于其他生产要素政策，而能参与调控区域协同发展的重要理论基石。但目前对这种空间外溢效应的研究尚处于起步阶段，如何科学识别并转化为制度创新思路，尚需要深入探索。

可见，在新时代发展背景下，土地供给政策需要发挥经济调控的主动性，而不应是为了适应地方某种产业或项目落地需要的被动反应，土地供给政策的制定应该充分考虑人民的高质量生活需求和区域协同发展战略的需求，思考未来城市与区域发展的空间结构规律，以及科学处理城市生活、生产和生态的关系。

因此，基于以上现实需求和理论难点，本书以土地市场的发展为起点，梳理我国土地调控实践的阶段性特点，分析不同尺度空间区域（全国、城市群、城市）的土地市场和土地供给特点，探索土地市场、地方财政与区域经济发展的内在机理，辨析增量与存量土地供给对城市经济影响的基本原理和贡献差异，剖析土地供给对不同发展水平或不同行政边界范围内城市群的影响差异，总结土地供给绩效空间外溢性的规律，最后试图对土地供给政策改革提供参考思路。

本书研究团队来自天津城建大学和自然资源部不动产登记中

心，全书共分8章，具体分工为：第1章（王忠）、第2章（周金瑾、刘威）、第3章（朴英、王俊淇）、第4章（黄凌翔、韩杰）、第5章（黄凌翔、陈竹）、第6章（张尚斌、韩杰）、第7章（黄凌翔、韩杰）、第8章（钱招东、黄凌翔），天津城建大学研究生郝建民、张臣刚、陈丽杰、杨璐、刘辰、罗培升等在本书研究过程中参与了大量的数据调研和整理工作，研究生梁兴森、张桢、赵越越参与了本书的文字校对工作。

本书得到天津市哲学社会科学规划课题重点项目（TJYJ20—007）、天津市教委社会科学重大项目（2020JWZD40）和天津市人文社科重点研究基地“天津城镇化与新农村建设研究中心”、自然资源部不动产登记中心的大力支持和资助。

最后，衷心感谢南开大学郝寿义教授、天津城建大学王建廷教授多年的关心、帮助和指导，感谢自然资源部卢静研究员对本书研究提供了重要的建议。

由于区域经济发展的复杂性，以及基于土地公有制下的土地调控理论与西方城市和区域发展理论还存在许多理论前提的差异，本书试图通过理论研究结合实证分析对土地市场、土地供给和区域经济发展的关系进行一定的探索，但由于作者能力有限，书中各种方法的衔接和理论解释仍存在很多不足，恳请各位专家、学者批评指正。

作者

2021年10月

目　录

第 1 章

我国土地市场发展与调控演进历程

新中国成立以来，土地资源配置从行政调控为主逐渐转变为市场机制配置发挥决定性作用，市场与政府的作用一直处于不断变化和演进的过程中。政府如何科学开展宏观调控、有效提升土地及相关生产要素的配置效率，成为当前土地市场发展的重要命题。城市建设用地供给的数量、结构、布局等特征，成为影响城市与区域经济发展的重要因素，随着土地市场发展阶段和区域经济水平的变化呈现不同的调控需求和变化特点。参考学界一般表达，本书所指的土地供给，如无特殊说明，即为城市建设用地供给。

1.1　我国土地市场发展与政府调控之间的关系

1.1.1　土地市场发展的历程

1.1.1.1　土地市场探索阶段

1978 年，我国农村开始改革，实行农村土地家庭承包经营制度，取得了巨大的成功，土地生产率大幅提高。同年，党的十一届三中全会提出要将经济建设作为我国发展的重心，推动了我国有关土地使用制度的改革，也为土地市场的发展奠定了基础。与此同时，城市也逐步开始进行土地使用制度改革。

1979 年通过的《中华人民共和国中外合资经营企业法》规定："中国合营者的投资包括为合营企业经营期间提供的场地使用权。如果场地使用权作为中国合营者投资的一部分，合营企业应向中国政府交纳使用费。" 1980 年 10 月，国务院颁布《关于中外合营企业建设用地的暂行规定》，对中外合营企业用地计收场地使用费做出了明确规定。因此，这一政策的出台是我国城市土地使用制度改革的先兆。1982 年，深圳经济特区在国内首先开始按年度向不同等级土地的使用者收取不同标准的土地使用费用。

1984 年，广州、抚顺等城市也先后实行了这一办法，并逐步在全国各城市推开。当时实行这项政策，虽然蕴涵土地有偿使用的意义，但主要目的是解决城市基础设施建设资金短缺问题，还未涉及建立土地市场的问题。

1986 年，国家土地管理局成立，首先开展了非农建设用地清查和基层土地管理队伍建设，并于 1987 年提出 18 亿亩耕地保护底线。1987 年，深圳市分别以协议、招标、拍卖的方式出让了 3 宗土地，开创了市场配置土地资源的先河，突破了国有土地使用权不允许转让的法律禁区。

1987 年 11 月，国务院批准了国家土地管理局等部门的报告，确定在深圳、上海、天津、广州、厦门、福州等城市进行土地使用制度改革试点。按照土地所有权与土地使用权分离的原则，国家在保留土地使用权的前提下，通过协议、招标、拍卖的方式将土地使用权以一定的价格、年期及用途出让给土地使用者，出让后的土地使用权可以转让、出租、抵押。这是我国城市土地使用制度的根本性改革，突破了土地无偿、无限期、无流动的使用制度，实行了市场机制配置土地资源的新制度。自此，我国土地市场发生了转折性的变化。

1.1.1.2 土地市场形成阶段

由于当时我国土地使用制度刚刚开始改革，因此在这一阶段土地市场开始逐步形成和发展。1988 年 4 月 12 日，第七届全国人民代表大会通过了《中华人民共和国宪法修正案》，删除了原《宪法》第十条关于土地不得出租的规定，增加了“土地使用权可以依照法律的规定转让”的规定，这一突破从根本上为土地市场的形成做好了保障，《宪法》的支持使得土地市场的发展更为顺利，这也标志着我国的土地使用权可以进入市场流通并开始产生价值。同年 12 月，全国人大常委会第五次会议通过了对《土地管理法》的修改，明确规定“国家依法实行国有土地的有偿使用制度”。1990 年 5 月 19 日，国务院颁布《中华人民共和国城镇国有土地使用权出让和转让暂行条例》，明确规定“中华人民共和国境内外的公司、企业、其他组织和个人，除法律另有规定者外，均可依照本条例的规定取得土地使用权进行土地开发、利用、经营”。暂行条例明确了我国国有土地使用权可以出让、转让、租赁、抵押等，标志着我国的土地使用权出让制度基本形成。1992 年，邓小平南方谈话和中国共产党第十四次全国代表大会确立了经济体制改革的基本目标是建立社会主义市场经济体制以后，全国土地市场的培育和发展进程进一步加快。

随着土地市场的迅速发展，出现了 1992—1993 年的房地产热，全国各地大搞土地开发区，“土地投机”盛行，“炒卖土地使用权”现象十分严重。1993 年 7 月，国务院开始整顿房地产市场，全国城市土地市场进入调整发展期。1993 年，招标、拍卖出让土地宗数仅占土地出让总宗数的 1.5%，1999 年，这一比重仅占 4.2%。这一时期，土地市场尽管在不断发育完善，但是协议出让也确实让很多人钻了“空子”。

当时的土地市场存在着大量的政府干预和计划配置，严重阻碍了土地市场的进一步发展，市场机制的理性调节作用还没能得到完全发挥。

1.1.1.3　土地市场规范阶段

从 2001 年开始，我国的土地市场逐步开始完善，相应的政策、规定也接踵而来，不断地扩充着我国土地市场的内涵与要求。2001 年，国务院下发了《国务院关于加强国有土地资产管理的通知》，明确提出，为体现市场经济原则，确保土地使用权交易的公开、公平和公正，各地要大力推行土地使用权出让的招标、拍卖方式，土地使用权要在土地有形市场上依法公开交易。为此，国务院在当年又颁布了《划拨用地目录》，严格规定划拨用地范围，限制了政府划拨土地的随意性。国土资源部于 2002 年出台了《招标拍卖挂牌出让国有土地使用权的规定》，规定自 2002 年 7 月 1 日起，经营性国有土地使用权出让必须通过招标、拍卖、挂牌（以下简称招拍挂）的方式公开交易；2003 年出台了《协议出让国有土地使用权规定》，对国有土地使用权协议出让适用范围及出让底价做了严格限制。

随着我国经济的快速发展、城市建设对土地需求的迅猛增加，2003 年以后在全国范围内再一次出现土地市场过热问题。全国不少地区出现违法越权批地、盲目圈占土地乱设开发区、建设用地供应过多、乱占滥用耕地等问题。针对土地市场上出现的严重问题，2003 年国务院提出运用土地政策参与宏观调控。2004 年 10 月，国务院下发《国务院关于深化改革严格土地管理的决定》，要求严格控制建设用地供地总量，工业用地也要创造条件逐步实行招拍挂出让，严禁低价出让工业用地。为进一步规范土地市场，国务院相继出台了《关于2005年深化经济体制改革的意见》和《关于加强土地调控有关问题的通知》。

2007年，国土资源部在2002年规定的基础上，下发了《招标拍卖挂牌出让国有建设用地使用权规定》，规定工业、商业、旅游、娱乐和商品住宅等经营性用地以及同一宗地有两个以上意向用地者的，应当以招拍挂方式出让。该项规定进一步扩大了以招拍挂方式出让土地使用权的范围。2008年，国务院下发了《关于促进节约集约用地的通知》，强调要发挥市场配置土地资源的基础性作用。2011年，国土资源部发布《关于坚持和完善土地招标拍卖挂牌出让制度的意见》，明确表示要发挥土地招拍挂出让政策的调控作用、健全土地招拍挂出让政策。2013年，党的十八届三中全会通过了《中共中央关于全面深化改革若干重大问题的决定》，允许农村集体经营性建设用地出让、租赁、入股，实行与国有土地同等入市、同权同价；扩大国有土地有偿使用范围，减少非公益性用地划拨；完善土地租赁、转让、抵押二级市场。2014年，中共中央、国务院发布《国家新型城镇化规划（2014—2020年）》，指出要建立健全规划统筹、政府引导、市场运作、公众参与、利益共享的城镇低效用地再开发激励约束机制，盘活存量建设用地。紧接着，2015年8月，国务院办公厅发布了《整合建立统一的公共资源交易平台工作方案》，要求整合土地使用权出让等市场，建立统一的公共资源平台，对我国土地市场新一轮的发展和完善提出了更高的要求。2015年9月，中共中央、国务院发布《生态文明体制改革总体方案》，提出实施建设用地总量控制和减量化管理。一系列法律和政策的出台逐步促进了土地市场资源配置效率的提高和价格、供求与竞争等市场机制的显化，规范和促进了土地一级市场的快速发展，反映了在建设用地供应总量、有偿使用程度、市场配置能力和二级市场等方面的政策调整，对城镇化进程的推进和城市建设用地扩张产生了显著影响。

1.1.1.4 统一的、灵活的要素市场化改革深化阶段

在经济快速发展、城市后备建设用地资源不足及城镇化不断深化的现实背景和区域协同、城乡统筹发展的战略要求下，国家对于城市内部、城

乡之间的土地及相关生产要素配置开展全面深入的市场化改革。

为提升土地利用效率，2016年，国土资源部发布了《产业用地政策实施工作指引》（国土资厅发〔2016〕38号），提出企业可以采取长期租赁、先租后让、租让结合的方式使用国有土地。部分城市还出台了相对更为详细的实施方案，如2019年2月12日，修订的《广州市工业用地使用权先租赁后出让和弹性年期出让实施办法》颁布，提出“通过先租后让、弹性出让的工业用地，若绩效不达标，政府将提前收回用地”，“工业用地使用权先租赁后出让的租赁年限不得超过10年，与后续出让年期之和最高为50年。弹性年期出让的土地使用权出让年限不得超过20年”。

2017年，国土资源部印发了《关于完善建设用地使用权转让、出租、抵押二级市场的试点方案》，对全面开展完善建设用地使用权转让、出租、抵押二级市场试点做出重要部署。试点地区涉及30个省份的34个市县（区）。方案明确在试点地区建立符合城乡统一建设用地市场要求，产权明晰、市场定价、信息集聚、交易安全的土地二级市场，为构建城乡统一的建设用地市场、修改完善相关法律法规提供支撑。土地二级市场实现了土地要素的横向流动，对促进土地资源的优化配置和节约集约利用、加快工业化和城镇化进程发挥了积极作用。2019年5月29日，中央全面深化改革委员会第八次会议审议通过《关于完善建设用地使用权转让、出租、抵押二级市场的指导意见》（以下简称《指导意见》）。2019年7月，国务院办公厅正式印发了《指导意见》。《指导意见》是我国首个专门规范土地二级市场的重要文件，其针对土地二级市场运行发展中存在的“交易规则不健全、交易信息不对称、交易平台不规范、政府的服务和监管不完善”等问题，提出要着力完善交易规则、创新运行模式、健全服务监管、促进土地要素流通顺畅等措施，以提高存量土地资源配置效率和节约集约用地水平。《指导意见》对于促进一级、二级市场协调发展、加快建立城乡统一的建设用地市场、加快推动经济高质量发展具有重要意义。2019年8月26日，第十三届全国人民代表大会常务委员会第十二次会议审议通过的《土地管理法》修正案中将上述改革的思路列入其中。

2020年3月，中共中央、国务院出台了《关于构建更加完善的要素市场化配置体制机制的意见》，构建了土地要素、劳动力要素、资本要素、技术要素、数据要素等生产要素综合市场化改革的框架，提出“推进土地要素市场化配置”包括建立健全城乡统一的建设用地市场、深化产业用地市场化配置改革、鼓励盘活存量建设用地等。同年5月，中共中央、国务院出台了《关于新时代加快完善社会主义市场经济体制的意见》，进一步强调“构建更加完善的要素市场化配置体制机制，进一步激发全社会创造力和市场活力”，在“推进要素价格市场化改革”中指出“完善城镇建设用地价格形成机制和存量土地盘活利用政策，推动实施城镇低效用地再开发，在符合国土空间规划前提下，推动土地复合开发利用、用途合理转换”；在“创新要素市场化配置方式”中强调“健全工业用地多主体多方式供地制度，在符合国土空间规划前提下，探索增加混合产业用地供给”。

2021年6月，中共中央办公厅、国务院办公厅印发《建设高标准市场体系行动方案》，在“推动经营性土地要素市场化配置”中强调“加强对土地利用计划的管理和跟踪评估，完善年度建设用地总量调控制度、推动不同产业用地类型合理转换，探索增加混合产业用地供给。积极探索实施农村集体经营性建设用地入市制度、探索建立全国性的建设用地指标跨区域交易机制、改进完善跨省域补充耕地国家统筹机制”等。

可见，土地要素市场化配置成为国家促进经济平稳快速发展、优化提升经济结构和推进区域协调发展的重要抓手，同时也强调土地要素需要与其他要素市场化改革统筹推进。

1.1.2 土地市场发展的局限性与政府调控的必要性

（1）在土地市场的形成过程中，充满了信息的非对称性。地方政府处于土地供给的垄断地位，在土地市场中，工业用地、商业服务业（以下简称商服）用地、住宅用地的供给存在许多错配现象。政府为了维持国内生产总值（GDP）会降低工业用地的价格以牺牲其他土地的供给，但是这部分供给量大的土地的集约利用存在很大问题。

（2）由于土地的稀缺性和位置的固定性，各地土地指标普遍受到约束，但各地土地价值不同，土地市场发育水平不一，如何基于区域协调发展进行土地供给市场配置需要政府的调控。

（3）粮食安全问题必须得到重视。改革开放以来，我国粮食生产虽然在总量上连年提升，但是可持续性却受到极大挑战，城镇化进程中，大量农用地转变成建设用地。因此新增建设用地配置、农村经营性建设用地入市，以及农业农村产业用地综合发展需要政府调控。

（4）土地市场采取的办法行政性的居多，应对性特点突出，缺少理性的长周期措施，且多侧重需求侧的调控，在供给上进行有效的结构性调控比较少。因此，土地市场在未来的发展过程中，政府必须从土地、金融、财税、投资、法制等方面综合调控，建立起长效的土地调控制度，以促进土地市场的健康运行。

1.2　政府土地调控政策演进

自 20 世纪 90 年代开始，我国不断加大土地政策调控宏观经济的力度，土地政策已经成为继货币政策、财政政策之后的第三大调控政策，并根据不同经济发展背景体现出不同的阶段特征。房地产作为国民经济支柱性产业，土地是其发展的根本要素，房地产的调控与开发趋势也最能从根本上反映土地调控的演变。根据不同的调控目的，我国土地市场和房地产市场调控政策的演变历程大概分为以下四个阶段：

1.2.1　控制投资增长的首轮调控（1993—1997 年）

自 1987 年国家开始土地市场化改革以来，真正意义上针对土地和房地产市场的首轮调控始于 1992 年房地产市场初步形成以后。以 1992 年邓小平南方谈话为契机，我国南方骤然掀起了房地产开发的高潮。海南省、广西北海市等地房地产开发投资高速增长，金融机构大量发放房地产贷款，以“炒地皮”“炒项目”为主的房地产市场交易异常活跃，形成了严重的房地产“泡沫”。据统计，1992 年全国房地产开发投资额达 731 亿元，与上年同比增长 117%，土地出让面积达 2.2 万平方米，商品房销售额超过 450 亿元，与上年同比增长 83.83%，土地和商品房市场成交都十分活跃。1993 年上半年，全国房地产开发投资仍保持高速增长，相比 1992 年上半年增长 143.50%。然而，房地产开发过热，房价迅速攀升，也在一定程度上拉高了钢材、水泥等材料的价格，并且挤占了过多的资金，阻碍其他重点项目建设，导致国民经济发展严重失衡。

对此，1993 年下半年，中央政府开始通过严控信贷等措施遏制房地产企业炒地炒房的行为，以控制房地产开发投资过快增长。到 1993 年下半年，全国房地产开发投资增幅明显回落。1993 年年底，海南省、广西北海市等过热地区房地产泡沫破裂，之后经历了一段较长时期的低迷。1992—1993 年的房地产开发过热，暴露出了我国房地产市场形成初期的一系列问题，如交易不规范、市场管理薄弱等，但同时也昭示了住房商品化和市场化的巨大潜力，为进一步的住房制度改革提供了经验与参考。

1994 年继续实行 1993 年下半年的调控措施，房地产开发投资规模得到了有效控制。1994 年全国房地产开发投资额为 2 554.10 亿元，相对 1993 年增长了 31.82%，增幅同比回落十分明显。1995—1997 年，基本处于房地产过热后的市场反思与调整的阶段，开发投资增速逐步回落，市场整体比较低迷。调控的重点在于深化住房制度改革、规范房地产市场管理等方面，比较有代表意义的是 1994 年 7 月出台的《城市房地产管理法》和《关于深化城镇住房制度改革的决定》。

1.2.2 供需双向的二次调控（1998—2007 年）

进入 21 世纪之后，我国进入了快速城市化和新兴工业化阶段，经济增长速度很快。城镇化率从 1996 的 0.48% 经过 5 年，到 2000 年超过 40%，2000 年开始我国 GDP 突破了 10 万亿元。在快速发展的背景下，也暴露出产业结构不尽合理、部分产业产能严重过剩、经济增长方式粗放、土地利用效率低下等问题，房价涨幅过快等经济、生态、社会问题，急需中央强有力的宏观调控。2003 年 6 月，中国人民银行发布《关于进一步加强房地产信贷业务管理的通知》（银发〔2003〕121 号，以下简称 121 号文件），其中提出要加强房地产信贷管理，具体措施包括：

（1）提高房地产企业申请贷款的门槛，即房地产开发企业申请银行贷款，其自有资金（指所有者权益）应不低于开发项目总投资的 30%，并且要求开发资质、信用等级较高、没有拖欠工程款等条件。

（2）加强个人住房贷款管理，适当提高购买第二套以上（含第二套）住房的首付款比例。121 号文件的出台对中小房地产企业是一个巨大打击。121 号文件是 1998 年提出扶持房地产业成为新的经济增长点以后，首次采取措施控制房地产投资过热，表明政府对房地产的态度由支持转为谨慎。

2003 年 8 月，国务院发布《关于促进房地产市场持续健康发展的通知》（国发〔2003〕18 号，以下简称 18 号文件），其中要求充分认识房地产市场持续健康发展的重要意义，提出对符合条件的房地产开发企业和项目要继续加大信贷支持力度。文件也强调了要关注房地产价格和投资增长过快的问题，但几乎没有提出实质性的调控措施，由此，被业界视为 121 号文件的“缓冲剂”。这也反映了政府对房地产企业的矛盾心态，既希望房地产业继续拉动经济增长，又担心房地产过热不利于经济平稳运行。中国人民银行 121 号文件和国务院 18 号文件的发布标志着新一轮调控的开始。

2003 年下半年开始，全国范围又开始出现房地产开发过热的现象。对此，政府从严控土地和信贷两方面着手，控制房地产投资过快。2004 年 3 月，国土资源部、监察部联合下发了《关于继续开展经营性土地使用权招标拍卖挂牌出让情况执法监察工作的通知》（国土资发〔2004〕71 号），其中要求对“开展经营性土地使用权招标拍卖挂牌出让情况”进行全国范围内的执法监察，各地要在 2004 年 8 月 31 日前将历史遗留问题处理完毕，否则国家土地管理部门有权收回土地，纳入国家土地储备体系。这项措施从土地供给这个源头上控制房地产开发投资的过快增长。2004 年 8 月，中国银行业监督管理委员会（以下简称中国银监会）发布《商业银行房地产贷款风险管理指引》，要求申请贷款的房地产开发企业的开发项目资本金比例不低于35%，在121号文件的30%的基础上有所提高。

从2005年第1季度开始，部分地区房价呈现快速上升之势，引起了政府的关注。2005年之前的房地产市场调控，着重于控制房地产投资过快增长，对稳定房价的成效不大。因此，从2005年开始，政府调控目标由控制房地产投资规模过大的单一目标向既控制投资速度又抑制商品住房价格上涨过快的双重目标转换，强调做好供需双向调节，在控制投资的同时，着力于采取措施稳定房价。

2005年3月，中国人民银行发布《关于调整商业银行住房信贷政策和超额准备金存款的通知》，宣布取消住房贷款优惠政策，实行利率下限管理。这标志着调控开始偏向需求方面。随后，国务院下发《关于切实稳定住房价格的通知》（简称“国八条”），其中将稳定房价提高到政治高度。同年4月，国务院常务会议提出《国务院办公厅关于进一步做好房地产市场调控工作有关问题的通知》（简称“新国八条”），并于5月下发了《国务院办公厅转发建设部等部门关于做好稳定住房价格工作意见的通知》，其中要求各地区把解决房价上涨幅度过快等问题作为当时加强宏观调控的一项重要任务，并转发了建设部等七部委在《关于做好稳定住房价格工作的意见》中提出的八条意见。该意见取消了1998年以后的培育新经济增长点时期出台的扶持房地产市场的一系列优惠政策，并提出了一些严厉的政策措施。

2006年5月，国务院办公厅转发建设部等部门《关于调整住房供应结构稳定住房价格意见》（简称“国六条”），强调进一步做好房地产市场引导和调控工作，并将调整住房供应结构、控制住房过快上涨纳入目标责任制。此后，为了贯彻落实“国六条”，国家税务总局、中国人民银行、中国银监会等相关部门也发出通知，分别从税收政策、信贷政策和市场监管等方面加大房地产市场调控力度。2006年7月，建设部、国家外汇管理局、国家发展和改革委员会、商务部也先后发文规定房地产市场的外资准入和相关审批管理、监管工作，严把外资进入的门槛，遏制外资炒房投资，有助于缓解房地产投资过热、房价上涨的压力。

从 2007 年下半年开始，调控的重点逐步转向保障性住房制度建设。2007 年 8 月，国务院发布《关于解决城市低收入家庭住房困难的若干意见》（国发〔2007〕24 号），指出要切实解决城市低收入家庭住房困难的问题，加快建立以廉租住房为中心的住房保障体系。同年 10 月，党的十七大再次强调了解决居民住房问题的重要性。财政部、建设部等部门也先后出台配套政策，推进廉租房和经济适用房的建设与管理工作。

1.2.3　保障优先和土地节约集约利用导向的调控（2007—2019 年）

此后，国家层面为了更好地巩固已建立的土地宏观体系，从提高第二套房贷首付比例和基准利率到增加住宅用地与住房供应等长效调控机制等方面，遏制房价过快上涨，合理引导住房消费，保障经济平稳发展。

2007 年 8 月，国务院出台了《国务院关于解决城市低收入家庭住房困难的若干意见》（国发〔2007〕24 号），对廉租住房、经济适用房及中低价位、中小型普通商品住房建设用地的年度土地供给量比例做出了规定，住房种类内涵得到丰富；2010 年 1 月 10 日，国务院办公厅出台了《关于促进房地产市场平稳健康发展的通知》（国办发〔2010〕4 号，简称“国十一条”），规定第二套房贷款首付比例不得低于 40%；2010 年 4 月，为遏制部分城市房价过快上涨，国务院颁布实施《国务院关于坚决遏制部分城市房价过快上涨的通知》（国发〔2010〕10 号，简称“国十条”）；2010 年，中国人民银行和中国银监会发布《关于完善差别化住房信贷政策有关问题的通知》（银发〔2010〕275 号，简称“9·29 新政”），出台了五条包括信贷、税收、市场监管等方面的措施，进一步推进房地产市场调控，明确提出对贷款购买第二套住房的家庭，严格执行首付比例不低于 50%、贷款利率不低于基准利率 1.1 倍；2011 年 1 月，《国务院办公厅关于进一步做好房地产市场调控工作有关问题的通知》（国办发〔2011〕1 号）提出，保障性住房的用地一定要“应保尽保”，也就是土地政策要向该领域倾斜。

在 2013 年 2 月，《国务院办公厅关于继续做好房地产市场调控工作的通知》中指出房地产市场调控仍处在关键时期；2014 年的《中国人民银行　中国银行业监督管理委员会关于进一步做好住房金融服务工作的通知》(银发〔2014〕287 号，简称“9·30 房贷新政”)，2015 年的《中国人民银行　住房与城乡建设部　中国银行业监督管理委员会关于个人住房贷款政策有关问题的通知》(银发〔2015〕98 号，简称“3·30 政策”)及《中国人民银行　中国银行业监督管理委员会关于进一步完善差别化住房信贷政策有关问题的通知》(银发〔2015〕305 号，简称“9·30 政策”)均从信贷角度，给予房地产市场以宏观层面的量化宽松性的调控，引起了又一轮房地产价格的上涨。

2016 年国庆期间 20 余城市纷纷从信贷、土地供给等角度出台了对房地产的限购政策；2016 年 12 月的中央经济工作会议指出要综合运用金融、土地等手段建立起符合我国国情的房地产市场长效机制，继而保持房地产市场的稳定发展。

2017 年 3 月，北京、上海、广州、深圳、重庆、郑州等地，再一次收紧房地产购买的相关政策，从土地供给、货币、金融、交易等环节对房地产市场进行宏观层面的调控。

2008 年金融危机爆发以来，对房地产市场实施长期调控机制的同时，国家一方面通过土地政策加大土地供给量以拉动投资、调整产业结构，2009 年，为充分发挥地价政策在宏观调控中的作用，增加支柱产业供地，国土资源部在关于调整《工业用地出让最低价标准》实施政策中强调，对各省（自治区、直辖市）确定的本地产业发展规划中优先发展的产业且用地集约的工业项目，在确定土地使用权出让底价时可按不低于所在地土地等别相对应标准的 70% 执行；另一方面主动通过土地政策转变经济发展方式，要求集约、可持续地利用土地，传统的“保证足量的土地供给”政策也逐步转向“转变土地利用方式”，2007 年以后陆续颁布了《关于加大闲置土地处置力度的通知》《招标拍卖挂牌出让国有建设用地使用权的规定》《土地储备管理办法》、《关于促进节约集约用地的通知》(2008 年)、《关于严格建设用地管理促进批而未用土地利用的通知》(2009 年)、《关于进一步加强房地产用地和建设管理调控的通知》(2010 年)、《闲置土地处置办法》(2012)等政策，加大对开发商闲置土地的打击，提升土地资源配置的效率。

2013年以后，土地政策的调控重点为土地资源配置的市场化改革，城乡统一的建设用地市场建立，以解决农民进城的后顾之忧，推动城镇化进程。2013年11月12日，党的十八届三中全会通过了《中共中央关于全面深化改革若干重大问题的决定》(以下简称《决定》)，进入了全面深化改革时期。《决定》中强调“建立城乡统一的建设用地市场”作为“加快完善现代市场体系”的重要组成部分，并且着重突出“赋予农民更多财产权利”“推进城乡要素平等交换和公共资源均衡配置”“完善城镇化健康发展体制”，表明新时期土地利用转型政策要注重土地资源配置的市场化改革和构建城乡土地资源合理利用的机制。

2016年，国家在继续强化耕地保护和节约用地的基础上，深化改革、稳中求进，不仅实施“人地挂钩”政策、降低地耗目标、完善节地技术和用地标准等，而且为服务供给侧结构性改革的目标，进一步推进重点领域土地政策创新和制度改革，土地利用政策着力于做好重大工程和重大基础设施用地保障、支持新产业新业态发展和化解过剩产能、推进新型城镇化建设等方面。

2018年8月26日，《土地管理法》修订案正式通过并颁布，2021年7月《中华人民共和国土地管理法实施条例》(以下简称《土地管理法实施条例》)正式颁布，同年9月1日正式实施。

1.2.4 从土地市场拓展到生产要素市场化综合统筹调控(2020年至今)

土地要素和相关生产要素的综合改革成为目前土地市场发展的重要趋势，国家对生产要素市场化综合改革提到一个前所未有的高度，其中典型表现就是出台了《关于构建更加完善的要素市场化配置体制机制的意见》《关于新时代加快完善社会主义市场经济体制的意见》和《建设高标准市场体系行动方案》。

但是，土地、劳动力、资金、技术等生产要素综合推进改革并非易事，上述意见和行动方案提出的还集中于各要素单一市场，如何在推进区域协调发展、城市高质量发展过程中发挥改革合力，尚在研究探索之中。

第 2 章

我国土地市场化水平及土地供给特点

2.1　我国土地市场化水平

我国土地市场广义上包括城市土地一级市场、二级市场以及农地非农化市场。考虑到本书重点探讨土地供给与土地市场的关系，此处仅分析城市土地一级市场的情况。

2.1.1　研究区域说明和数据来源

为深入观察我国土地市场化的区域差异特点，根据《中共中央　国务院关于促进中部地区崛起的若干意见》《国务院发布关于西部大开发若干政策措施的实施意见》以及党的十六大报告等对我国区域的划分，参考国家统计局 2011 年 6 月 13 日的划分办法，本书将我国的经济区域划分为东部、中部、西部和东北四大地区，如表 2.1 所示。由于 2006 年 8 月《国务院关于加强土地调控有关问题的通知》规定工业用地必须采用招拍挂方式，2007 年 9 月国土资源部修订并重新颁布《招标拍卖挂牌出让国有建设用地使用权规定》（简称“39 号令”），明确规定工业用地（不含矿山），以及同一宗地有两个以上意向用地者的其他用地也要采用招拍挂的方式出让，规定从 2007 年 11 月正式实施；此后两年土地市场环境逐渐趋于稳定。因此，本部分研究期限为 2009—2019 年，所使用的数据来源于《中国国土资源统计年鉴》（2010—2018 年）、土地市场动态监测与监管系统等，并对个别年份数据缺失的情况进行了移动平均处理。

2.1.2　土地市场化程度模型构建

现有文献对土地市场化的测度有比例法和权重法两种。比例法是以招拍挂方式出让的土地占全部出让土地的比例作为土地市场化的衡量指标，包括宗数占比和面积占比两类。这种衡量方式只考虑了土地供给的市场化程度，而忽略了政府干预对土地出让的影响。实际上，如果政府干预了土地出让的数量和过程，最终会导致土地出让价格偏离于实际土地市场化价格。因此，有些学者用价格权重法衡量土地市场化程度，即以土地出让价格和土地出让方式做加权平均表示土地市场化程度（Liu 等，2016）①。因此，本节选择土地一级市场各种交易方式的土地宗数作为评价指标，参考曲福田等（2004）② 等研究成果，得到土地市场化程度的测算模型：

$$LM = \sum N_i W_i / \sum N_i$$

式中，LM 表示土地市场化程度，N 和 W 分别表示土地交易地块数和权重，i 表示土地交易方式（包括划拨、协议、招拍挂、租赁方式）。因为土地各种交易方式中的市场化程度是不同的，所以在测算模型中赋予它们的权重也不同。

表 2.1　　我国经济区域划分③

区域	省份个数	省份名称
东部	10	北京、天津、河北、上海、江苏、浙江、福建、山东、广东、海南
中部	6	山西、安徽、江西、河南、湖北、湖南
西部	12	重庆、四川、贵州、云南、西藏、陕西、甘肃、青海、宁夏、新疆、内蒙古、广西
东北	3	辽宁、吉林、黑龙江

注：本书研究不包括我国港澳台地区，以下同。

本节选用每年各城市不同供应方式的平均价格分别计算城市的变化价格权重。具体的计算方法是：以招拍挂市场交易方式价格作为基准价格，用其他方式交易价格与基准价格的比值作为价格权重。参考曲福田等

① Liu, T., G. Cao, Y. Yan, and R. Y. Wang. Urban Land Marketization in China: Central Policy, LocalInitiative, and Market Mechanism [J]. Land Use Policy, 2016, (57): 265－276.

② 曲福田，冯淑怡，诸培新，陈志刚．制度安排、价格机制与农地非农化研究［J］．经济学（季刊），2004（04）：229—248.

③ 东西中部和东北地区划分方法，中华人民共和国国家统计局。http://www.stats.gov.cn/ztjc/zthd/sjtjr/dejtjkfr/tjkp/201106/t20110613_71947.htm。

(2004)、钱忠好等(2012)、徐升艳等(2018)的研究成果，视招拍挂价格为正常市场交易价格，其权重设为1；其他交易方式的权重为其自身交易价格与当年招拍挂市场交易均价的比值；划拨是一种典型的行政配置方式，基本上为无偿获取，其权重设为0。

2.1.3 土地市场化程度时空演变

2009—2019年我国土地市场化程度如图2.1和表2.2所示。可以看出，研究期内我国土地市场化程度整体处于中等水平，2019年土地市场化程度与2018年持平。

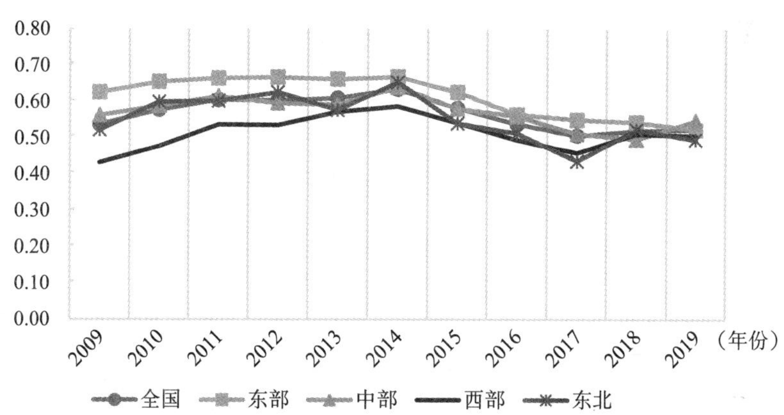

图2.1 2009—2019年全国及四大区域土地市场化程度

资料来源：根据《中国国土资源统计年鉴》(2010—2018年)、土地市场动态监测与监管系统相关数据计算绘制。

2009—2014年全国土地市场化程度从0.54上升到0.63，其中2014年市场化程度最高达0.63。2003年，国务院要求全面落实经营性用地招拍挂出让制度，土地市场化开始实行，从2004年起土地市场开始逐步发育。2007年，工业用地出让要求实行招拍挂，标志着我国经营性建设用地出让由此正式进入全面市场化阶段，2009—2014年土地市场化程度显著提升。但是，2014—2019年全国土地市场化程度表现为下降趋势。2014年之所以成为研究期的转折点，主要是因为自2005年房价攀升伊始，2009年我国房地产市场过热，房价持续攀高，为抑制居住用地的出让价格非理性上涨，2010—2013 年我国房地产调控实行收紧政策［2010 年的《国务院办公厅关于促进房地产市场平稳健康发展的通知》（国办发〔2010〕4 号，简称“国十一条”）和《国务院办公厅关于促进房地产市场平稳健康发展的通知》（国办发〔2010〕4 号，简称“新国十条”），2011 年的《国务院办公厅关于切实稳定住房价格的通知》（国办发明电〔2005〕8 号，简称“新国八条”），2013 年的《国务院办公厅关于继续做好房地产市场调控工作的通知》（国办发〔2013〕17 号，简称“新国五条”）］，2014—2016 年我国房地产调控实施放松政策［2014 年的《中国人民银行 中国银行业监督管理委员会关于进一步做好住房金融服务工作的通知》（银发〔2014〕287 号，简称“9・30 房贷新政”），2015 年的《中国人民银行 住房城乡建设部 中国银行业监督管理委员会关于个人住房贷款政策有关问题的通知》（银发〔2015〕98 号，简称“3・30 政策”），2016 年“两会”期间，房地产调控定调为因城施策去库存］。

表 2.2　　2009—2019 年全国及四大区域土地市场化程度

地区＼年份	2009	2010	2011	2012	2013	2014	2015	2016	2017	2018	2019
全国	0.54	0.58	0.61	0.60	0.61	0.63	0.58	0.54	0.51	0.52	0.52
东部	0.63	0.66	0.67	0.67	0.66	0.67	0.63	0.57	0.55	0.54	0.52
中部	0.56	0.59	0.61	0.60	0.59	0.64	0.58	0.56	0.51	0.50	0.55
西部	0.43	0.48	0.54	0.54	0.57	0.59	0.54	0.49	0.46	0.51	0.51
东北	0.52	0.60	0.60	0.63	0.58	0.65	0.54	0.51	0.44	0.52	0.50

资料来源：根据《中国国土资源统计年鉴》（2010—2018 年）、土地市场动态监测与监管系统相关数据计算而来。

在国家加强房地产业宏观调控期间，由于城镇化快速发展及存在的房地产投机行为往往会导致房地产业供给小于需求，从而造成房价越调越高现象。由于存在良好预期，房地产开发商会在国家房地产调控收紧政策期间大量囤积土地，推动我国土地市场化程度在 2014 年达到最高 0.63。

2014 年以后，政府加大了保障性住房用地的供应，对公共基础设施建设高度重视，公共管理与公共服务用地的交易量持续增长，由 2014 年的 7. 37 万公顷上涨到 2019 年的 12. 25 万公顷，由于这类土地主要以划拨和协议出让为主，降低了全国整体的土地市场化程度。

各区域土地市场化程度的变化趋势与全国基本保持一致。其中，2019 年相较于 2018 年，东部和东北地区呈下降趋势，西部地区持平，中部地区呈现上升趋势。2009—2019 年，东部、东北和中部、西部地区土地市场化程度最高值均出现在 2014 年。2009—2014 年四个区域的土地市场化程度在波动中上升。2014 年之后各地土地市场化程度表现出不同程度的下降，主要原因可能是 2014 年出台了《关于推进土地节约集约利用的指导意见》。意见指出，“要使节约集约用地有效推进，当前和今后一个时期，要使市场在资源配置中起决定性作用，摆正政府与市场的位置，更好地发挥其作用”。在此期间，我国东部、中部、西部、东北地区土地市场招拍挂及协议出让的土地数量均出现波动下降，租赁与划拨出让土地数量小幅度上升，导致土地市场化程度波动下降。

2. 1. 3. 1　土地市场化程度在四大区域间差异显著

2009—2019 年平均土地市场化程度东北（0. 55）和西部地区（0. 51）低于全国平均水平（0. 57）且西部地区最低，中部地区（0. 57）与全国土地市场化程度持平，东部地区（0. 61）土地市场化程度较高，显著高于其他三个区域。土地市场化程度高低基本与该区域经济社会水平发达水平相一致，东部地区经济发展水平高，要素市场竞争力强，相应的土地市场活跃，大部分土地交易可以通过市场完成，西部地区经济发展相对较慢，要素市场竞争力弱，土地市场进程也较缓慢。此外，影响土地市场化程度因素众多，除经济发展外也会受到土地市场交易结构、土地市场管理制度等影响。

2. 1. 3. 2　不同地类的土地变动趋势存在差异

如图 2. 2 所示，2009—2019 年工矿仓储用地、住宅用地、商服用地占供地总量的比例整体上呈现波动下降的趋势，其中工矿仓储用地占供地总量的比例从 39. 12% 下降到 23. 61%；商服用地从 7. 62% 下降到 5. 92%；

住宅用地从22.55%下降到16.70%；其他用地占供地总量的比例从30.7%波动上升到2017年的60.6%又下降到2019年的53.78%。同期，全国土地市场化程度却呈现先上升后下降的趋势，主要原因是2006年8月国务院发布了《国务院关于加强土地调控有关问题的通知》（国发〔2006〕31号），提出“建立工业用地出让最低价标准统一公布制度”和“工业用地必须采用招标拍卖挂牌方式出让”；2007年9月，国土资源部修订后重新颁布《招标拍卖挂牌出让国有建设用地使用权规定》，明确规定工业用地（不含矿山），以及同一宗地有两个以上意向用地者的其他用地也要采用招拍挂的方式出让，规定从同年11月正式实施。从而，土地市场化程度在2009—2014年不断提升。

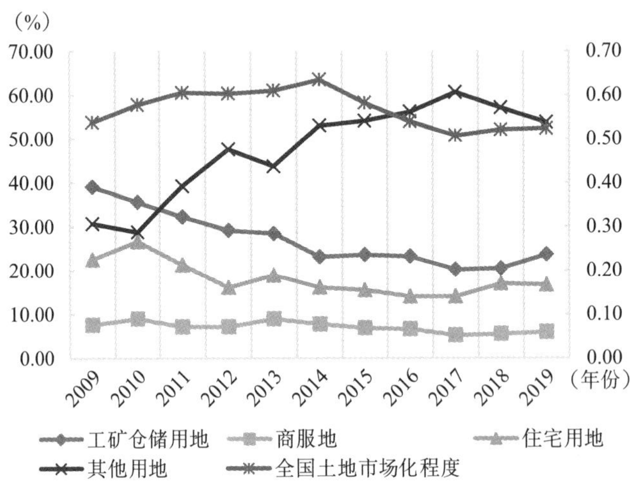

图2.2 2009—2019年不同地类土地变动趋势

资料来源：根据《中国国土资源统计年鉴》（2010—2018年）、土地市场动态监测与监管系统相关数据绘制。

2009—2019年其他用地面积（其他用地包括：公共管理与公共服务用地、交通运输用地、水域及水利设施用地、特殊用地及其他）占供地总量的比例逐年增加，且全国土地市场化程度在此期间呈现先提高后下降的趋势，是由于2012年以后政府对公共基础设施建设高度重视，公共管理与公共服务、水域及水利设施用地面积及交通运输用地的交易量持续增长，且多为划拨、协议出让及租赁的方式，从而降低了全国整体的土地市场化水平（见图 2. 3）。

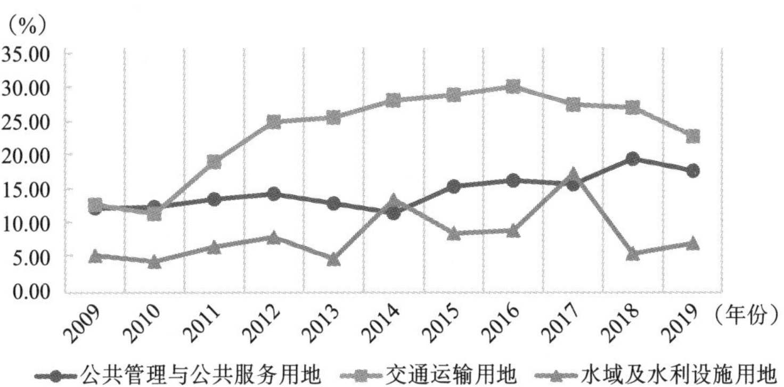

图 2. 3　2009—2019 年其他用地面积占供地总量比例

资料来源：根据《中国国土资源统计年鉴》（2010—2018 年）、土地市场动态监测与监管系统相关数据绘制。

2. 1. 3. 3　不同省份的土地市场化程度差异较大

2009—2019 年全国大部分省份的土地市场化程度集中在 0. 50—0. 70 之间。分区域来看，东部、中部地区土地市场化程度较高，西部和东北地区偏低（见表 2. 3）。

东部地区 2009 年有 30% 省份的土地市场化程度在 0. 00—0. 50 之间，只有 20% 在 0. 70—1. 00 之间，到 2014 年东部地区各省份土地市场化程度迅速上升，0. 70—1. 00 区间的省份比重上升到 30% 。2014 年以后全国土地市场化程度出现下降趋势，因此到 2019 年东部地区 70% 省份的土地市场化程度处于 0—0. 50 之间。

中部地区大部分省份的土地市场化程度在 2009 年处于 0. 50 以下，2019 年处于 0. 50—0. 70 的比重由 2009 年的 50% 上升到 83. 33% ，2009—2019 年土地市场化程度出现小幅度波动，但大部分都处于 0. 50—0. 70 之间。

东北地区 2009 年大部分省份的土地市场化程度都不高，吉林省、黑龙江省处于 0. 00—0. 50，随着土地市场化改革的推进，在 2019 年辽宁省与吉林省处于 0. 50—0. 70 之间。

西部地区各省份的土地市场化程度普遍处于中等偏下水平，2009 年只有 1/3 的省份土地市场化程度在 0. 50 以上，2/3 的省份土地市场化程度处于 0. 00—0. 50 区间内，2014 年土地市场化程度在 0. 50 及以上的比重上升到 83. 3%，2014—2019 年土地市场化程度出现不同程度下降，2019 年土地市场化程度在 0. 50 及以上的比重为 58. 33%。

表 2. 3　　　　2009—2019 年全国及各区域土地市场化程度

年份 地区	2009	2010	2011	2012	2013	2014	2015	2016	2017	2018	2019	平均
全国	0. 54	0. 58	0. 61	0. 60	0. 61	0. 63	0. 58	0. 54	0. 51	0. 52	0. 52	0. 57
东部	0. 63	0. 66	0. 67	0. 67	0. 66	0. 67	0. 63	0. 57	0. 55	0. 54	0. 52	0. 62
中部	0. 56	0. 59	0. 61	0. 60	0. 59	0. 64	0. 58	0. 56	0. 51	0. 50	0. 55	0. 57
西部	0. 43	0. 48	0. 54	0. 54	0. 57	0. 59	0. 54	0. 49	0. 46	0. 51	0. 51	0. 51
东北	0. 52	0. 60	0. 60	0. 63	0. 58	0. 65	0. 54	0. 51	0. 44	0. 52	0. 50	0. 55
北京	0. 50	0. 51	0. 54	0. 46	0. 54	0. 46	0. 12	0. 23	0. 24	0. 42	0. 39	0. 40
天津	0. 58	0. 60	0. 42	0. 57	0. 61	0. 39	0. 32	0. 45	0. 43	0. 36	0. 41	0. 47
河北	0. 71	0. 72	0. 78	0. 80	0. 76	0. 77	0. 80	0. 72	0. 70	0. 69	0. 48	0. 72
山西	0. 69	0. 64	0. 63	0. 66	0. 71	0. 74	0. 65	0. 62	0. 60	0. 71	0. 66	0. 66
内蒙古	0. 47	0. 59	0. 67	0. 61	0. 61	0. 66	0. 57	0. 55	0. 49	0. 58	0. 52	0. 57
辽宁	0. 67	0. 68	0. 66	0. 71	0. 61	0. 71	0. 60	0. 59	0. 50	0. 63	0. 52	0. 63
吉林	0. 44	0. 55	0. 56	0. 60	0. 57	0. 63	0. 57	0. 56	0. 39	0. 49	0. 50	0. 63
黑龙江	0. 43	0. 55	0. 54	0. 54	0. 54	0. 62	0. 45	0. 39	0. 43	0. 46	0. 46	0. 49
上海	0. 45	0. 49	0. 56	0. 53	0. 42	0. 43	0. 24	0. 21	0. 31	0. 29	0. 34	0. 39
江苏	0. 68	0. 73	0. 78	0. 76	0. 76	0. 76	0. 68	0. 63	0. 64	0. 60	0. 63	0. 70
浙江	0. 69	0. 69	0. 60	0. 50	0. 58	0. 55	0. 58	0. 53	0. 58	0. 44	0. 52	0. 57
安徽	0. 71	0. 71	0. 69	0. 60	0. 62	0. 61	0. 56	0. 58	0. 55	0. 45	0. 58	0. 61
福建	0. 64	0. 71	0. 68	0. 73	0. 66	0. 59	0. 51	0. 42	0. 39	0. 50	0. 46	0. 57
江西	0. 68	0. 68	0. 63	0. 61	0. 59	0. 67	0. 64	0. 56	0. 60	0. 51	0. 58	0. 61
山东	0. 75	0. 75	0. 73	0. 77	0. 68	0. 76	0. 71	0. 70	0. 67	0. 62	0. 62	0. 71
河南	0. 65	0. 67	0. 71	0. 52	0. 58	0. 59	0. 51	0. 61	0. 49	0. 41	0. 65	0. 58
湖北	0. 46	0. 54	0. 58	0. 64	0. 59	0. 69	0. 61	0. 56	0. 52	0. 50	0. 47	0. 56
湖南	0. 49	0. 50	0. 55	0. 59	0. 56	0. 62	0. 58	0. 50	0. 45	0. 57	0. 50	0. 54
广东	0. 41	0. 45	0. 54	0. 56	0. 56	0. 61	0. 61	0. 43	0. 38	0. 51	0. 44	0. 50

续表

地区＼年份	2009	2010	2011	2012	2013	2014	2015	2016	2017	2018	2019	平均
广西	0. 40	0. 41	0. 49	0. 49	0. 53	0. 58	0. 53	0. 42	0. 38	0. 46	0. 43	0. 47
海南	0. 57	0. 50	0. 66	0. 63	0. 66	0. 67	0. 59	0. 47	0. 42	0. 35	0. 35	0. 53
重庆	0. 46	0. 50	0. 56	0. 58	0. 57	0. 56	0. 60	0. 53	0. 47	0. 46	0. 56	0. 53
四川	0. 43	0. 47	0. 52	0. 54	0. 58	0. 59	0. 55	0. 44	0. 41	0. 43	0. 43	0. 49
贵州	0. 50	0. 45	0. 55	0. 54	0. 59	0. 66	0. 57	0. 55	0. 52	0. 64	0. 63	0. 56
云南	0. 47	0. 46	0. 53	0. 59	0. 59	0. 59	0. 60	0. 54	0. 50	0. 51	0. 51	0. 54
西藏	0. 20	0. 25	0. 28	0. 17	0. 30	0. 44	0. 36	0. 25	0. 22	—	—	0. 27
陕西	0. 53	0. 52	0. 57	0. 61	0. 62	0. 63	0. 58	0. 53	0. 56	0. 58	0. 59	0. 57
甘肃	0. 50	0. 49	0. 48	0. 32	0. 55	0. 40	0. 56	0. 55	0. 58	0. 56	0. 59	0. 51
青海	0. 40	0. 43	0. 50	0. 50	0. 54	0. 61	0. 50	0. 54	0. 53	0. 50	0. 42	0. 50
宁夏	0. 63	0. 65	0. 64	0. 56	0. 58	0. 59	0. 45	0. 46	0. 46	0. 48	0. 47	0. 54
新疆	0. 35	0. 48	0. 51	0. 55	0. 57	0. 61	0. 43	0. 52	0. 40	0. 53	0. 51	0. 50

注：缺少 2018 年、2019 年西藏自治区数据。

资料来源：根据《中国国土资源统计年鉴》(2010—2018 年)、土地市场动态监测与监管系统相关数据计算而来。

2.2　我国土地供给特点

我国土地供给可以从总量、类型、方式等方面分析其特点。

2.2.1　土地供给总量

土地供给总量自 2009 年持续增加，至 2013 年达到峰值，之后出现下降，2016 年降至 53. 31 万公顷，后逐渐回升，但波动不大，至 2019 年达到 62. 93 万公顷（见图 2. 4）。

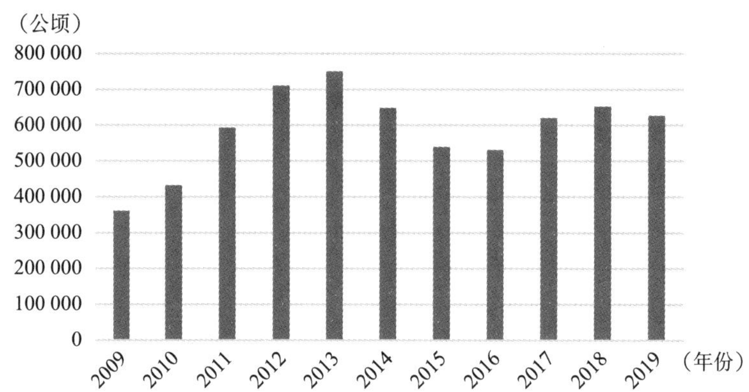

图 2.4　2009—2019 年全国土地供给总量

资料来源：《中国国土资源统计年鉴》（2010—2018 年）、土地市场动态监测与监管系统。

其中，新增土地供给总量 2013 年以后整体呈现下降的趋势，2019 年仅西部地区土地供给与上年同比有所增加（见图 2.5）。

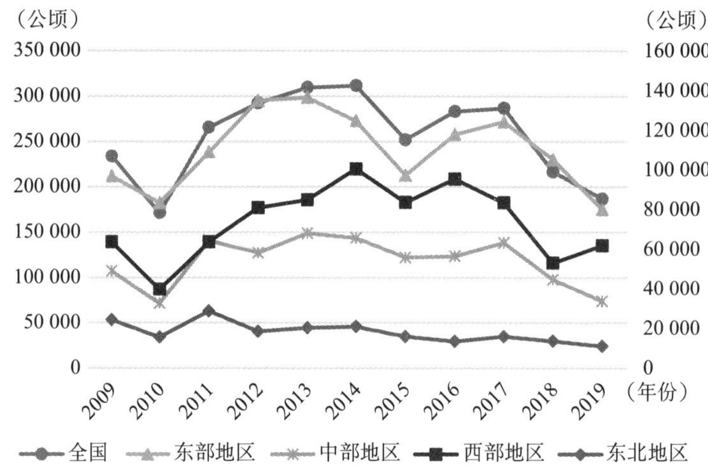

图 2.5　2009—2019 年全国新增土地供给总量

注：图中全国数据以左侧坐标轴为参考，东部、中部、西部、东北地区数据以右边坐标轴为参考。

资料来源：《中国国土资源统计年鉴》（2010—2018 年）、土地市场动态监测与监管系统。

如图 2.6 所示，在各区域土地供给占比中，2009—2019 年东部地区占比从 41.42% 增加到 42.85%，西部地区占比从 27.22% 增加到 33.16%，而中部和东北地区分别从 20.96%、10.40% 减少到 18.05%、5.94%。

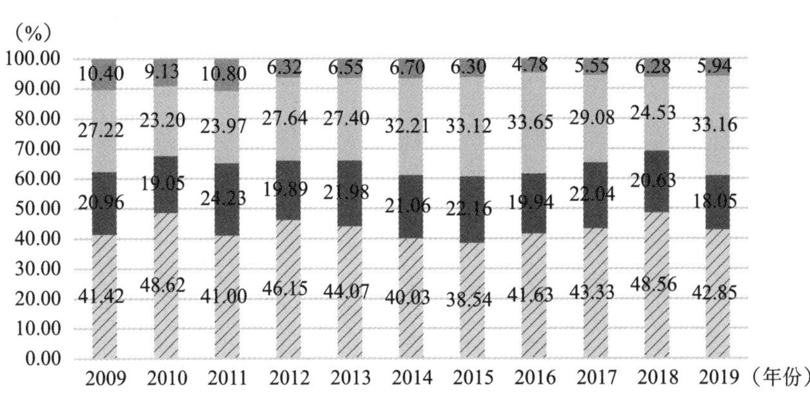

图 2.6　2009—2019 年全国东部、中部、西部、东北地区土地供给占比变化情况

资料来源：《中国国土资源统计年鉴》(2010—2018 年)、土地市场动态监测与监管系统。

2.2.2　用地类型

如图 2.7 所示，2009—2019 年土地供给存在明显的季节波动，第 4 季度供应量明显高于其他季度。其中，公共管理与公共服务用地和建设用地供应总量增长趋势最为贴近，且 2018 年第 4 季度供给量首次超过房地产用地和工矿仓储用地的供给量。

如图 2.8 所示，2019 年工矿仓储用地供给较 2018 年同比增加 3.17%，增幅明显；房地产开发用地较为平稳，同比增长 0.13%；公共管理与公共服务用地、交通运输用地供应有所下降，水域及水利设施用地增加了 25.23%。

2.2.3　供地方式

2009—2019 年东部、中部以及西部地区与全国供地走势基本保持一致，东北地区在 2014—2015 年招拍挂出让比连续下降，2016—2018 年缓慢回升（见图2.9）。其中，2015—2019 年整体上土地市场以招拍挂方式出让面积占比保持在91%—94%之间，东部、中部、西部、东北地区分别保持在91%—96%、90%—95%、90%—94%、78%—88%。

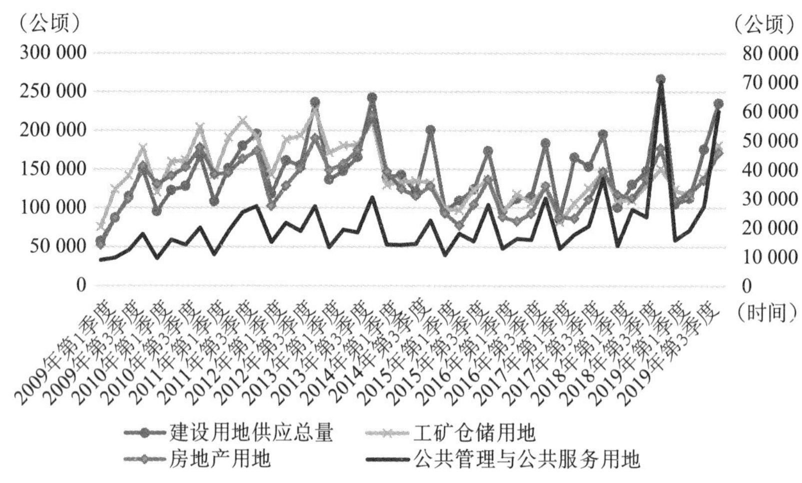

图 2.7　2009—2019 年各季度全国土地供给变化情况

注：图中建设用地供给总量以左侧坐标轴为参考，房地产用地、公共管理与公共服务用地和工矿仓储用地以右边坐标轴为参考。

资料来源：《中国国土资源统计年鉴》（2010—2018 年）、土地市场动态监测与监管系统。

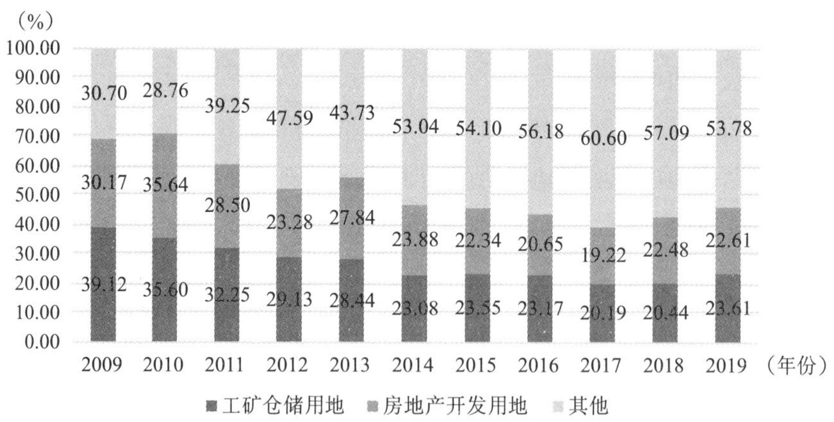

图 2.8　2009—2019 年全国土地供给结构情况

资料来源：《中国国土资源统计年鉴》（2010—2018 年）、土地市场动态监测与监管系统。

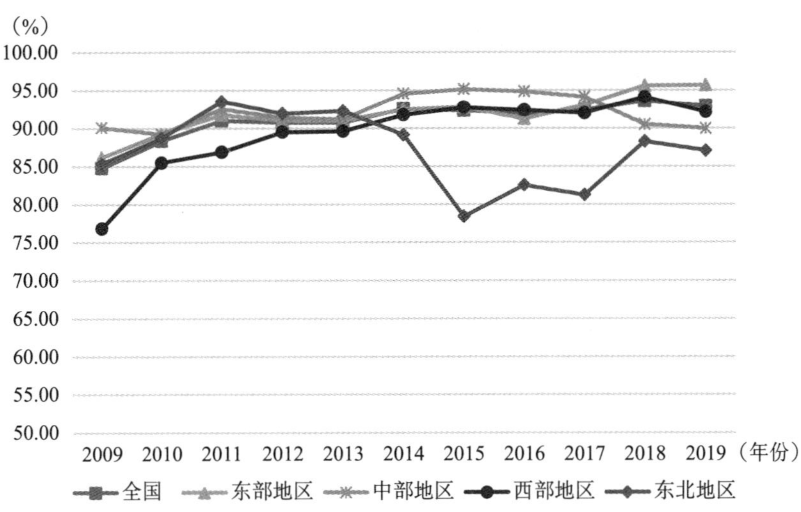

图 2.9　2009—2019 年全国土地市场招拍挂出让面积占比

资料来源：《中国国土资源统计年鉴》（2010—2018 年）、土地市场动态监测与监管系统。

2.2.4　财政贡献

自 2016 年以来土地出让金增长迅速。2019 年全国土地出让金总额为 6.56 万亿元，同比 2018 年增长了 8.31%；土地出让宗数为 149 355 宗，与 2018 年同比增长 1.69%；成交均价为 2 368.24 万元/公顷，与 2018 年同比增长 3.41%（见图 2.10）。另外，土地出让金在财政上的贡献在我国东部、中部、西部、东北地区的不同发展进程中存在明显差异。土地出让收入总价款占地方财政比例方面，东部地区明显高于全国平均水平，中部、东北地区与全国增幅一致，西部地区较为平稳，贡献度保持在 0.2 左右。2019 年东部、中部、西部土地出让价款分别同比（较 2018 年）增加了 11.59%、5.19%、11.05%，而东北地区则同比减少 6.5%。

如图 2.11 所示，2009—2019 年全国土地出让成交价款与地方财政收入之比从 0.39:1 提高到了 0.60:1。土地出让收入的快速增加极大地缓解了地方财政的压力。但需要注意的是，在土地出让中，不同类型用地对地方财政收入的影响是不同的。我国许多地方政府在工业用地和商业用地供应的做法就体现出明显差异。商服用地方面，地方政府成立土地储备中心，垄断城市土地一级市场，通过限制商住用地供应并以招拍挂的竞争性方式出让土地以最大化出让收入；工业用地出让则大多通过协议方式，以低价甚至零地价出让，或者在之后基于政府偏向型政策给予优惠①，即使在

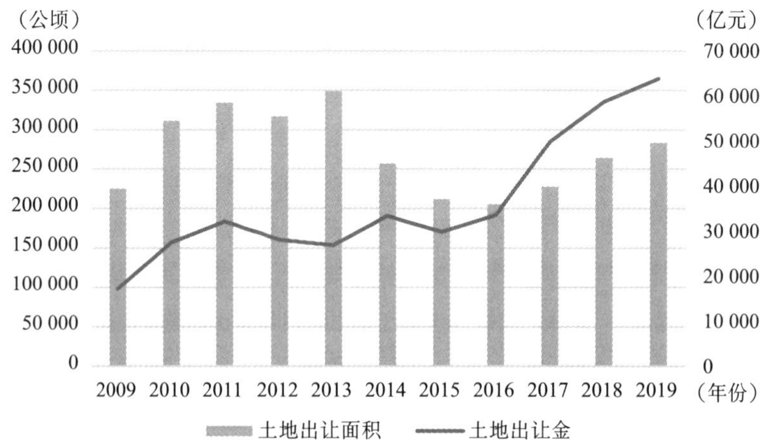

图 2.10　2009—2019 年全国土地出让面积和成交价款变动情况

资料来源：《中国国土资源统计年鉴》（2010—2018 年）、土地市场动态监测与监管系统。

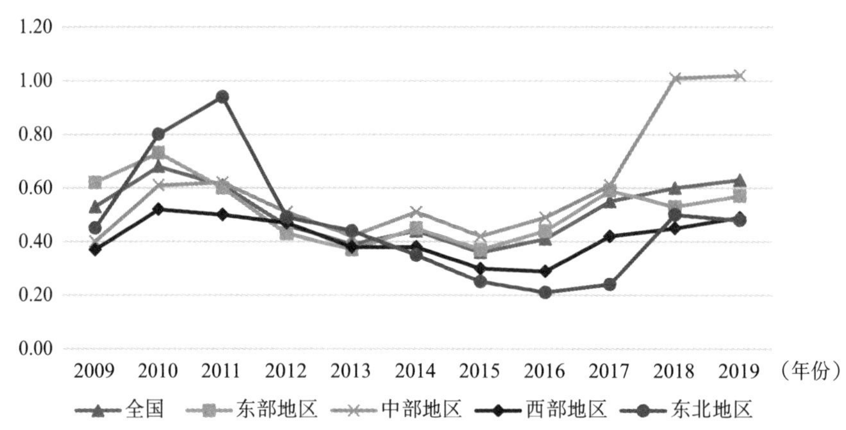

图 2.11　2009—2019 年全国土地出让金与财政收入之比

资料来源：《中国国土资源统计年鉴》（2010—2018 年）、土地市场动态监测与监管系统。

① 汪晖，陶然．中国土地制度改革：难点、突破与政策组合［M］．北京：商务印书馆，2013.

2007年后国家要求工业用地必须招拍挂方式出让后，各地依然存在增加商住用地供给而减少工业用地的供给这一偏向性土地供给倾向①②。

2.2.5 土地供给结构的区域差别变化

土地供给通常可分为自然供给和经济供给。其中，自然供给强调人类利用土地的总量，而土地经济供给则强调的是不同类型土地供给的比例，即土地供给结构。我国政府对土地供给结构的引导作用明显，即政府可以通过土地供给结构调控影响市场，从而引导市场消费方向、投资总量及方向，且一定程度确保了国家经济增长相对平稳，各市场趋于稳定。在追求经济绩效的过程中，各城市、各地区政府会根据自身状况进行土地供给，根据本地区的经济发展情况制定相关政策，形成土地供给结构的区域差异。本部分试图分析不同用途供地比例，同时考虑到地方政府供地可能存在的偏向性，构建工矿仓储与住宅用地供应比例、工矿仓储与商服用地供应比例两个指标进一步刻画我国的土地供给结构，通过两个指标的均值与标准差两个统计量考察土地供给结构的区域差异。

2.2.5.1 工矿仓储、商服、住宅用地供应对比分析

比较四大区域全国2009—2019年工矿仓储用地、商服用地、住宅用地供应面积占其总面积的比例，可以发现各区域整体差别不大，从年平均占比情况看，西部（0.53）和东北（0.54）工矿仓储用地供给占比较高，东部（0.14）和西部（0.14）的商服用地供给占比略高，东部（0.35）和中部地区（0.36）的住宅用地供给占比较高（见表2.4）。

2.2.5.2 工矿仓储与住宅用地比较

如表2.5所示，2009—2019年各区域工矿仓储用地供应面积与住宅用地供应面积比例的平均值与标准差整体上大致呈现减小趋势（2019年比

---

① 闫昊生等．土地要素：一个中国特色的政策工具［J］．经济学家，2019（5）：104—112.

② 刘元春，陈金至．土地制度、融资模式与中国特色工业化［J］．中国工业经济，2020（3）：5—23.

2018年有所提升)，各省份间工矿仓储与住宅用地供应面积比例的差异在逐渐缩小；区域内的平均值呈现“东部 < 中部 < 东北 < 西部”的特点，其中西部地区的工矿仓储与住宅用地供应比例较高为2.27，东部地区较低为1.37；标准差呈现“中部 < 东北 < 东部 < 西部”的特点，其中中部地区区域间工矿仓储与住宅供应比例差异最小仅为0.44，而西部地区差异最大达到2.12。

表2.4　2009—2019年各区域工矿仓储、商服、住宅用地供给占比

年份		2009	2010	2011	2012	2013	2014	2015	2016	2017	2018	2019	年平均
东部	工矿仓储用地占比	0.52	0.52	0.54	0.56	0.49	0.48	0.51	0.50	0.50	0.51	0.53	0.51
	商服用地占比	0.13	0.12	0.12	0.14	0.16	0.16	0.14	0.15	0.12	0.12	0.12	0.14
	住宅用地占比	0.35	0.36	0.34	0.30	0.35	0.36	0.35	0.35	0.38	0.38	0.35	0.35
中部	工矿仓储用地占比	0.55	0.52	0.56	0.55	0.49	0.48	0.48	0.53	0.50	0.46	0.45	0.51
	商服用地占比	0.10	0.12	0.11	0.13	0.15	0.15	0.16	0.14	0.13	0.12	0.13	0.13
	住宅用地占比	0.35	0.36	0.33	0.33	0.36	0.37	0.36	0.33	0.37	0.43	0.41	0.36
西部	工矿仓储用地占比	0.60	0.47	0.53	0.58	0.54	0.51	0.53	0.56	0.53	0.44	0.53	0.53
	商服用地占比	0.10	0.14	0.12	0.14	0.16	0.18	0.14	0.16	0.15	0.16	0.14	0.14
	住宅用地占比	0.30	0.39	0.35	0.29	0.30	0.31	0.32	0.29	0.31	0.40	0.34	0.33
东北	工矿仓储用地占比	0.67	0.43	0.48	0.49	0.51	0.53	0.57	0.57	0.59	0.55	0.60	0.54
	商服用地占比	0.06	0.14	0.12	0.16	0.15	0.15	0.16	0.17	0.13	0.13	0.11	0.13
	住宅用地占比	0.27	0.43	0.40	0.36	0.34	0.32	0.26	0.26	0.28	0.33	0.29	0.32

资料来源：《中国国土资源统计年鉴》（2010—2018年）、土地市场动态监测与监管系统。

表2.5　2009—2019年工矿仓储与住宅用地供应比例平均值与标准差

年份		2009	2010	2011	2012	2013	2014	2015	2016	2017	2018	2019	年平均
全国	平均值	1.97	1.27	1.60	1.92	1.68	1.57	2.01	2.09	2.06	1.44	1.80	1.76
	标准差	1.96	0.41	0.67	0.90	1.04	0.66	2.77	1.86	2.91	1.11	1.42	1.43
东部	平均值	1.50	1.35	1.49	1.78	1.31	1.40	1.25	1.28	1.11	1.15	1.43	1.37
	标准差	0.72	0.55	0.56	0.69	0.60	0.66	0.73	0.51	0.60	0.50	0.76	0.63
中部	平均值	1.67	1.47	1.78	1.72	1.35	1.34	1.38	1.62	1.43	1.16	1.18	1.46
	标准差	0.52	0.39	0.64	0.53	0.34	0.28	0.25	0.76	0.44	0.36	0.32	0.44

续表

年份		2009	2010	2011	2012	2013	2014	2015	2016	2017	2018	2019	年平均
西部	平均值	2. 36	1. 17	1. 69	2. 32	2. 21	1. 80	3. 00	3. 04	3. 25	1. 77	2. 36	2. 27
	标准差	3. 00	0. 22	0. 85	1. 22	1. 49	0. 83	4. 45	2. 79	4. 63	1. 72	2. 07	2. 12
东北	平均值	2. 68	0. 99	1. 29	1. 37	1. 64	1. 73	2. 20	2. 19	2. 16	1. 74	2. 18	1. 83
	标准差	2. 24	0. 28	0. 28	0. 02	0. 34	0. 40	0. 14	0. 13	0. 53	0. 54	1. 11	0. 55

资料来源：《中国国土资源统计年鉴》（2010—2018 年）、土地市场动态监测与监管系统。

2. 2. 5. 3　工矿仓储与商服用地比较

如表 2. 6 所示，2009—2019 年各区域工矿仓储与商服用地供应面积比例的平均值波动不明显，标准差整体上大致呈现出波动减小趋势。

表 2. 6　2009—2019 年工矿仓储与商服用地供应比例平均值与标准差

年份		2009	2010	2011	2012	2013	2014	2015	2016	2017	2018	2019	年平均
全国	平均值	7. 21	4. 09	4. 88	4. 54	3. 37	3. 20	4. 19	4. 06	4. 70	3. 91	4. 49	4. 42
	标准差	9. 61	1. 64	1. 92	2. 29	1. 61	1. 43	3. 50	2. 48	3. 71	1. 83	2. 43	2. 95
东部	平均值	4. 45	3. 84	4. 24	4. 48	3. 00	3. 32	3. 95	3. 74	4. 71	3. 90	4. 21	3. 99
	标准差	2. 39	1. 76	1. 52	1. 72	1. 45	2. 15	3. 24	2. 67	3. 61	1. 95	1. 59	2. 19
中部	平均值	5. 66	4. 39	5. 06	4. 37	3. 26	3. 16	3. 11	3. 72	3. 93	4. 13	3. 55	4. 03
	标准差	1. 94	1. 27	1. 43	1. 17	1. 01	0. 81	0. 86	1. 41	0. 97	1. 20	1. 05	1. 19
西部	平均值	9. 48	4. 37	5. 51	5. 07	3. 68	2. 97	5. 15	4. 68	5. 14	3. 58	5. 00	4. 97
	标准差	15. 05	1. 93	2. 55	3. 30	2. 15	1. 02	4. 88	3. 11	5. 20	2. 15	3. 48	4. 07
东北	平均值	11. 19	3. 28	4. 32	3. 11	3. 64	3. 72	3. 71	3. 51	4. 65	4. 65	5. 38	4. 65
	标准差	8. 55	0. 42	0. 99	0. 13	1. 07	1. 16	0. 50	0. 73	0. 84	1. 83	2. 29	1. 68

资料来源：《中国国土资源统计年鉴》（2010—2018 年）、土地市场动态监测与监管系统。

各省份间工矿仓储与商服用地供应面积比例的差异在波动中逐渐缩小，且区域内的平均值呈现“东部 < 中部 < 东北 < 西部”的特点。其中，西部地区的工矿仓储与商服用地供应面积比例较高为 4. 97，东部地区比例较低为 3. 99。标准值呈现“中部 < 东北 < 东部 < 西部”的特点，其中中部地区区域间工矿仓储与商服用地供应面积比例差异最小为 1. 19，而西部地区差异最大为 4. 07。

2.2.6 土地供给中的新增与存量土地变化

早在2013年，中央城镇化工作会议就强调了“严控增量，盘活存量，优化结构，提升效率”的城市土地利用原则。自2008年开始，全国建设用地供应总面积不断增加，在2013年达到2009—2019年的最高值75.8万公顷。2014年以后，全国建设用地供应总量开始逐渐下降。2017年和2018年虽然有所增加，但2019年再次降至62.8万公顷。2016年，我国划定首批城市开发边界，各大城市纷纷提出了以存量开发为核心的内涵式增长策略，以公众诉求为核心，加强城市修补，探索多元化的公共服务供给，特别注重城市公共服务设施建设，提升城市品质和活力，改善民生需求；同时，建立城市存量建设用地盘活机制，摆脱原有“两证一书”模式对存量空间的供给方式的局限性，使得存量开发逐步走入正轨，如上海市颁布了《城市更新实施办法》、广州市城市更新局挂牌成立和深圳市的城市更新单元计划等。

随着我国对于存量土地的相关政策的不断出台和完善，增量与存量土地供给面积的规模差异逐渐缩小，如图2.12所示。

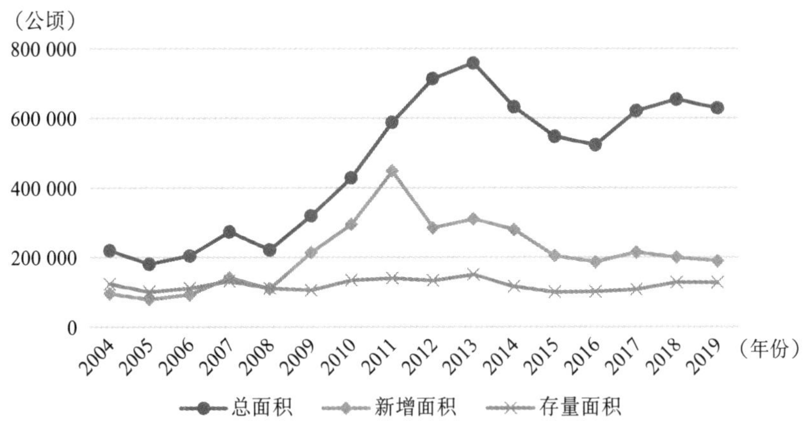

图2.12 2004—2019年全国建设用地供应情况

资料来源：《中国国土资源年鉴》（2005—2008年）、《中国国土资源统计年鉴》（2010—2018年）、土地市场动态监测与监管系统。

目前由政府主导的存量土地再开发中土地供给方式主要是出让、划拨和租赁，其中出让和划拨方式的存量土地供给比例较大，这主要是因为城市内部更新改造中公益性项目用地往往还是采用政府收购储备的方式再供应，而非来自二级市场。除 2016 年，2012—2019 年出让和划拨方式土地供应均占存量土地供给总量的 90% 以上。

以 2019 年为例，全国建设用地供应总面积为 12. 7 万公顷，其中，存量土地的供应占到总供应量的 20. 26% 。在存量土地供给部分中，以出让和划拨方式的分别占到 67. 96% 和 31. 43% ，而以租赁和其他方式的分别占存量土地供给总量的 0. 15% 和 0. 46% 。

2. 2. 7　土地供给与人口、经济变化的空间关系

土地需求是一种引致需求，其主要来源是经济的发展和人口的增长。因此，可通过观察人口和经济增长的变化趋势与土地供给的变化趋势的关系，一定程度反映土地供给的合理性。

本书以 31 个省、自治区、直辖市为研究对象，试图比较常住人口重心转移、GDP 重心转移、土地供给重心转移的轨迹，初步观察“人口—经济—土地”的协调发展状况。

2. 2. 7. 1　**常住人口重心转移分析**

2009—2019 年全国常住人口重心转移轨迹如图 2. 13 所示，重心偏移较小，整体向西南方向移动，大致可分为两个阶段：①2009—2010 年，人口向东北方向快速转移，重心移动距离为 3. 84 千米。②2010—2019 年，人口向西南方向迁移，其中 2011—2014 年的迁移速度相对较缓慢，而 2015—2019 年加速向西南方向迁移，共计移动 10. 06 千米。

2. 2. 7. 2　**GDP 重心转移分析**

2009—2019 年全国 GDP 的重心转移轨迹如图 2. 14 所示，重心的转移大致可划分为两个阶段：①2009—2012 年 GDP 重心向西北方向偏移，偏移幅度相对较小；②2012—2019 年 GDP 重心整体快速向西南方向偏移，其中 2018—2019 年偏移幅度最大，偏移距离达到 46. 52 千米。

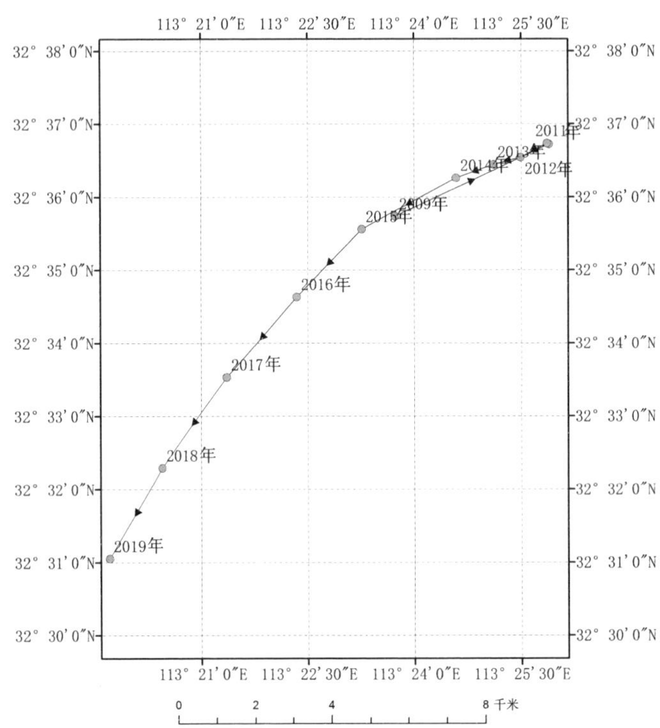

图 2.13　2009—2019 年全国常住人口重心转移轨迹

资料来源：根据国家统计局相关数据绘制。

2.2.7.3　土地供给重心转移分析

2009—2019 年全国建设用地市场情况主要以各省份建设用地供应总量为计算指标，其重心转移轨迹如图 2.15 所示。全国建设用地市场重心移动轨迹变化复杂，重心每年均会向不同方向进行偏移，2019 年的建设用地市场重心向 2014 年、2016 年的重心位置趋近，这也反映一定程度上建设用地市场状态正趋向于稳定状态。

通过对住宅用地、商服用地、工矿仓储用地等不同类型土地供给重心转移轨迹进行对比分析，从经度方向上看 2009—2011 年住宅用地、商服用地、工矿仓储用地供给的重心相接近，2009—2012 年三种不同类型土地供给均向西进行偏移（见图 2.16）。2012—2018 年重心差异相对明显，住宅用地供给重心先向西偏移，2015—2016 年以及 2017—2018 年向东偏移，商服用地供给重心变化范围与住宅用地市场、工矿仓储用地市场比较相对较小。

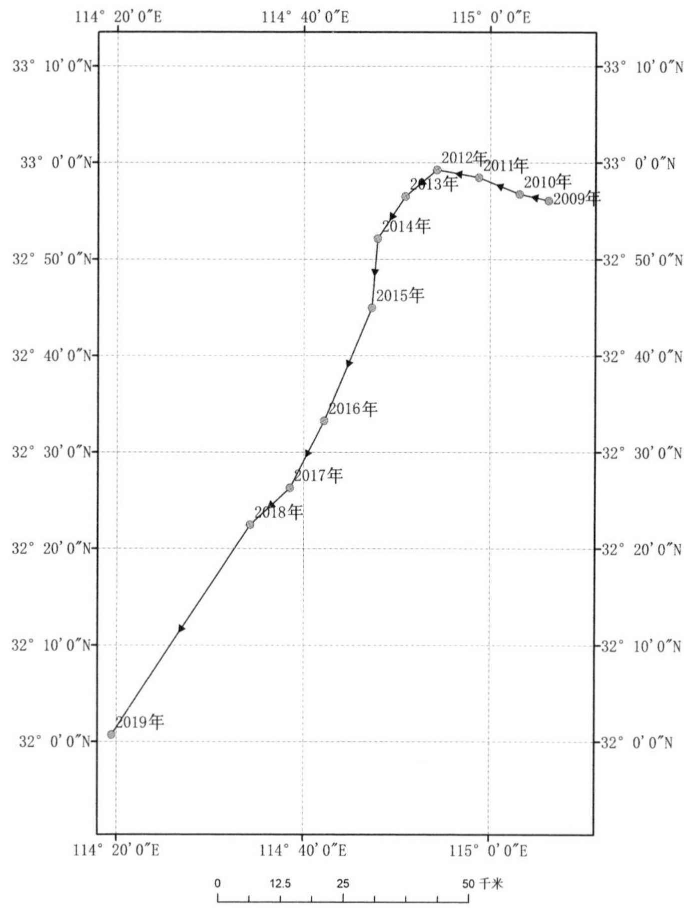

图 2.14　2009—2019 年全国 GDP 重心转移轨迹

资料来源：根据国家统计局相关数据绘制。

从纬度上看，住宅用地和商服用地的市场重心变化相对一致，两者市场重心相接近。住宅用地、商服用地和工矿仓储用地的供给重心整体上呈现向南偏移的趋势。

从住宅用地、商服用地、工矿仓储用地供给重心变化轨迹看，2009 年住宅用地、商服用地、工矿仓储用地的供给重心大致在东北方位，在 2019 年三种不同类型用地供给重心均向西南方向偏移。

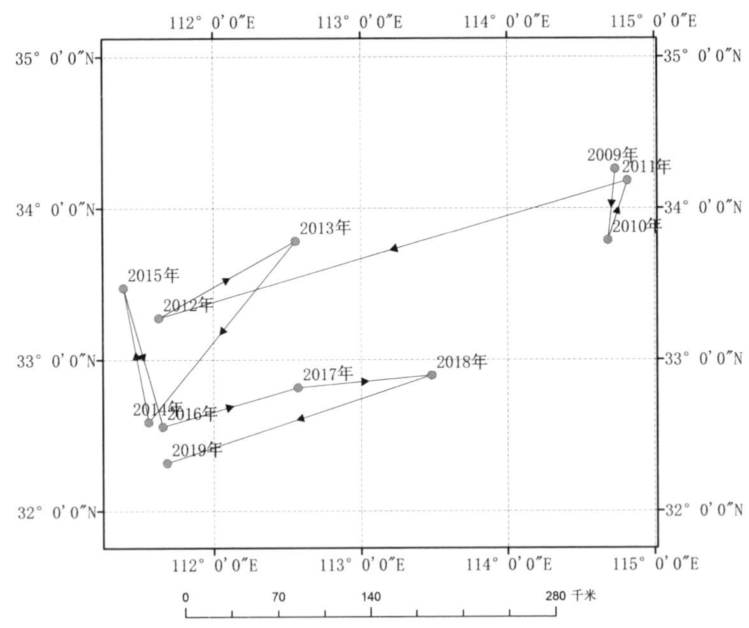

图 2.15 2009—2019 年全国建设用地市场重心转移轨迹

资料来源：根据《中国国土资源统计年鉴》（2010—2018 年）、土地市场动态监测与监管系统相关数据绘制。

2.2.7.4 “人口—经济—土地”重心转移分析

建设用地供给重心相对 GDP、常住人口重心的转移幅度较大，三者在整体上表现出向西南方向重心转移的趋势，年末常住人口重心转移轨迹变化幅度相对较小，建设用地市场重心相对偏西，且每年重心偏移距离及偏离方向与人口重心、GDP 重心等差距较大，土地市场发展与人口、GDP 的发展存在一定的不协调性（见图 2.17）。

通过在经纬度方向上对比全国“人口—经济—土地”各要素的重心轨迹变化情况可以发现，在经度方向（东西方向）上，常住人口重心变化相对平缓，GDP 重心具有明显向西部偏移的趋势，建设用地供给重心在 2016—2018 年向东偏移，其他年份表现出向西偏移的趋势；在纬度方向（南北方向）上，全国“人口—经济—土地”发展较为协调，常住人口重心、GDP 重心明显表现出向南偏移的趋势，建设用地供给重心呈现出震荡式向南偏移的趋势（见图 2.18 和图 2.19）。

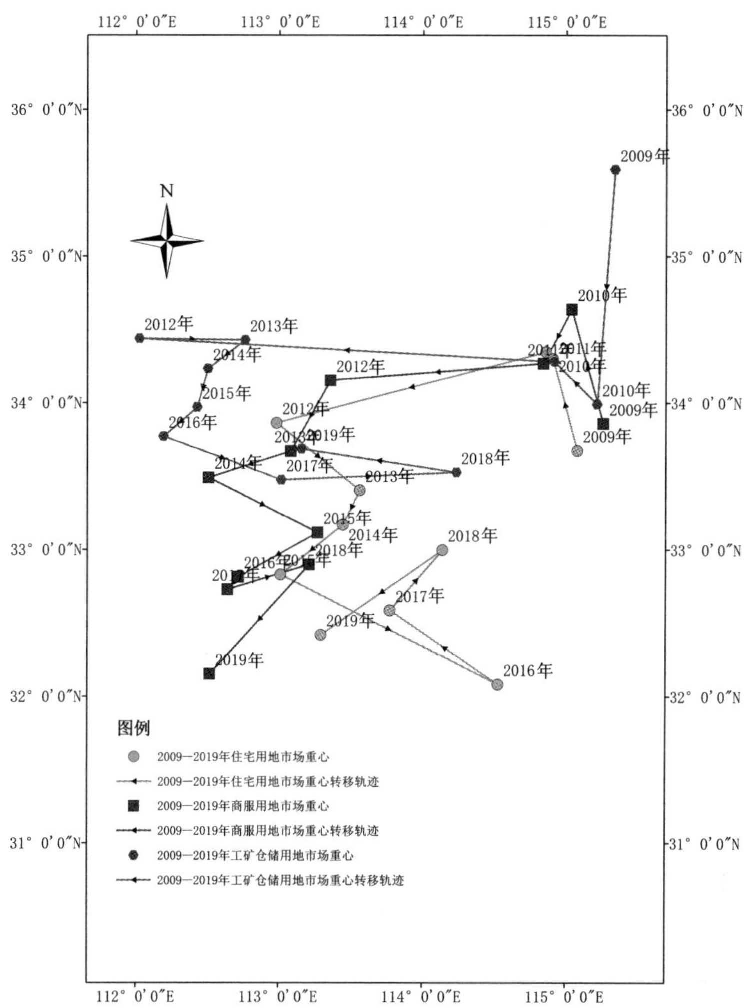

图 2.16　2009—2019 年住宅用地、商服用地、工矿仓储用地供给重心轨迹对比

资料来源：根据《中国国土资源统计年鉴》（2010—2018 年）、土地市场动态监测与监管系统相关数据绘制。

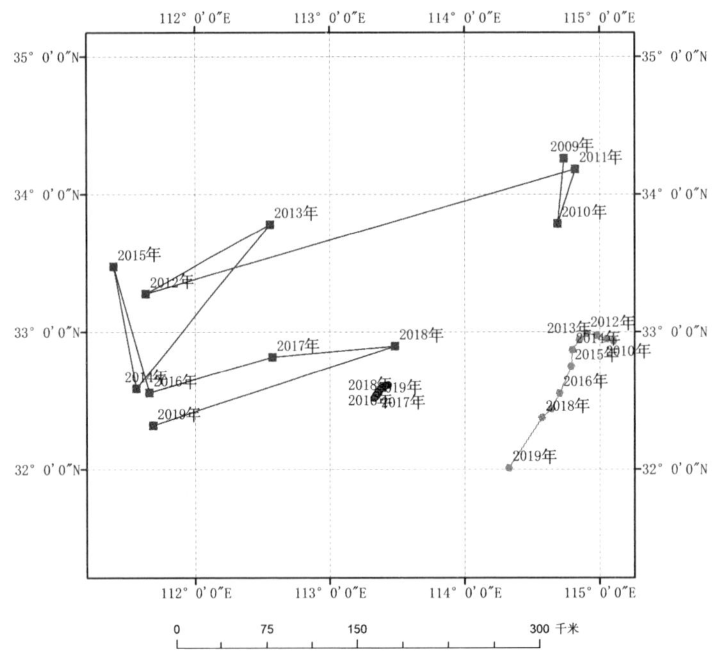

图 2.17 "人口—经济—土地"重心转移叠置分析

资料来源：根据《中国国土资源统计年鉴》（2010—2018 年）、土地市场动态监测与监管系统及国家统计局相关数据绘制。

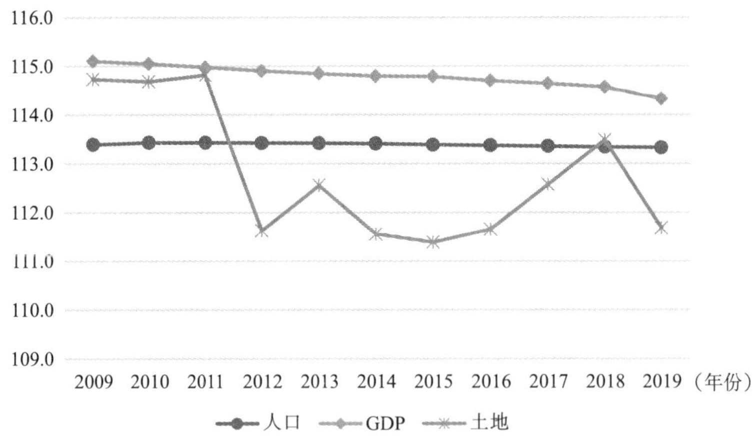

图 2.18 2009—2019 年全国"人口—经济—土地"各要素经度轨迹对比

资料来源：根据《中国国土资源统计年鉴》（2010—2018 年）、土地市场动态监测与监管系统及国家统计局相关数据绘制。

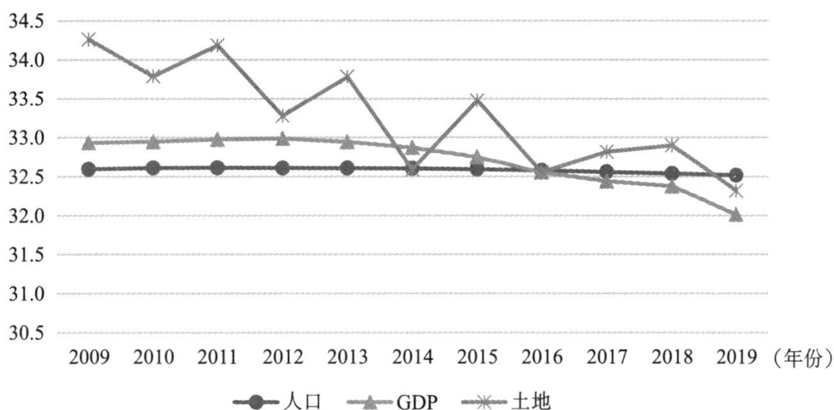

图 2.19　2009—2019 年全国“人口—经济—土地”各要素纬度轨迹对比

资料来源：根据《中国国土资源统计年鉴》（2010—2018 年）、土地市场动态监测与监管系统及国家统计局相关数据绘制。

第 3 章

当前土地市场形势

第2章从全国层面分析了土地供给和市场的基本态势，本章将从典型城市群和典型城市两个层面进一步分析目前土地市场配置的特点及存在的问题。

3.1 典型城市群土地市场形势

当前以长江经济带发展、京津冀协同发展、粤港澳大湾区建设、长三角一体化发展等为代表的区域协同发展已成为我国发展的重要趋势，本节试图以长江经济带、京津冀城市群为例，研究两大城市群的土地市场特点，特别是建设用地供给在规模、结构和空间布局方面的特点，以及与两大城市群的经济发展、城镇化水平等的关系。

3.1.1 长江经济带土地市场配置存在的问题分析

3.1.1.1 研究区概况

长江经济带是以一定的交通运输干线、地理位置、自然环境等约束发展轴为依托，以发展轴上一个或几个经济发达的大城市为核心，由现状基础设施相连接和由若干不同规模等级的中心城市共同构成的具有内在经济联系的带状经济区域。长江经济带承东启西，是我国国土开发和经济布局"T"字形空间结构战略中一条重要的发展轴，它与沿海经济带共同构成了我国经济发展的"黄金走廊"。2014年9月，国务院印发《关于依托黄金水道推动长江经济带发展的指导意见》（以下简称《意见》），将长江经济带建设上升为国家战略，长江流域的战略位置也大幅提升。长江经济带对实现我国未来经济的发展具有重要支撑作用，对国家可持续发展具有重要战略价值。《意见》将长江经济带范围确定为上海、江苏、浙江、安徽、江西、湖北、湖南、重庆、四川、云南、贵州"九省二市"。长江流域区域总面积约205万平方公里，占我国陆地面积的1/5，2018年人口和生产总值均占全国的40%以上，其中年末常住人口占全国比例为42.91%，GDP占全国比例为44.76%。长江处于我国南北、东西纵横交流的结合部，承东启西，通江达海，将我国东、中、西三大自然经济带和南、中、北三大区域连接起来，其内陆腹地发展空间广阔，区位优势明显，战略位置十分重要。

为保证研究区域地理空间时序上的连续，本书以2012年我国行政区划调整为基础，对行政区调整的城市按照行政面积进行了拆分处理。根据数据可得性，研究范围主要是地级及以上的110个城市，加上巢湖市、恩施土家族苗族自治州（恩施州）、楚雄彝族自治州（楚雄州）、文山壮族苗族自治州（文山州）、大理白族自治州（大理州）5个地区，共115个研究单元，如表3.1所示。

表3.1　　长江经济带范围城市个数统计

省份	城市个数	省会城市	地级市	县级市
上海	1	1	0	0
江苏	13	1	12	0
浙江	11	1	10	0
安徽	17	1	15	1
江西	11	1	10	0
湖北	13	1	11	1
湖南	13	1	12	0
重庆	1	1	0	0
四川	18	1	17	0
贵州	6	1	5	0
云南	11	1	7	3
总计	115	11	99	5

长江经济带115个研究单元按照上、中、下游区域划分为：上游区域包括西部省份中的重庆、四川、贵州、云南4个省份的36个城市；中游区域主要对应中部地区的安徽、江西、湖北、湖南4个省份的54个城市；下游区域主要对应上海、江苏、浙江3个省份的25个城市。

长江经济带不同规模等级城市划分如表3.2所示，按照城市城区常住人口规模，将长江经济带115个研究单元分为特大城市、大城市、中等城市和小城市4个等级。其中，上海市和重庆市人口在1000万人以上，由于超特大城市数量偏少，为了方便对比，故将其归到特大城市一类进行分析。

表3.2　　长江经济带不同规模等级城市划分

城市类型	划分标准（城区常住人口）（人）	城市（2017年）
特大城市	>500万	上海、南京、武汉、重庆、成都（5个）
大城市	100万—500万	昆明、杭州、长沙、苏州、南昌、无锡、合肥、贵阳、徐州、宁波、常州、温州、淮安、赣州、盐城、泸州、南通、衡阳、株洲、襄阳、扬州、淮南、芜湖、遵义、自贡、绍兴、南充（27个）
中等城市	50万—100万	台州、绵阳、达州、连云港、宜昌、黄石、泰州、岳阳、荆州、蚌埠、镇江、阜阳、湘潭、抚州、九江、宿迁、常德、宜宾、曲靖、上饶、安庆、淮北、怀化、乐山、邵阳、内江、马鞍山、十堰、金华、郴州、益阳、攀枝花、湖州、孝感、舟山、德阳、宿州（37个）
小城市	<50万	遂宁、随州、嘉兴、永州、新余、眉山、荆门、宜春、娄底、六安、铜陵、萍乡、鄂州、景德镇、安顺、广元、吉安、巴中、铜仁、滁州、玉溪、咸宁、巢湖、保山、亳州、六盘水、毕节、黄冈、衢州、广安、黄山、资阳、池州、大理、宣城、昭通、雅安、楚雄、恩施、鹰潭、丽水、普洱（思茅）、文山、张家界、临沧、丽江（46个）

3.1.1.2　数据来源与处理

本部分城区人口数据来源于2010—2018年《中国城市建设统计年鉴》，城镇人口、GDP、年末常住人口数据来源于国家统计局网站，城市建设供应面积等数据来源于《中国国土资源统计年鉴》（2008—2018年）、土地市场动态监测与监管系统（2018—2019年）。由于《中国国土资源统计年鉴》于2009年开始公布地级及以上城市工矿仓储用地、商服用地、住宅用地等各类城市建设用地供给分类明细，因此研究期间定为2009—2019年。

3.1.1.3 **城市建设用地供需数量的匹配状况**

由于决定城市规模的大小主要是取决于城市人口规模大小，因此可通过判断城市建设用地规模变化与人口变化之间的匹配协调程度来判断城市土地资源在规模上的配置合理状况。

长江经济带建设用地供应面积在2009—2019年，由2009年的15.05万公顷增加到2019年的30.17万公顷，净增加了15.12万公顷，年均增长8.36%（见图3.1）。其中，2009—2014年和2015—2019年区间内表现出显著的指数增长趋势，年均净增加面积也呈现出不断上升的态势，2009—2014年净增加面积达到17.6万公顷，2015—2019年净增加面积为5.12万公顷，整体上呈现快速扩张趋势。

2009—2018年长江经济带城镇人口从26 503万人增加到35 601万人，净增加了9098万人，年均增长3.16%，同期城市建设用地供应面积扩张速度平均是人口增长速度的2.8倍，其中2011年和2015年分别达到8.26倍和8.16倍，如图3.1和表3.3所示。

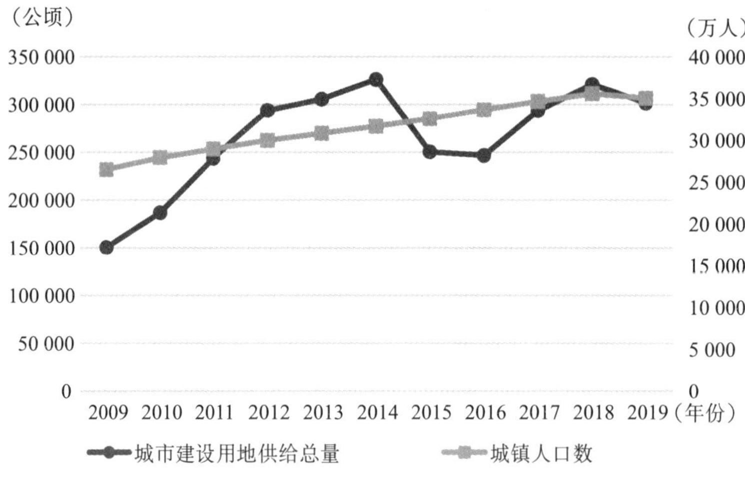

图3.1 2009—2019年长江经济带城镇人口与城市建设用地供给情况

资料来源：《中国国土资源统计年鉴》（2010—2018年）、土地市场动态监测与监管系统、国家统计局网。

表3.3 2010—2018年城市建设用地供给增长率与人口增长率比值 单位:%

年份	2010	2011	2012	2013	2014	2015	2016	2017	2018
城镇人口增长率	0.05	0.04	0.04	0.03	0.03	0.03	0.03	0.03	0.03
城市建设用地供给增长率	0.24	0.30	0.21	0.04	0.07	0.23	0.01	0.19	0.09
城市建设用地供给增长率/人口增长率	4.48	8.26	5.84	1.42	2.44	8.16	0.45	6.25	3.55

资料来源:《中国国土资源统计年鉴》(2010—2018年)、土地市场动态监测与监管系统、国家统计局网站。

从用地扩张与人口扩张匹配角度看，长江经济带城市建设用地供应规模与人口规模扩张两者是不匹配的，城市建设用地供应面积扩张速度大大快于城镇人口增长速度，其原因与政府考核机制和土地管理制度有关。首先，地方政府主导的城市竞争中，政府要追求经济增长和政绩，土地是地方政府可以支配的重要资源，部分地区甚至成为主要资源，“以地招商”成为地方政府的主要手段。其次，土地管理制度对于征地和出让的规定，使得地方政府在征收土地和出让土地中有很大的利益空间，地方政府愿意凭借行政力量支配土地资源，通过土地资本化大规模进行城市建设发展经济，逐渐形成了“以地谋发展”的经济发展模式，最终导致建设用地规模不断扩张，尽管2020年1月开始实行的《土地管理法》(修订)对于征地范围的明确和征地补偿标准参考区片价的规定会抑制这种利益的追逐，但考虑到存量土地再开发的高昂成本，建设用地扩展的动力仍然存在。

3.1.1.4 城市建设用地供需在结构上的匹配状况

城市建设用地供给结构是指建设用地的不同用途，如居住、工业、商业等用地供给量的占比。

建设用地结构与城市产业结构密切相关，供地结构应考虑以下两方面因素：一方面，城市土地利用类型要多样化，以满足城市多种用地需求；另一方面，城市不同类型用地结构应当满足合理的比例，使城市不同功能用地比例保持在一个适度的限度内，从而保障城市总体功能的发挥。

对用地结构的分析，一种常用的方法就是根据住房和城乡建设部2012年颁布实施的《城市用地分类与规划建设用地标准》，对比分析城市工矿仓储用地、商服用地与住宅用地比例，以此判断城市用地结构的合理性。

由于城市发展具有差异性，可以考虑选用国外典型城市与长江经济带城市的土地使用结构进行比较分析，选择典型城市的依据主要包括：第一，所选取城市人口集聚度高，流动性强，外来人口占有较大比例，受高等教育人口与第三产业就业人口比例高；第二，经济开放程度高，城市第三产业占 GDP 比重大。

表 3.4 反映了典型城市的用地特征，这些城市的工矿仓储用地占建设用地比重大多低于 10%，住宅用地的占比普遍在 35%—45% 之间，商服用地大多低于 10%。其中，大阪的工矿仓储用地比重最高为 13.1%，东京的工矿仓储用地比重最低为 3.0%；首尔的住宅用地比重最高为 42.8%，芝加哥的住宅用地比重最低为 24.1%。

表 3.4　　国外典型城市各类用地在建设用地总面积中的比重　　单位:%

城市	工矿仓储用地	商服用地	住宅用地
巴黎	8.0	4.0	30.0
伦敦	3.9	5.2	36.3
芝加哥	6.9	4.8	24.1
大阪	13.1	10.8	25.6
东京	3.0	1.3	42.5
首尔	4.1	3.1	42.8

资料来源：郝娟．浦东新区土地使用结构［R］．上海市浦东新区规划设计研究院和浦东改革与发展研究院，2005.7.

从 2019 年我国长江经济带土地供给结构状况来看，商服用地占比为 6.31%，住宅用地占比为 17.27%，工矿仓储用地占比为 20.38%，远高于上述国外典型城市的工矿仓储用地比重（见图 3.2）。

此外，根据表 3.5 反映出的 2019 年长江经济带各省份的不同用途土地供给及对应产业产值情况，可以看出，工矿仓储用地江苏省占比最大（31.05%）、云南省最小（5.17%），江苏省第二产业产值占比也最大（44.43%），但云南省第二产业产值占比也高达 34.28%；商服用地贵州省占比最大（9.83%）、云南最小（3.25%），贵州省第三产业产值占比为

50.27%相对较小，但云南省第三产业产值占比却不是最小（52.64%）的；住宅用地贵州省占比最大（26.13%）、云南省最小（5.93%），贵州省和云南省地区常住人口数均处在一个偏低的状态。

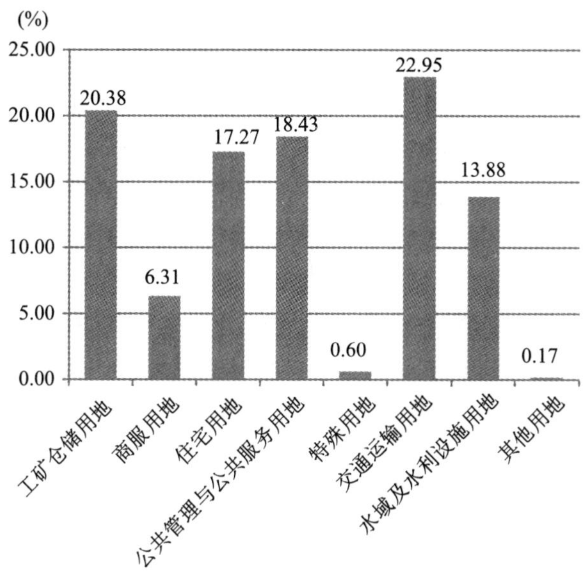

图 3.2 2019 年长江经济带城市建设用地供给结构

资料来源：土地市场动态监测与监管系统。

表 3.5 2019 年长江经济带及不同省份城市建设用地供给结构

省份	工矿仓储用地占比（%）	第二产业产值比（%）	商服用地占比（%）	第三产业产值比（%）	住宅用地占比（%）	地区常住人口数（万人）	错配程度
上海	14.47	26.99	3.29	72.74	23.50	2 428.14	1.62
江苏	31.05	44.43	7.57	51.25	17.89	8 070.00	0.58
浙江	25.72	42.61	6.45	54.03	21.10	5 850.00	0.82
安徽	26.93	41.33	5.24	50.82	25.05	6 365.90	0.93
江西	24.32	44.19	6.75	47.50	17.58	4 666.10	0.72
湖北	24.49	41.67	6.18	50.01	16.06	5 927.00	0.66
湖南	18.43	37.60	8.33	53.23	18.29	6 918.40	0.99
重庆	27.66	40.23	5.83	53.20	20.56	3 124.32	0.74

续表

省份	工矿仓储用地占比（%）	第二产业产值比（%）	商服用地占比（%）	第三产业产值比（%）	住宅用地占比（%）	地区常住人口数（万人）	错配程度
四川	16. 58	37. 25	6. 97	52. 44	17. 86	8 375. 00	1. 08
贵州	16. 34	36. 13	9. 83	50. 27	26. 13	3 622. 95	1. 60
云南	5. 17	34. 28	3. 25	52. 64	5. 93	4 858. 30	1. 15

资料来源：根据《中国国土资源统计年鉴》（2010—2018 年）、土地市场动态监测与监管系统、国家统计局网站相关数据计算而来。

从长江经济带上、中、下游区域来看，在工矿仓储用地方面下游占比最大（28. 28%）、上游占比最小（12. 33%）；商服用地下游占比最大（6. 96%）、上游占比最小（5. 68%）；住宅用地下游占比最大（19. 41%）、上游最小（14. 12%）（见表 3. 6）。

表 3. 6　2019 年长江经济带不同区域城市各类建设用地供应占比　单位：%

地区	工矿仓储用地	商服用地	住宅用地	公共管理与公共服务用地	特殊用地	交通运输用地	水域及水利设施用地	其他土地
下游	28. 28	6. 96	19. 41	18. 59	0. 27	21. 57	4. 87	0. 05
中游	23. 70	6. 56	19. 19	18. 71	0. 83	28. 09	2. 67	0. 25
上游	12. 33	5. 68	14. 12	18. 07	0. 59	18. 93	30. 12	0. 16

资料来源：根据土地市场动态监测与监管系统相关数据整理而成。

同时，参考李书涵等（2016）的研究，采用住宅用地占建设用地比重/工矿仓储用地占建设用地比重来表示建设用地供给结构的错配程度①，并将工矿仓储用地配置情况、住宅用地配置情况和错配程度分类，根据国际经验作为评判标准，分别划分 4 个等级，具体如表 3. 7 所示。

如表 3. 5、表 3. 7 所示，我国长江经济带各省份中，从工矿仓储用地来看，上海市工矿仓储用地配置轻度过剩、湖南省配置中度过剩，上游和中游其他地区均处于重度过剩的状态，下游地区除云南省的错配程度处于

① 李力行，黄佩媛，马光荣．土地资源错配与中国工业企业生产率差异［J］．管理世界，2016（08）：86—96.

相对合理状态，四川省和贵州省配置处于中度过剩、重庆市处于重度过剩；从住宅用地来看，上游和中游地区 11 个省份均处于重度不足的状态。根据错配程度评判标准，长江经济带 11 个省份城市建设用地供给结构均处于重度错配的状态。

表 3.7　　工矿仓储用地配置、住宅用地配置和错配程度分类①

工矿仓储用地占建设用地比重（G）	G≤10%	10% <G≤15%	15% <G≤20%	G >20%
	相对合理	轻度过剩	中度过剩	重度过剩
住宅用地占建设用地比重（Z）	Z≥40%	35% ≤Z <40%	30% ≤Z <35%	Z <30%
	相对合理	轻度不足	中度不足	重度不足
错配程度（C）	C≥4	3≤C <4	2≤C <3	C <2
	合理配置	轻度错配	中度错配	重度错配

对不同规模城市的建设用地供给结构进行对比分析。结果如表 3.8 所示。可以看出，不同等级城市中，特大城市表现出公共管理与公共服务用地、交通运输用地、其他用地占比最高，而商服用地、特殊用地、水域及水利设施用地占比最低的特征；大城市表现出商服用地、住宅用地占比最高，而其他用地占比最低的特点；中等城市表现出工矿仓储用地、特殊用地占比最高的特点；小城市则以水域及水利设施用地占比最高，工矿仓储用地、住宅用地、公共管理与公共服务用地、交通运输用地占比最低的特点。

综上，长江经济带建设用地供给结构总体呈现“两高一低”的特点，即交通运输用地和公共管理与公共服务用地占比较高，而住宅用地占比偏低，这与长江经济带大力推进内部交通网络建设和公共服务均等化建设有关。此外，长江经济带工业用地与居住用地比例不够合理，工业用地占比较大，2019 年工业用地和居住用地供给比例为 1. 18:1，其中工业用地约为 61 485. 53 公顷，工业用地占建设用地供给总量的比重为 20. 38%，远超过发达国家 8% 的平均水平。当然，这也反映出长江经济带整体仍处于工业

① 季书涵，朱英明，张鑫．产业集聚对资源错配的改善效果研究［J］．中国工业经济，2016（06）：73—90.

化中期发展阶段的现实，未来产业升级和高质量发展对于建设用地需求的压力仍然十分突出。

表 3.8　2019 年不同规模等级城市建设用地供给结构占比　单位：%

不同等级城市	工矿仓储用地	商服用地	住宅用地	公共管理与公共服务用地	特殊用地	交通运输用地	水域及水利设施用地	其他用地
特大城市	19. 57	5. 33	17. 86	26. 38	0. 41	28. 74	1. 39	0. 32
大城市	24. 26	7. 61	21. 87	18. 39	0. 57	23. 88	3. 33	0. 08
中等城市	25. 68	6. 47	16. 98	19. 12	0. 87	26. 00	4. 62	0. 25
小城市	15. 55	5. 42	14. 10	16. 50	0. 46	18. 62	29. 22	0. 14
总计平均	21. 27	6. 21	17. 70	20. 09	0. 58	24. 31	9. 64	0. 20

资料来源：土地市场动态监测与监管系统相关数据。

3. 1. 1. 5　建设用地供需空间上的匹配状况

本书主要通过对长江经济带上游、中游、下游的建设用地供给量与 GDP 的增长速度进行对比分析，考察上游、中游、下游的建设用地供需差异。

表 3. 9 显示出长江经济带各省份建设用地 2010—2019 年的土地供给和 GDP 的增长情况。可以看出，长江经济带城市土地供给增长速度平均值为 15. 36%，高于该时段 GDP 增长速度（12. 78%）。区域内 GDP 增长速度低于城市土地供给速度的省份为湖南省、湖北省、四川省、贵州省、云南省，均分布于长江经济带的上游和中游地带。长江经济带城市建设用地供给增长速度是 GDP 增长速度的 1. 2 倍，其中上游区域城市土地供给增长速度是 GDP 增长速度的 1. 63 倍。土地供给增长速度和 GDP 增长速度均表现出上游地区高于中游和下游地区。

具体到各个省市可以发现，上游的重庆市（256. 86%），中游的江西省（137. 76%），下游的上海市（－620. 57%）、江苏省（538. 68%）、浙江省（189. 04%）的 GDP 增长率都明显高于城市土地供给增长速度，尤其以上海市、江苏省、重庆市为例，比值达到 6. 2 倍、5. 4 倍、2. 5 倍，且呈现下游省份发展好于上游省份。从城市 GDP 与土地供给增长速度的标准差来看，上海市（135. 46%）、江西省（108. 93%）和重庆市（73. 74%）的

表 3.9　2010—2019 年长江经济带各省份 GDP 与土地供给增长速度　单位：%

年份		2010	2011	2012	2013	2014	2015	2016	2017	2018	2019	平均值	标准差
上海市	GDP	14.09	11.82	5.14	8.11	8.02	6.60	12.16	8.71	6.68	16.75	9.81	3.54
	土地供给	-40.25	44.86	-44.72	-3.31	61.36	-15.47	13.63	-13.19	2.10	-20.82	-1.58	32.28
	比值	-35.00	26.36	-11.49	-244.81	13.07	-42.68	89.23	-66.03	317.55	-80.48	-620.57	135.46
江苏省	GDP	20.22	18.55	10.08	10.54	8.93	7.72	10.37	10.96	7.83	7.60	11.28	4.24
	土地供给	9.57	10.25	15.89	8.45	-20.34	-0.11	-3.93	4.80	7.39	-11.04	2.09	10.51
	比值	211.37	181.01	63.39	124.62	-43.90	-7 256.14	-264.05	228.13	106.03	-68.82	538.68	2 199.42
浙江省	GDP	20.58	16.58	7.26	8.92	6.40	6.75	10.18	9.56	8.56	10.95	10.57	4.33
	土地供给	34.03	-2.23	14.68	-5.35	-7.85	-22.24	8.26	25.90	31.63	-20.89	5.59	19.56
	比值	60.49	-743.18	49.46	-166.79	-81.49	-30.37	123.27	36.91	27.05	-52.44	189.04	235.25
安徽省	GDP	22.82	23.80	12.49	11.72	8.42	5.55	10.92	10.69	11.06	23.69	14.12	6.38
	土地供给	24.52	27.81	55.50	9.20	-11.11	-21.09	6.87	2.11	42.67	-32.29	10.42	26.34
	比值	93.09	85.57	22.51	127.45	-75.77	-26.31	158.77	506.79	25.93	-73.35	135.50	159.98
江西省	GDP	23.46	23.82	10.65	11.29	9.05	6.42	10.61	8.15	9.89	12.61	12.60	5.76
	土地供给	11.03	44.53	-9.45	44.29	-48.55	3.69	5.24	16.73	37.14	-13.22	9.14	27.48
	比值	212.63	53.50	-112.71	25.48	-18.64	174.16	202.74	48.70	26.63	-95.38	137.76	108.93
湖北省	GDP	23.20	22.95	13.34	11.42	10.44	7.93	10.54	8.61	10.96	16.41	13.58	5.25
	土地供给	81.47	24.50	22.08	31.99	-2.83	-27.90	0.47	226.26	-59.67	1.72	29.81	74.44
	比值	28.47	93.67	60.41	35.70	-368.15	-28.42	2 254.64	3.81	-18.37	951.58	45.56	723.33

续表

年份		2010	2011	2012	2013	2014	2015	2016	2017	2018	2019	平均值	标准差
湖南省	GDP	22.81	22.64	12.63	11.14	9.81	6.90	9.17	7.45	7.44	9.13	11.91	5.65
	土地供给	93.48	121.86	-19.13	-1.09	15.03	-20.79	23.93	-21.20	3.80	14.35	21.02	46.30
	比值	24.39	18.58	-66.03	-1 018.41	65.26	-33.18	38.30	-35.16	195.94	63.64	56.66	322.06
重庆市	GDP	21.37	26.32	13.97	12.04	11.57	10.20	12.87	9.49	4.83	15.92	13.86	5.83
	土地供给	17.61	58.66	-28.76	14.25	25.59	-33.17	14.25	-7.22	31.22	-38.46	5.40	29.92
	比值	121.36	44.86	-48.56	84.49	45.23	-30.75	90.36	-131.40	15.48	-41.40	256.86	73.74
四川省	GDP	21.44	22.35	13.54	10.55	8.13	5.31	9.59	12.28	10.00	14.60	12.78	5.21
	土地供给	-1.89	96.35	15.91	-6.06	65.59	-7.60	-35.16	-12.42	52.58	-20.70	14.66	40.46
	比值	-1 131.88	23.20	85.09	-174.19	12.39	-69.89	-27.27	-98.91	19.02	-70.53	87.17	336.87
贵州省	GDP	17.62	23.89	20.18	18.02	14.59	13.34	12.13	14.98	9.35	13.26	15.74	4.03
	土地供给	128.88	-33.90	305.13	-33.25	-33.82	-17.20	-6.46	-2.65	1.55	38.07	34.63	101.45
	比值	13.67	-70.49	6.61	-54.19	-43.12	-77.56	-187.69	-564.85	603.60	34.83	45.43	269.14
云南省	GDP	17.09	23.10	15.93	14.77	8.30	6.28	8.59	10.74	9.19	29.88	14.39	7.09
	土地供给	-17.05	38.64	-0.94	20.94	217.82	-65.73	21.11	-33.40	148.95	47.40	37.77	81.06
	比值	-100.25	59.79	-1 702.07	70.53	3.81	-9.55	40.66	-32.15	6.17	63.04	38.08	516.38

资料来源：根据《中国国土资源统计年鉴》（2010—2018 年）、土地市场动态监测与监管系统、国家统计局网站相关数据整理而成。

总体偏差范围不大，更接近于平均值。江苏省（2 199.42%）、湖北省（723.33%）、云南省（516.38%）的总体偏差范围较大，反映出土地供给的稳定性和产业变化的不一样。

从长江经济带整个区域看，除了因 2013 年土地供给量达到最大（与全国趋势一致）外，土地供给增长速度与 GDP 增长速度的比值 2012 年前后呈现明显的差异，2010—2012 年土地供给增长速度与 GDP 增长速度的比值逐年递增、2014—2018 年土地供给增长速度与 GDP 增长速度比值逐年递减。长江经济带上游、中游区域城市建设用地面积增长幅度较大，主要有两方面的原因：一方面，我国区域发展战略的倾斜，如 2006 年 4 月，中共中央、国务院出台《关于促进中部地区崛起的若干意见》，2010 年，国务院颁布实施的《全国主体功能区规划》明确了我国国土空间开发的三大战略格局，其中沿长江通道是我国国土空间一级开发轴线，长江中游城市群是国家重点开发的大城市群和区域进行城市群，2012 年 8 月，国务院颁布《关于大力实施促进中部地区崛起战略的若干意见》，2015 年 4 月，国务院批复同意《长江中游城市群发展规划》等，由于这些战略的实施，上中游地区对建设用地的需求量不断增大。另一方面，也许与这些地区前期建设用地供给基数较低有关。

第一，从图 3.3 至图 3.6 可以看出，城市 GDP 与城市建设用地利用规模扩张不匹配现象存在着明显的区域差异性。长江经济带上游区域城市 GDP 和土地扩张的失调程度始终较高，显著高于长江下游区域和中游区域。从供给侧角度来看，在我国土地公有制背景下，城市建设用地的供应受到政府的严格管制，而政府的土地利用年度计划、土地供应计划等计划性指令通常带有一定的偏向性，从而导致土地的经济供给不均衡。政府偏向性的土地供给政策表现在中央政府出于区域均衡发展的考虑，在土地供给的区域分布上实行倾向中西部地区的用地政策，特别是在 2009 年以后我国出现了新一波的新城建设高潮，把大量新城建设在中西部地区，中西部地区建设用地供给情况如图 3.7 所示。因此，长江经济带城市 GDP 与城市建设用地扩张的匹配关系在上游区域和中下游区域间呈现明显的空间分异格局。

图 3.3　2010—2019 年长江经济带城市 GDP 与建设用地供应增速

资料来源：《中国国土资源统计年鉴》（2010—2018 年）、土地市场动态监测与监管系统、国家统计局网站。

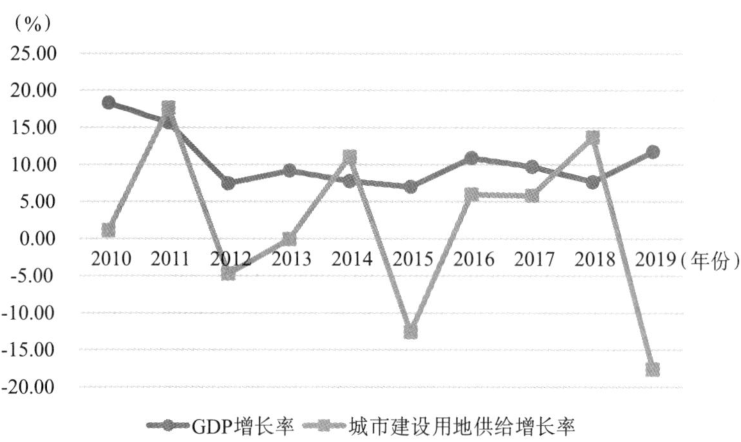

图 3.4　2010—2019 年长江经济带下游城市 GDP 与建设用地供应增速

资料来源：《中国国土资源统计年鉴》（2010—2018 年）、土地市场动态监测与监管系统、国家统计局网站。

第二，从城市建设用地利用效率的空间非均衡性来看，也可以反映出城市土地资源供给需求空间上的错配。已有研究表明长江经济带不同区域建设用地利用效率空间非均衡性明显。如图 3.8 和图 3.9 所示，长江经济带下游的东部区域，2010 年每平方公里人口数为 713 人，是上游城市群的 5.89 倍，到 2019 年长江下游城市群每平方公里人口数达到 791 人，是上游城市群的6.04倍。由于经济活动和人口在下游城市群的集聚，经济发展将因为城市规模扩张而获得规模经济效应，而且该区域人口持续增加，城市内部土地、资本、劳动等各种生产要素可以更好地进行匹配，但土地供给量却出现收缩，相比上游和中游城市群，下游占比偏少。上游的西部地区由于地理位置较偏远，自然条件较差，城市规模等级以中小城市居多，

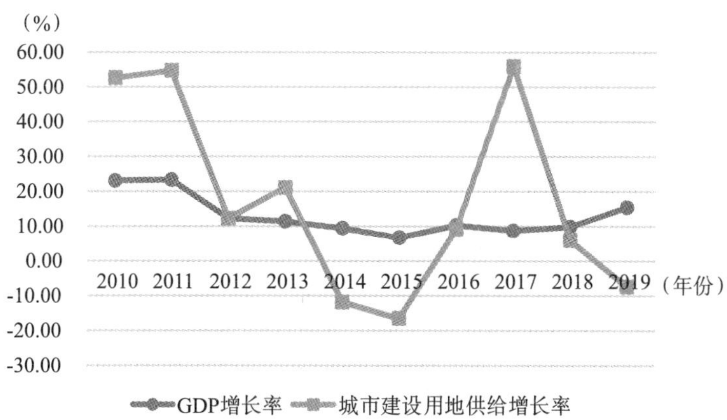

图3.5　2010—2019年长江经济带中游城市GDP与建设用地供给增速

资料来源：《中国国土资源统计年鉴》（2010—2018年）、土地市场动态监测与监管系统、国家统计局网站。

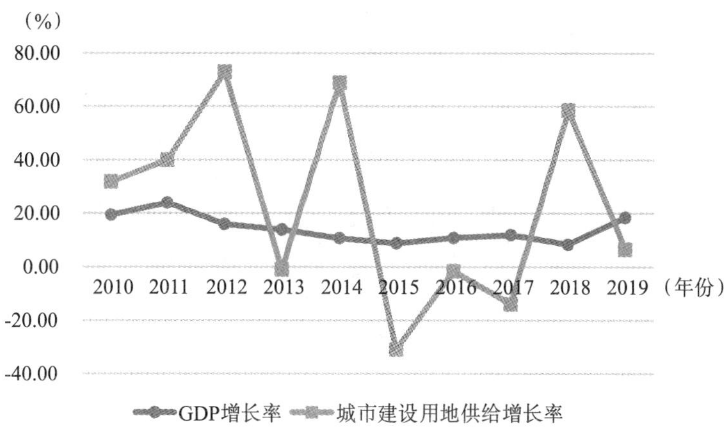

图3.6　2010—2019年长江经济带上游城市GDP与建设用地供给增速

资料来源：《中国国土资源统计年鉴》（2010—2018年）、土地市场动态监测与监管系统、国家统计局网站。

同时该区域人口增长较缓，发展工业和服务业的潜在市场需求远不及下游经济发达地区，不利于发挥产业集聚的规模经济，不过该区域的土地供给量占比却仍在不断增加，因此如何土地供给结构的合理与优化就成为制约土地资源要素与其他要素的匹配效应，以及最终单位面积土地产出效率的关键因素。

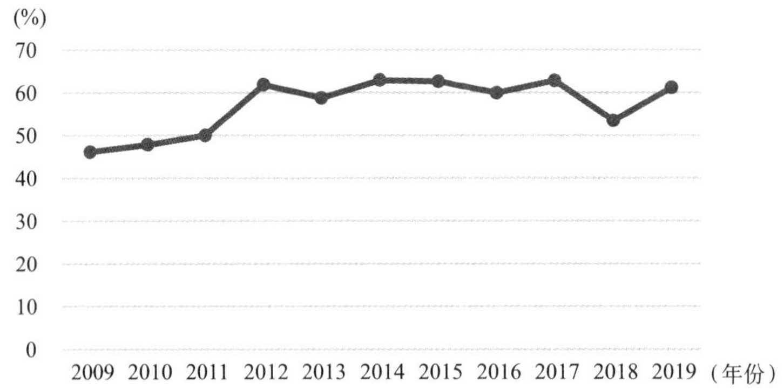

图 3.7　2009—2019 年中西部地区建设用地供给占比

资料来源：《中国国土资源统计年鉴》(2010—2018 年)、土地市场动态监测与监管系统。

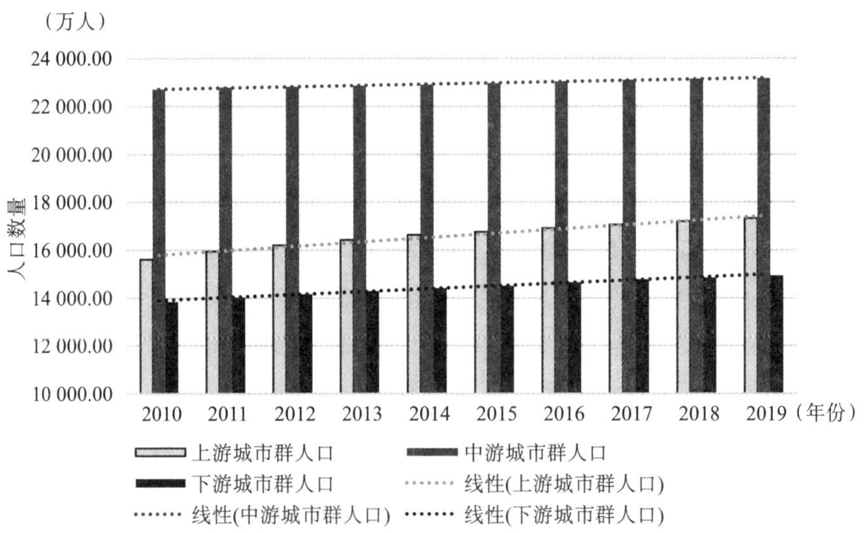

图 3.8　2010—2019 年长江经济带上、中、下游城市群人口总量

资料来源：根据国家统计局网站相关数据绘制而成。

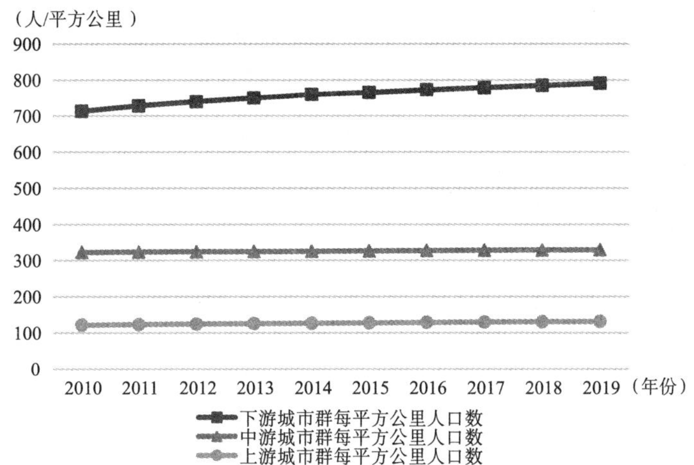

图 3.9　2010—2019 年长江经济带上、中、下游城市群每平方公里人口数

资料来源：根据国家统计局网站相关数据绘制而成。

第三，从城市建设用地规模、土地利用结构等方面来看，城市土地供需匹配在不同城市之间也存在差异。中西部地区的中小城市经济发展水平较低，规模经济效应较弱，工业化水平明显较低，根据表 3.10 和表 3.11 可以看出，2010—2019 年长江上游城市群第二、第三产业产值占 GDP 比重均低于下游城市群，但在此期间，长江上游城市群与下游城市群的土地供给结构却相似，商服用地、工矿仓储用地及住宅用地占土地供给总量的比例都呈逐年下降趋势，而上游城市群与下游城市群地均人口数量相差数倍，因此导致上游城市土地资源要素与其他要素的匹配效应较差，单位面积土地产出效率偏低。另外，如表 3.11 所示，自 2011 年后，长江经济带上、中、下游地区公共管理与公共服务用地和交通运输用地供应比例大都呈逐年增加趋势，体现出在落实长江经济带发展战略上，国家通过加大城市间交通用地和城市内部公共服务用地，推动城市间的网络联系和城市内部高质量发展的建设。

综上可见，由于不同地区经济发展、资源禀赋差距显著，而土地供给指标的行政配置与区域经济发展和自然资源禀赋脱钩，使得发达区域和欠发达地区之间的土地利用效率差异突出，这说明了传统土地供给指标分配制度缺乏灵活性。

表 3.10　　2010—2019 年长江经济带上、中、下游城市群第二、第三产业产值占 GDP 比重

地区		2010 年	2011 年	2012 年	2013 年	2014 年	2015 年	2016 年	2017 年	2018 年	2019 年
下游	GDP（万亿元）	86 599.13	100 703.69	109 389.9	119 888.17	130 123.74	141 650.67	154 491.91	171 197.9	187 222.21	199 106.4
	第二产业占比（%）	50.09	49.32	47.87	46.38	45.54	44.04	42.19	42.00	41.55	40.18
	第三产业占比（%）	45.47	46.14	47.58	49.21	50.26	51.83	53.90	54.45	55.12	56.56
中游	GDP（万亿元）	54 434.2	66 726.85	74 947.48	83 807.46	92 310.84	99 494.67	108 902.74	120 950.11	135 079.05	146 835.9
	第二产业占比（%）	48.25	49.72	49.66	48.51	47.72	45.67	43.82	42.41	41.20	40.80
	第三产业占比（%）	39.14	38.17	38.73	40.53	41.88	44.33	46.44	48.54	50.55	50.73
上游	GDP（万亿元）	37 544.32	46 350.72	53 357.41	60 344.14	66 729.89	71 883.55	79 322.87	90 062.85	100 724.74	109 962.66
	第二产业占比（%）	45.27	44.56	44.44	44.05	43.18	41.62	39.62	38.10	37.40	36.93
	第三产业占比（%）	42.14	43.04	43.33	44.23	45.12	46.62	48.75	50.90	52.21	52.45

资料来源：根据国家统计局发布的各省份统计年鉴整理而成。

表 3.11 2010—2019 年长江经济带上、中、下游城市群土地供给结构 单位:%

地区	各类土地供给面积/土地供给总面积	2010 年	2011 年	2012 年	2013 年	2014 年	2015 年	2016 年	2017 年	2018 年	2019 年
下游	公共管理与公共服务用地	10.01	11.23	19.47	13.41	12.49	13.77	18.14	15.65	18.88	16.55
	交通运输用地	12.75	11.28	15.53	14.61	21.40	24.74	25.81	23.59	23.05	19.20
	商服用地	8.86	9.15	8.88	13.25	9.98	8.88	8.25	7.05	5.41	6.20
	工矿仓储用地	39.72	39.37	33.26	30.17	25.36	25.82	24.33	27.77	26.08	25.18
	住宅用地	27.71	27.62	21.16	25.58	22.30	21.24	17.70	20.06	17.64	17.28
中游	公共管理与公共服务用地	11.56	13.35	14.14	14.46	12.17	14.73	16.83	9.60	18.04	15.93
	交通运输用地	16.71	22.54	24.74	26.61	28.30	28.10	28.27	21.38	25.62	23.91
	商服用地	8.75	6.60	6.95	8.30	7.77	9.13	6.55	3.86	4.80	5.59
	工矿仓储用地	36.79	32.80	29.23	27.60	22.28	25.20	26.05	15.95	19.20	20.17
	住宅用地	24.05	18.04	17.49	20.36	18.48	19.69	15.54	10.90	15.42	16.34
上游	公共管理与公共服务用地	12.03	17.91	17.99	12.06	7.69	13.71	13.36	20.14	22.66	16.34
	交通运输用地	10.37	22.92	26.51	23.38	27.34	20.94	24.74	26.15	26.67	17.12
	商服用地	6.07	6.48	6.47	9.19	5.08	5.26	6.80	7.07	4.94	5.14
	工矿仓储用地	24.50	24.42	18.81	19.41	10.62	12.46	13.97	16.36	9.38	11.15
	住宅用地	22.34	21.06	14.90	20.56	10.04	12.98	12.58	16.03	14.38	12.77

资料来源：根据《中国国土资源统计年鉴》（2010—2019 年）、土地市场动态监测与监管系统整理而成。

3.1.1.6 城市土地供给与其经济发展、城镇化的基本关系

本书试图通过分别对土地供给与 GDP、城镇化率等关系的分析来初步探讨目前长江经济带土地供给与经济发展、人口城镇化的总体关系。

如图 3.10 所示，2009—2019 年，长江经济带 GDP 由 2009 年的 14.70 万亿元增加到 2018 年的 40.30 万亿元，净增加了 25.60 万亿元，年均增长 11.86%，高于全国 GDP 年均增长率的 11.38%。

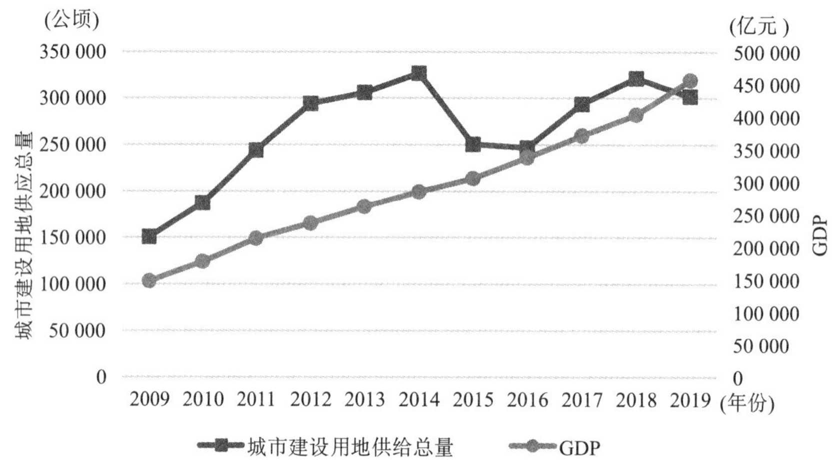

图 3.10 2009—2019 年长江经济带城市土地供给量与 GDP 总额

资料来源：《中国国土资源统计年鉴》（2010—2018 年）、土地市场动态监测与监管系统、国家统计局网站。

如图 3.11 所示，2010—2019 年长江经济带土地供给增长率总体上呈现先下降、后上升的趋势，而 GDP 增长率呈现逐年缓慢递减的态势，且自 2012 年之后 GDP 增长率稳定在 10% 左右。在 2010—2012 年土地供给增长速度高于 GDP 增长速度，2013—2016 年 GDP 增长速度高于土地供给增长速度，2017—2018 年土地供给增长速度高于 GDP 增长速度。

2009—2019 年，长江经济带城镇人口，由从 2009 年的 26 503 万人增加到 2018 年的 35 603 万人，净增加了 9 100 万人，年均增长率为 3.33%，大于全国城镇人口增长速度的 2.86%；从图 3.12 中可以看出，长江经济带城镇化水平稳步提升，城镇化率也由 2009 年的 46.39% 提高到 2019 年的 63.27%。

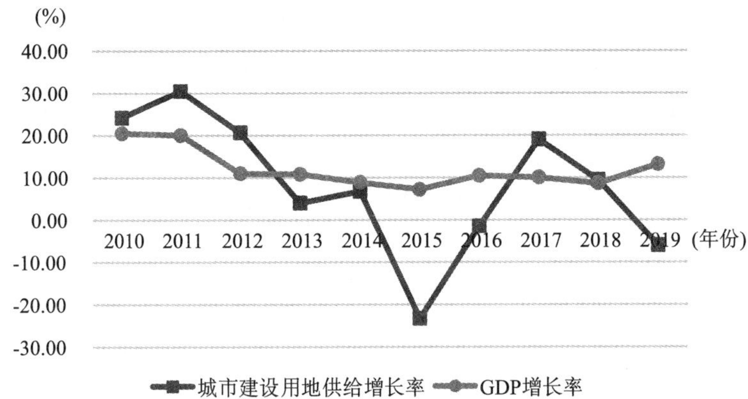

图 3.11　2010—2019 年长江经济带城市建设用地供给增长率与 GDP 增长率

资料来源:《中国国土资源统计年鉴》(2010—2018 年)、土地市场动态监测与监管系统、国家统计局网站。

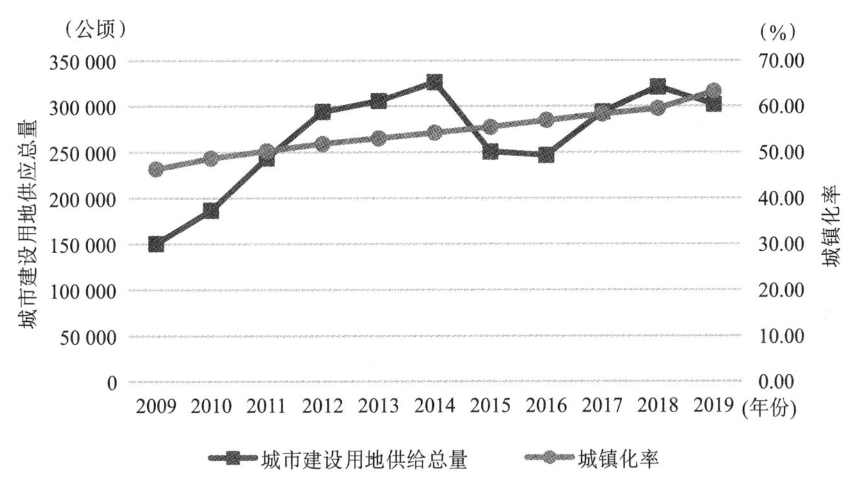

图 3.12　2009—2019 年长江经济带土地供给量与城镇化率

资料来源:《中国国土资源统计年鉴》(2010—2018 年)、土地市场动态监测与监管系统、国家统计局网站。

如图 3.13 所示，2009—2018 年长江经济带城市土地供给增长率总体上呈现先下降、后上升的趋势，而城镇化率增长率呈现出逐年缓慢递减的态势，且自 2012 年之后城镇化率增长率稳定在 2.3% 左右。整体上长江经济带土地供给增长率呈现交替增长与下降趋势，城镇化率增长率处于缓慢递减的态势。

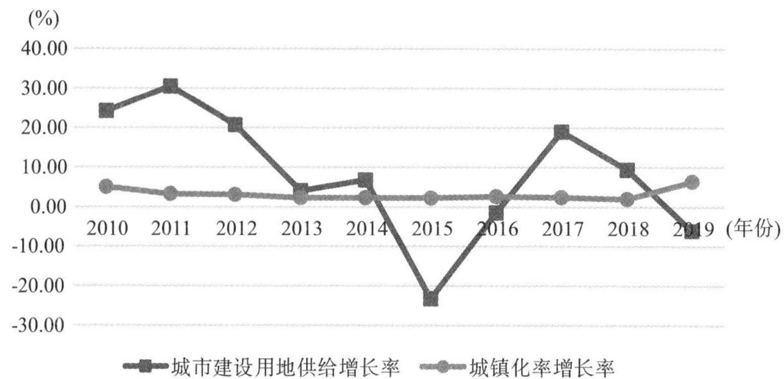

图 3.13　2009—2019 年长江经济带城市土地供给增长率与城镇化率增长率

资料来源：《中国国土资源统计年鉴》(2010—2018 年)、土地市场动态监测与监管系统、国家统计局网站。

表 3.12 和表 3.13 分别反映了土地供给量（Y）与 GDP（X1）、人均 GDP（X2）的相关系数，以及土地供给量（Y）与城镇人口（X3）、城镇化率（X4）的相关关系，可以看出，土地供给量与 GDP、人均 GDP 的相关系数分别为 0.711 和 0.720，土地供给量与城镇人口、城镇化率的相关系数分别为 0.713 和 0.729，均是显著正相关。

表 3.12　长江经济带土地供给量与 GDP、人均 GDP 的相关性

	Y	X1	X2
Y	1	0.711**	0.720**
X1	0.711**	1	1.000***
X2	0.720**	1.000***	1

注：**、***分别表示 5%、1% 的水平上显著。

表 3.13　长江经济带土地供给量与城镇人口、城镇化率的相关性

	Y	X3	X4
Y	1	0.713**	0.729**
X3	0.713**	1	0.999***
X4	0.729**	0.999***	1

注：**、***分别表示在 5%、1% 的水平上显著。

3.1.2 京津冀城市群土地市场配置存在的问题分析

3.1.2.1 研究对象概况

京津冀城市群是我国政治、经济、科技与文化核心区域，国家经济发展的“驱动极点”之一，是世界最具发展潜力的城市群之一，也是我国参与全球竞争和率先实现现代化的世界城市区域。京津冀城市群是我国人口活动密集区之一，是我国东北、华北以及华东的接合地带。其中，北京市作为京津冀地区的核心，是我国重要的经济、文化、科技创新中心；天津市是北方的经济中心，也是最早一批的沿海开放城市，经济发展迅速，同时天津港地理位置优越，处于京津冀地区和环渤海地区的交汇处，是我国北方最大的综合性港口和重要的对外贸易大门；河北省包含石家庄、唐山、秦皇岛、廊坊、衡水、保定、邢台、承德、张家口、沧州、邯郸11个城市，在资源、交通、区位等方面具有一定的优势，有着广阔的发展前景。截至2019年年底，京津冀区域土地总面积为21.6万平方公里，区域内常住人口共1.13亿人，占全国总人口的8.1%，其中，北京市常住人口为2 154万人、天津市为1 562万人、河北省为7 592万人；京津冀区域内GDP为84 580亿元，其中北京市GDP为35 371.3亿元、天津为14 104.28亿元、河北省为35 104.5亿元，区域内GDP占全国GDP的8.54%。

本书以京津冀城市群地级及以上的13个城市为研究对象，如表3.14所示，包括北京、天津两个直辖市以及石家庄、唐山、秦皇岛等11个城市。

表3.14 京津冀城市群城市个数统计

省份	城市个数	直辖市/省会城市	地级市
北京	1	1	0
天津	1	1	0
河北	11	1	10
总计	13	3	10

3.1.2.2 数据来源与处理

与前文长江经济带研究一致，本部分城区人口数据来源于2010—2018年《中国城市建设统计年鉴》，城镇人口、GDP、年末常住人口数据来源于国家统计局网站，土地供给面积等数据来源于《中国国土资源统计年鉴》（2010—2018年）、土地市场动态监测与监管系统，研究期为2009—2019年。

3.1.2.3 城市建设用地供需数量上的匹配关系

如图3.14所示，京津冀城市群城市建设用地供应面积由2009年的2.56万公顷增加到2019年的4.27万公顷，净增加了1.71万公顷，年均增长9.2%。2009—2019年，京津冀城市群城镇人口，从2009年的5 616万人增加到2019年的7 543.31万人，净增加了1 927.31万人，年均增长3%，京津冀土地供给年均增长率是城镇人口年均增长率的3.07倍。整体上2009—2019年，土地扩张速度快于人口增长速度，且两者的增长速度间的差距呈现逐渐缩小，土地供给增长率与城镇人口增长率比值表现出正负交替波浪式前进的现象，且逐渐趋于平稳，如表3.15所示。

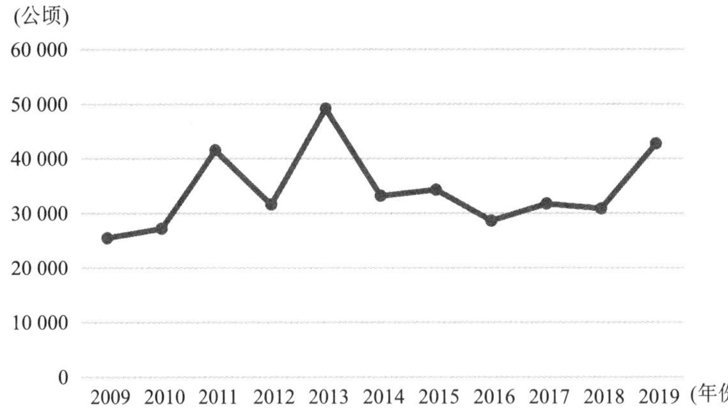

图3.14 2009—2019年京津冀城市群建设用地供应总量

资料来源：《中国国土资源统计年鉴》（2010—2018年）、土地市场动态监测与监管系统。

表 3.15　2010—2019 年京津冀城市群土地供给增长率与城镇人口增长率

年份	2010	2011	2012	2013	2014	2015	2016	2017	2018	2019
土地供给增长率	0.07	0.53	-0.24	0.56	-0.33	0.03	-0.17	0.11	-0.03	0.38
城镇人口增长率	0.05	0.04	0.04	0.03	0.03	0.03	0.03	0.02	0.02	0.02
比值	1.22	14.78	-6.82	16.61	-11.37	1.03	-6.04	5.29	-1.75	23.94

资料来源：《中国国土资源统计年鉴》（2010—2018 年）、土地市场动态监测与监管系统和国家统计局网站。

3.1.2.4　城市建设用地供需在结构上的匹配关系

2019 年，京津冀城市群土地供给结构表现为，工矿仓储用地占比为 30.58%、商服用地占比为 4.69%、住宅用地占比为 19.89%、公共管理与公共服务用地占比为 25.51%、交通运输用地占比为 17.72% 等，如图 3.15 所示，京津冀城市群工矿仓储用地和住宅用地占比要高于长江经济带。

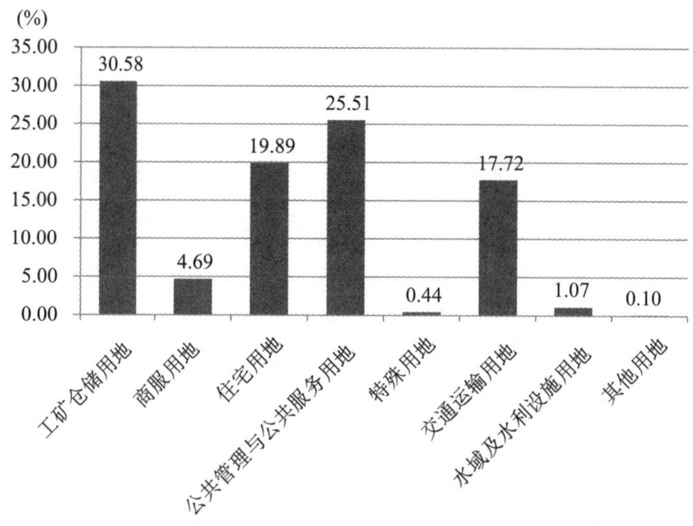

图 3.15　2019 年京津冀城市群建设用地供给结构

资料来源：根据土地市场动态监测与监管系统相关数据整理。

结合具体城市分析，可以看出不同城市结构差异较大。2019 年，工矿仓储用地占比唐山市最大为 51.17%、北京市最小为 10.84%，商服用地占比张家口市最大为10.72%、邢台市最小为1.91%，住宅用地占比北京市最大为41.14%、沧州市最小为10.69%，公共管理与公共服务用地占比承德市最大为40.85%、天津市最小为14.36%，特殊用地占比石家庄市最大为0.95%、承德市最小为0.05%，交通运输用地占比天津市最大为40.21%，衡水市最小为6.61%，如表3.16所示。

表3.16　2019年京津冀城市群地级及以上城市建设用地结构　单位:%

城市	工矿仓储用地	商服用地	住宅用地	公共管理与公共服务用地	特殊用地	交通运输用地	水域及水利设施用地	其他用地
北京	10.84	7.20	41.14	28.92	0.71	8.69	2.51	0.00
天津	19.88	3.75	20.65	14.36	0.13	40.21	1.03	0.00
石家庄	25.40	3.84	23.11	29.53	0.95	17.15	0.02	0.00
唐山	51.17	2.19	14.38	17.09	0.25	14.65	0.27	0.00
秦皇岛	24.53	6.53	23.09	34.26	0.49	11.02	0.07	0.01
邯郸	23.03	5.97	17.35	40.54	0.37	12.02	0.19	0.53
邢台	41.23	1.91	19.31	27.56	0.79	8.74	0.32	0.13
保定	26.22	7.17	31.37	16.59	0.31	12.45	5.84	0.05
张家口	23.39	10.72	20.26	27.57	0.79	17.01	0.20	0.06
承德	13.77	7.77	15.17	40.85	0.05	21.45	0.55	0.40
沧州	25.73	3.42	10.69	35.60	0.46	23.78	0.20	0.12
廊坊	28.44	7.39	34.16	21.52	0.48	7.51	0.51	0.00
衡水	42.15	4.83	17.75	24.37	0.63	6.61	3.52	0.15

资料来源：土地市场动态监测与监管系统。

如表3.17所示，京津冀城市群三个省份中，工矿仓储用地占比最大的是河北省、占比最小的为北京市，商服用地占比最大的是北京市、最小的为天津市，住宅用地占比最大的是北京市、最小的为河北省，公共管理与公共服务占比最大的是北京市、最小的为天津市，交通运输用地占比最大的是天津市、最小的为北京市。这种差异反映出京津冀城市群内部产业结构的差异以及近年来疏散北京非首都功能、工业外迁等趋势。

表 3.17　2019 年京津冀城市群不同区域城市建设各类用地供应占比　　单位:%

地区	工矿仓储用地	商服用地	住宅用地	公共管理与公共服务用地	特殊用地	交通运输用地	水域及水利设施用地
北京	10.84	7.20	41.14	28.92	0.71	8.69	2.51
天津	19.88	3.75	20.65	14.36	0.13	40.21	1.03
河北	32.75	4.78	19.23	27.16	0.48	14.45	1.04
京津冀	30.58	4.69	19.89	25.51	0.44	17.72	1.07

资料来源：土地市场动态监测与监管系统。

3.1.2.5　城市建设用地供需在空间上的匹配关系

与前文类似，通过分析 2010—2019 年京津冀城市群、北京市、天津市、河北省土地供给面积与城镇人口增长情况，以初步判断不同空间区域内土地供需的匹配状况。

如表 3.18 所示，2009—2019 年京津冀城市群建设用地扩张速度平均值为 9.18%，高于该时段人口扩张速度的 3.00%。北京、天津、河北地区建设用地扩张速度分别为 12.88%、9.89%、13.26%，而人口增长速度分别为 1.69%、3.16%、3.58%。2009—2019 年，京津冀城市群土地供给增长速度是城镇人口扩张速度 3 倍。其中，北京市城市建设用地平均扩张速度较快，但自 2018 年开始，呈现明显下降趋势。

表 3.18　2010—2019 年京津冀城市群各区域城市土地供给与城镇人口规模增速　　单位:%

年份	京津冀城市群		北京市		天津市		河北省	
	土地	人口	土地	人口	土地	人口	土地	人口
2010	6.61	5.43	1.45	6.64	-4.67	7.93	12.25	4.03
2011	52.65	3.56	19.26	3.20	171.35	5.42	13.52	3.16
2012	-23.91	3.51	-43.14	2.53	-50.52	5.69	2.13	3.30
2013	55.73	3.36	39.82	2.30	-31.01	4.77	93.85	3.43
2014	-32.57	2.87	-9.30	1.81	-7.94	3.40	-37.61	3.23
2015	3.37	3.25	211.52	1.08	47.65	2.44	-23.52	4.65
2016	-16.51	2.73	-79.93	0.09	-31.94	1.33	11.24	4.51
2017	10.88	2.06	48.23	-0.11	-27.73	-0.32	18.82	3.85

续表

年份	京津冀城市群		北京市		天津市		河北省	
	土地	人口	土地	人口	土地	人口	土地	人口
2018	-2.84	1.63	-43.10	-0.77	16.10	0.46	-2.87	3.08
2019	38.41	1.60	-16.01	0.10	17.63	0.51	44.78	2.59
平均	9.18	3.00	12.88	1.69	9.89	3.16	13.26	3.58

资料来源：根据《中国国土资源统计年鉴》（2010—2018年）、土地市场动态监测与监管系统、国家统计局网站相关数据整理而来。

可以看出，京津冀城市群在2012年、2014年、2016年、2018年出现城市人口增长速度快于城市建设用地扩张速度，其他各个年份均表现为建设用地扩张速度快于人口增长速度。总体上，两者差距表现出缩小的趋势。北京市2011年、2013年、2015年、2017年城市土地扩张速度快于城市人口增长速度，两者差距表现出交织扩张与缩小趋势，整体上建设用地扩张与人口增长趋势较一致。天津市表现出2011年、2015年、2018年、2019年建设用地扩张速度快于人口增长速度，其余年份人口增长速度快于建设用地扩张速度，且两者差距呈现出波动缩小趋势。河北省整体城市建设用地扩张快于人口增长，表现为除2012年、2014年、2015年、2018年的其余年份城市建设用地扩张速度均快于人口增长速度，两者差距呈现先增大后减小的趋势。通过分析不难发现，京津冀城市群中天津、河北区域城市建设用地面积增长幅度较大，主要有两方面的原因：一是在我国京津冀协同发展战略与天津滨海新区上升为国家战略的带动下，当地固定资产投资加大拉动经济快速发展；二是由于河北省基数较低，城市化水平不高，一些新城的建设导致城市建设用地扩张速度较快。

因此，京津冀地区人口和土地城镇化发展匹配失调的年份较多。此外，和北京、天津这两个特大城市相比，河北地区的经济发展较缓，而且由于京津这两个特大城市的“虹吸效应”，使得河北地区内部城市发展出现失调的情况。

这种失调具体有两个特点：一是天津市和河北省城市建设用地扩张和人口增长的失调程度始终较高，显著高于北京市。从供给侧角度来看，政府偏向性的土地供给政策表现在中央政府出于区域均衡发展的考虑，在土地供给的区域分布上实行不同用地政策，特别是在2009年以后我国出现了新一波的新城建设高潮，河北省也建设了大量新城导致城市建设用地供地面积加大，其他地区的土地供地面积相应减小。从需求侧角度来看，区域发展的不平衡，促使京津冀及周边地区人口自小城市向大城市流动，凸显了河北省城市土地与人口之间的不匹配关系。二是北京及天津中心城市区域，由于经济活动和人口在城市群的集聚，经济发展将因为城市规模扩张而获得规模经济效应，而且该区域也是人口大量流入区，城市内部土地、资本、劳动等各种生产要素可以更好地进行匹配，但土地供给量却出现收缩，在三个区域中占比偏少。河北省由于北京市、天津市的"虹吸效应"，中小城市居多，且该区域往往是人口流出地，不利于发挥要素聚集的规模经济优势，且区域的比较优势不足，但该区域的土地供给量占比却不断提升，因此会导致区域城市土地资源要素与其他要素的匹配效应较差，最终造成单位面积土地产出效率低下。尽管政府希望利用土地要素带动经济发展的愿望可以理解，但城市土地资源的空间错配有悖经济学的规模经济原理和比较优势原理，如何快速推动河北省跨过规模经济的基本规模门槛是值得深入思考的问题。

3.1.2.6 城市建设用地供应与其经济发展、城镇化的关系

如图3.16所示，2009—2019年，京津冀地区GDP从3.69万亿元增加到8.46万亿元，净增加了4.77万亿元，年均增长8.66%，小于全国GDP年均增长率的11.38%，其中北京市年均增长11.27%、天津市为6.49%、河北省为7.37%。整体上，京津冀城市群GDP年均增长速度快于城市建设用地供应面积年均增长速度。

根据图3.17可以看出，2010—2019年京津冀城市建设用地供应增长率表现出正负交替的现象，并且逐渐趋于稳定，而GDP增长率大致呈现逐年缓慢递减的态势。

如图3.18所示，2009—2019年，京津冀城市群城镇人口年均增长3%，快于全国城镇人口增长速度的2.8%，城镇化率也由2009年的55.48%增长到2019年的67.54%，高于全国平均城镇化率的60.6%，年均增长1.99%，低于全国城镇化率年均增长率的2.29%。

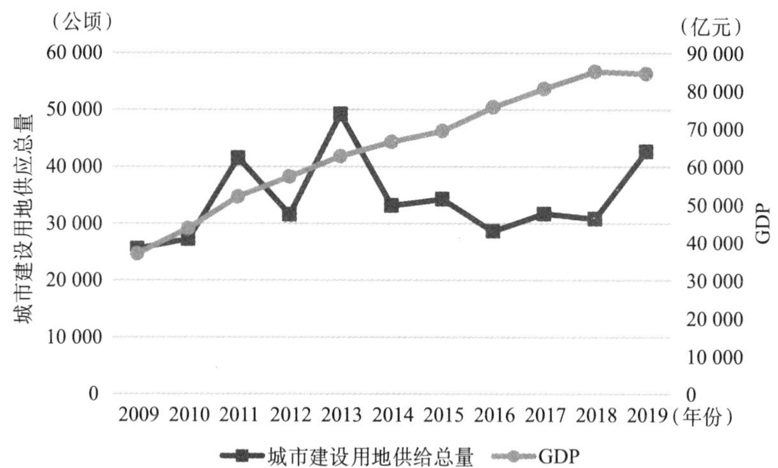

图 3.16　2009—2019 年京津冀城市群土地供给与 GDP 总额

资料来源：《中国国土资源统计年鉴》（2010—2018 年）、土地市场动态监测与监管系统和国家统计局网站。

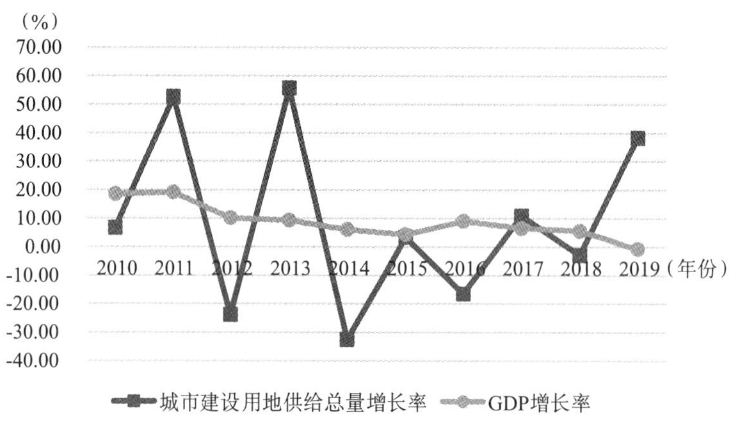

图 3.17　2010—2019 年京津冀城市群土地供给增长率与 GDP 增长率

资料来源：《中国国土资源统计年鉴》（2010—2018 年）、土地市场动态监测与监管系统和国家统计局网站。

如图 3.19 所示，2009—2019 年京津冀城市群建设用地供给总量增长率总体上呈现波浪式且逐渐趋于稳定的趋势，而城镇化率增长率波动较小且增长率稳定在 2% 左右。整体上京津冀城市群建设用地供给总量增长率呈现交替增长与下降趋势，城镇化率增长率处于缓慢递减的态势。

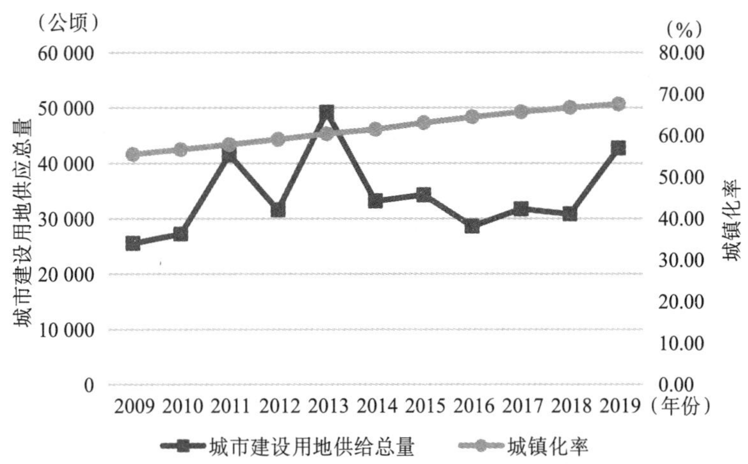

图3.18　2009—2019年京津冀城市群土地供给总量与城镇化率

资料来源：《中国国土资源统计年鉴》（2010—2018年）、土地市场动态监测与监管系统和国家统计局网站。

图3.19　2010—2019年京津冀城市群土地供给增长率与城镇化率

资料来源：土地市场动态监测与监管系统和国家统计局网站。

表3.19和表3.20分别反映出土地供给量（Y）与GDP（X1）、人均GDP（X2）的相关系数，以及土地供给量（Y）与城镇人口（X3）、城镇化率（X4）的相关关系，可以看出，京津冀城市群土地供给量与GDP、城镇化等变量在统计上并未有显著的相关性。这种情况出现的直接原因是三个省份内部差异较大，如北京市的发展已进入内涵提升阶段，随着京津冀

协同发展战略的深入实施，转移迁出和淘汰的产业原有建设用地再开发成为城市发展的重要土地供给来源，而河北省内部不同城市经济发展水平不均衡，新增建设用地供给仍是很多城市发展的重要支撑。内部的巨大差异性往往覆盖了统计上的显著性。

表 3.19　京津冀城市群 GDP、人均 GDP 与供地面积的相关性

	Y	X1	X2
Y	1	0.240	0.218
X1	0.240	1	0.996***
X2	0.218	0.996***	1

注：***表示在1%的水平上显著。

更进一步，这一结论可以说明该城市群土地供给与经济、人口的关系不仅仅体现在当期的影响，时间和空间上的滞后效应可能发挥更为重要的作用，需要我们进行更加深入的分析，相关内容将在下文中进一步研究。

表 3.20　京津冀城市群城镇人口、城镇化率与供地面积的相关性

	Y	X3	X4
Y	1	0.218	0.189
X3	0.218	1	0.956***
X4	0.189	0.956***	1

注：***表示在1%的水平上显著。

3.2　典型城市的土地市场形势

选择4个直辖市和283个地级及以上城市①为研究对象，同时参考相

① 根据中华人民共和国行政区划（http://www.mca.gov.cn/article/sj/xzqh/1980/），全国共有293个地级市，由于部分数据缺失，此处研究剔除了拉萨市、日喀则市、林芝市、三沙市、儋州市、昌都市、山南市、那曲市、吐鲁番市、哈密市10个城市。

关研究的中国城市新分级标准①，将这些城市划分为 6 个能级城市，如表 3.21 所示。本部分通过对这些不同能级城市的土地供给量、土地供给价格、土地市场热度以及土地供给结构进行比较分析，以刻画全国城市层面的土地市场基本态势。

表 3.21　　中国城市新分级名单

<table>
<tr><td colspan="6">一线城市</td></tr>
<tr><td>北京市</td><td>上海市</td><td>广州市</td><td>深圳市</td><td></td><td></td></tr>
<tr><td colspan="6">新一线城市</td></tr>
<tr><td>广东省</td><td>东莞市</td><td>江苏省</td><td>南京市</td><td>天津市</td><td>天津市</td></tr>
<tr><td>河南省</td><td>郑州市</td><td>辽宁省</td><td>沈阳市</td><td>云南省</td><td>昆明市</td></tr>
<tr><td>湖北省</td><td>武汉市</td><td>山东省</td><td>青岛市</td><td rowspan="2">浙江省</td><td>杭州市</td></tr>
<tr><td>湖南省</td><td>长沙市</td><td>陕西省</td><td>西安市</td><td>宁波市</td></tr>
<tr><td>江苏省</td><td>苏州市</td><td>四川省</td><td>成都市</td><td>重庆市</td><td>重庆市</td></tr>
<tr><td colspan="6">二线城市</td></tr>
<tr><td>安徽省</td><td>合肥市</td><td>贵州省</td><td>贵阳市</td><td>江西省</td><td>南昌市</td></tr>
<tr><td rowspan="3">福建省</td><td>福州市</td><td>海南省</td><td>海口市</td><td>辽宁省</td><td>大连市</td></tr>
<tr><td>厦门市</td><td>河北省</td><td>石家庄市</td><td rowspan="2">山东省</td><td>济南市</td></tr>
<tr><td>泉州市</td><td>黑龙江省</td><td>哈尔滨市</td><td>烟台市</td></tr>
<tr><td>甘肃省</td><td>兰州市</td><td>吉林省</td><td>长春市</td><td>山西省</td><td>太原市</td></tr>
</table>

① 第一财经·新一线城市研究所，2019 城市商业魅力排行榜，2019 年 5 月 24 日，https://baike.baidu.com/item/%E4%B8%AD%E5%9B%BD%E5%9F%8E%E5%B8%82%E6%96%B0%E5%88%86%E7%BA%A7%E5%90%8D%E5%8D%95/12702007?fr=aladdin。

续表

<table>
<tr><td colspan="6">二线城市</td></tr>
<tr><td rowspan="4">广东省</td><td>佛山市</td><td rowspan="5">江苏省</td><td>无锡市</td><td rowspan="5">浙江省</td><td>温州市</td></tr>
<tr><td>惠州市</td><td>常州市</td><td>金华市</td></tr>
<tr><td>珠海市</td><td>南通市</td><td>嘉兴市</td></tr>
<tr><td>中山市</td><td>徐州市</td><td>台州市</td></tr>
<tr><td>广西壮族自治区</td><td>南宁市</td><td>扬州市</td><td>绍兴市</td></tr>
<tr><td colspan="6">三线城市</td></tr>
<tr><td rowspan="6">安徽省</td><td>芜湖市</td><td rowspan="2">广西壮族自治区</td><td>桂林市</td><td rowspan="5">湖南省</td><td>衡阳市</td></tr>
<tr><td>阜阳市</td><td>柳州市</td><td>株洲市</td></tr>
<tr><td>滁州市</td><td rowspan="5">河北省</td><td>保定市</td><td>岳阳市</td></tr>
<tr><td>蚌埠市</td><td>唐山市</td><td>湘潭市</td></tr>
<tr><td>马鞍山市</td><td>廊坊市</td><td>郴州市</td></tr>
<tr><td>安庆市</td><td>沧州市</td><td rowspan="6">江苏省</td><td>盐城市</td></tr>
<tr><td rowspan="6">福建省</td><td>漳州市</td><td>秦皇岛市</td><td>镇江市</td></tr>
<tr><td>莆田市</td><td rowspan="5">河南省</td><td>洛阳市</td><td>泰州市</td></tr>
<tr><td>宁德市</td><td>南阳市</td><td>淮安市</td></tr>
<tr><td>龙岩市</td><td>信阳市</td><td>连云港市</td></tr>
<tr><td>三明市</td><td>商丘市</td><td>宿迁市</td></tr>
<tr><td>南平市</td><td>新乡市</td><td rowspan="3">江西省</td><td>赣州市</td></tr>
<tr><td rowspan="6">广东省</td><td>汕头市</td><td rowspan="3">湖北省</td><td>襄阳市</td><td>上饶市</td></tr>
<tr><td>江门市</td><td>荆州市</td><td>九江市</td></tr>
<tr><td>湛江市</td><td>宜昌市</td><td rowspan="6">山东省</td><td>淄博市</td></tr>
<tr><td>肇庆市</td><td rowspan="3">浙江省</td><td>舟山市</td><td>威海市</td></tr>
<tr><td>清远市</td><td>丽水市</td><td>泰安市</td></tr>
<tr><td>潮州市</td><td>湖州市</td><td>临沂市</td></tr>
<tr><td rowspan="2">内蒙古自治区</td><td>呼和浩特市</td><td>吉林省</td><td>吉林市</td><td>潍坊市</td></tr>
<tr><td>包头市</td><td>海南省</td><td>三亚市</td><td>济宁市</td></tr>
<tr><td>辽宁省</td><td>鞍山市</td><td>陕西省</td><td>咸阳市</td><td>贵州省</td><td>遵义市</td></tr>
<tr><td>四川省</td><td>绵阳市</td><td>黑龙江省</td><td>大庆市</td><td>新疆维吾尔自治区</td><td>乌鲁木齐市</td></tr>
<tr><td>宁夏回族自治区</td><td>银川市</td><td></td><td></td><td></td><td></td></tr>
</table>

续表

四线城市					
安徽省	六安市	河南省	驻马店市	青海省	西宁市
	宿州市		开封市	山东省	东营市
	淮南市		周口市		菏泽市
	宣城市		许昌市		日照市
	黄山市		平顶山市		德州市
	铜陵市		安阳市		枣庄市
	亳州市	黑龙江省	佳木斯市		聊城市
广东省	韶关市		齐齐哈尔市		滨州市
	汕尾市		牡丹江市	山西省	晋中市
	茂名市		绥化市		运城市
	阳江市		黄冈市		大同市
	河源市		黄石市		临汾市
广西壮族自治区	北海市		孝感市	陕西省	榆林市
	玉林市		十堰市		渭南市
	百色市		恩施土家族苗族自治州		宝鸡市
	梧州市		咸宁市	四川省	南充市
贵州省	黔东南苗族侗族自治州		常德市		德阳市
	黔南布依族苗族自治州		怀化市		宜宾市
	铜仁市		邵阳市		乐山市
	六盘水市		益阳市		泸州市
	毕节市		永州市		眉山市
	安顺市		娄底市	云南省	大理市
河北省	邢台市		延边朝鲜族自治州		丽江市
	张家口市		宜春市		曲靖市
	承德市		景德镇市		德宏傣族景颇族自治州
浙江省	衢州市		抚州市		西双版纳傣族自治州
内蒙古自治区	鄂尔多斯市		吉安市		红河哈尼族彝族自治州
云南省	保山市	内蒙古自治区	赤峰市	西藏自治区	拉萨市

续表

五线城市					
安徽省	淮北市	内蒙古自治区	乌兰察布市	山西省	吕梁市
	池州市	河南省	漯河市		晋城市
甘肃省	酒泉市		濮阳市		朔州市
	天水市		鹤壁市		阳泉市
	庆阳市		三门峡市	陕西省	汉中市
	陇南市	湖北省	鄂州市		延安市
	嘉峪关市		荆门市		安康市
	张掖市		随州市		商洛市
	平凉市	黑龙江省	鸡西市		铜川市
	定西市		黑河市	宁夏回族自治区	吴忠市
	金昌市		双鸭山市		石嘴山市
	白银市		伊春市		固原市
	武威市		鹤岗市		中卫市
	临夏回族自治州		大兴安岭地区	四川省	自贡市
	甘南藏族自治州		七台河市		内江市
广东省	云浮市	湖南省	湘西土家族苗族自治州		雅安市
广西壮族自治区	防城港市		张家界市		达州市
	钦州市	吉林省	四平市		甘孜藏族自治州
	贵港市		通化市		遂宁市
	河池市		松原市		凉山彝族自治州
	来宾市		白城市		广安市
	崇左市		白山市		巴中市
	贺州市		辽源市		广元市
贵州省	黔西南布依族苗族自治州	江西省	新余市		攀枝花
海南省	儋州市		萍乡市		阿坝藏族羌族自治州
					资阳市
	三沙市	辽宁省	葫芦岛市	西藏自治区	林芝市
河北省	衡水市		抚顺市		日喀则市
内蒙古自治区	呼伦贝尔市		朝阳市		山南市
	通辽市		辽阳市		昌都市
	锡林郭勒盟		阜新市		阿里地区
	巴彦淖尔市		本溪市		那曲市
	兴安盟		铁岭市		
	乌海市	山西省	长治市		
	阿拉善盟		忻州市		

续表

五线城市					
青海省	海南藏族自治州	新疆维吾尔自治区	巴音郭楞蒙古自治州	新疆维吾尔自治区	克拉玛依市
	玉树藏族自治州		阿克苏地区		博尔塔拉蒙古自治州
	黄南藏族自治州		吐鲁番市	云南省	玉溪市
	海北藏族自治州		喀什地区		普洱市
	果洛藏族自治州		阿勒泰地区		楚雄彝族自治州
	海西蒙古族藏族自治州		克拉玛依市		文山壮族苗族自治州
	海东市		伊犁哈萨克自治州		昭通市
新疆维吾尔自治区	伊犁哈萨克自治州		塔城地区		临沧市
	哈密市		克孜勒苏柯尔克孜自治州		迪庆藏族自治州
	昌吉回族自治州		和田地区		怒江傈僳族自治州

3.2.1 土地出让数量和价格情况

如表 3.22 所示，随着城市能级的递减，平均地价同样随之递减，2019 年，一线城市地价较高，平均地价达到 17 351.2 万元/公顷，新一线城市地价相对较高，平均地价为 5 204.5 万元/公顷，而三线城市和四线城市平均地价相对较低，分别为 1 618.0 万元/公顷、1 371.8 万元/公顷，五线城市以 844.8 万元/公顷的平均价格位居末位。从土地出让数量上来看，三线城市和四线城市的土地出让面积相对较多，2019 年分别出让 77 991.9 公顷、68 302.5 公顷。

根据统计结果，新一线城市中的重庆市、青岛市、郑州市，二线城市中的南通市、徐州市，三线城市中的唐山市、潍坊市等城市 2019 年国有建设用地出让面积超过 3 000 公顷，其中重庆市出让面积达到 5 712.5 公顷，唐山市出让面积达到 5 177.2 公顷。从平均地价水平上看，一线城市与新一线城市的地价水平相对较高，北京市以平均地价 31 476.5 万元/公顷位居榜首，深圳市平均地价为22 171.3万元/公顷，另外平均地价超过10 000万元/公顷的城市有三亚市、上海市、杭州市、广州市、南京市。从土地出让收入的角度看，杭州市2019年以2 729.6亿元土地出让价款位居榜首，另外北京市、武汉市、南京市等14个城市土地出让收入超过1 000亿元。

表3.22　2019年全国地级市及以上城市国有建设用地出让情况

城市能级	出让宗地数（宗）	出让面积（公顷）	出让价款（亿元）	平均地价（万元/公顷）
一线城市	1 135	3 549.3	6 158.4	17 351.2
新一线城市	11 567	35 389.6	18 418.4	5 204.5
二线城市	22 507	40 794.6	14 952.7	3 665.4
三线城市	39 654	77 991.9	12 619.0	1 618.0
四线城市	37 246	68 302.5	9 369.5	1 371.8
五线城市	21 725	34 905.1	2 948.7	844.8

资料来源：根据土地市场动态监测与监管系统相关数据整理。

3.2.2　房地产开发用地市场分析

参考中国土地市场动态监测与监管系统的统计口径，本部分房地产开发用地包括商服用地和住宅用地。

如表3.23所示，根据287个城市的数据统计，2019年房地产开发用地市场累计出让89 445宗国有建设用地、出让土地面积为115 252.4公顷、土地出让价款为58 402.5亿元，占全国土地出让收入的90.59%，其中东部地区的土地出让收入最高，达到33 726.2亿元，占全国房地产开发用地土地出让收入的57.7%。

从房地产开发用地出让面积看，东部地区土地出让面积为45 233.4公顷，占全国的39.2%，中部地区土地出让面积为35 907.1公顷，占全国的31.2%，东、中部地区的房地产开发用地出让数量占据全国主要部分。根据土地出让价款与规划建筑面积的比值进行测算各地区的楼面价平均水平，发现东部地区楼面价最高，达到3 511.4元/平方米，而中部地区、西部地区及东北地区的楼面价均小于全国1 914.4元/平方米的地价水平，三个地区的楼面价分别为1 409.7元/平方米、1 205.8元/平方米、875.6元/平方米，东北地区地价水平最低。

表3.23　2019年东、中、西部及东北地区房地产开发用地市场出让结果

地区	出让宗地数（宗）	出让面积（公顷）	出让价款（亿元）	楼面价（元/平方米）
东部地区	32 045	45 233.4	33 726.2	3 511.4
中部地区	28 220	35 907.1	13 240.5	1 409.7
西部地区	23 475	28 931.3	9 695.7	1 205.8
东北地区	5705	5 180.6	1 740.2	875.6
全国	89 445	115 252.4	58 402.5	1 914.4

资料来源：根据土地市场动态监测与监管系统相关数据整理。

结合城市能级分类对土地市场出让结果进一步分析。如表3.24所示，2019年，新一线城市与二线城市的房地产开发用地土地出让面积相当，分别为17 484.8公顷、18 115.0公顷，三线城市与四线城市在土地出让总量上同样差距较小，分别为32 123.5公顷、32 589.1公顷。从土地价格上看，一线城市楼面价最高，高达12 402.5元/平方米，而四线城市与五线城市楼面价低于全国水平，分别为1 144.7元/平方米、864.5元/平方米。可以看出，一线城市受到资源约束地价明显较高，而西部地区、东北地区及有关四线城市和五线城市地价水平相对较低。

表3.24　2019年全国地级市房地产开发用地市场出让结果

城市能级	出让宗地数（宗）	出让面积（公顷）	出让价款（亿元）	楼面价（元/平方米）
一线城市	706	1 733.1	5 595.0	12 402.5
新一线城市	6 641	17 484.8	17 155.1	5 437.1
二线城市	15 288	18 115.0	13 605.0	3 997.3
三线城市	25 166	32 123.5	11 113.8	1 863.1
四线城市	25 366	32 589.1	8 420.3	1 144.7
五线城市	16 278	13 206.9	2 513.2	864.5

资料来源：根据土地市场动态监测与监管系统相关数据整理。

通过对比住宅用地市场和商服用地市场的土地出让，由表3.25可以发现，各类型土地价格呈现“东部地区>中部地区>西部地区>东北地区”的格局特征，住宅用地出让价格高于商服用地价格，东部地区住宅用地楼面价高达4 059.8元/平方米，远高于其他地区。

表3.25 2019年东、中、西部及东北地区房地产用地市场楼面价

单位：元/平方米

	房地产开发用地	住宅用地	商服用地
东部地区	3 511.4	4 059.8	2 452.3
中部地区	1 409.7	1 513.1	1 136.8
西部地区	1 205.8	1 280.6	944.1
东北地区	875.6	893.2	771.3
总计	1 914.4	2 132.3	1 429.3

资料来源：根据土地市场动态监测与监管系统相关数据整理。

3.2.3 土地供给结构及地面价分析

对287个城市的工矿仓储用地、商服用地、住宅用地、其他用地供给面积进行整理，可以发现，东、中、西部及东北地区国有建设用地平均供应的结构比例为“工矿仓储用地>住宅用地>商服用地>其他用地”，如图3.20所示。

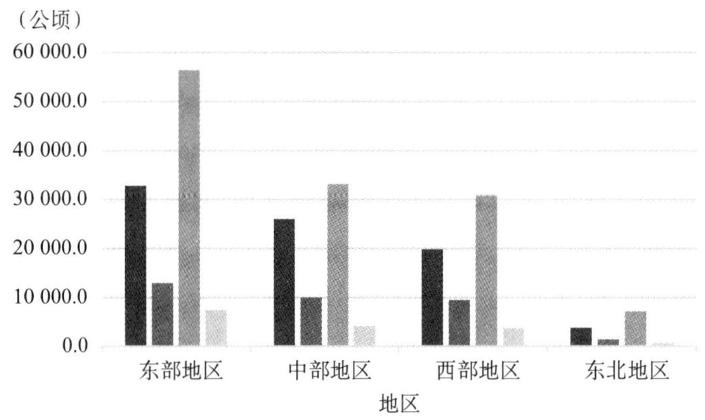

图3.20 2019年东、中、西部及东北地区土地出让结构

资料来源：根据土地市场动态监测与监管系统相关数据整理。

利用各城市土地出让价款与土地出让面积的比值作为地面价，可以发现，2009 年全国各城市地面价水平相对较低，厦门市地面价 5 195. 7 元/平方米居于全国最高水平，杭州市地面价为 4 023. 3 元/平方米位居第二位，上海市、北京市、广州市等一线城市地面价超过 3 000 元/平方米。按照区域划分情况看，东部地区的地面价从 2012 年开始迅速增长，到 2017 年开始缓慢增长，在 2019 年，北京市地面价以 31 476. 5 元/平方米位居全国首位，深圳市地面价以 22 171. 3 元/平方米位居第二，三亚市、上海市、杭州市、广州市等城市地面价均超过 10 000 元/平方米。中部地区相比西部地区与东北地区，地价偏高，增速差距不大，东北地区 2015—2019 年地面价水平均低于西部地区（见图 3. 21）。

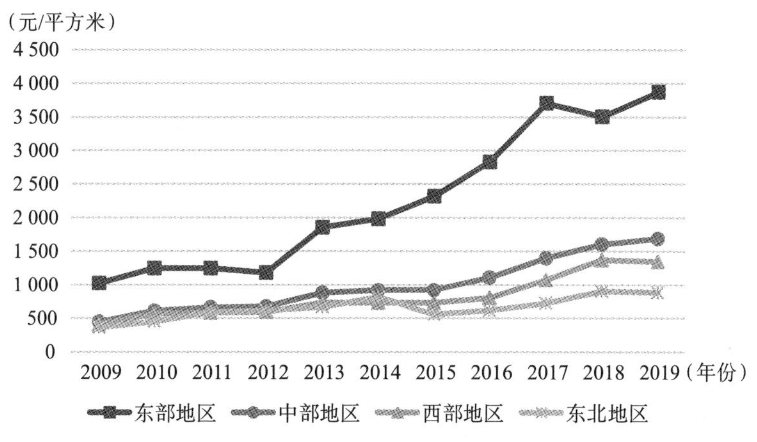

图 3. 21　2009—2019 年不同区域的地面价情况

资料来源：根据土地市场动态监测与监管系统相关数据整理。

如图 3. 21 所示，分别对 2009 年、2014 年、2019 年三个年度的地面价变化情况进行分析，可以发现京津冀、长三角、珠三角、成渝城市群是地面价增长的主要区域。

第 4 章

土地市场、地方财政及经济增长的内在机理

当前的许多城市经济发展问题，如地方政府竞争、财政收入都与土地供给密切相关，但土地供给、土地市场及地区经济发展之间的关系却并不明晰。

一些研究认为地方政府发展经济的激励来源于经济和财政激励（JIN H H 等，2005），1994 年我国分税制改革后，地方政府税源收入受到了很大的限制，使得地方政府面临较大的财政压力（李郇等，2013）。垄断的土地市场为地方政府提供了一个“以地生财”的途径，仅土地出让价款总额就可以占到财政收入的 30%—40%（WU FL，2015），尽管学术界一直指责其弊端，但 2013—2018 年土地出让收入占比并未下降，反而有所上升，2018 年达到 61.91%。这反映出土地供给与财政收入、区域经济增长之间并非一种简单的传导关系，而且一些文献指出政府对土地供给的外部偏向也并不能实现预期的目标。如，中央偏向中西部地区的土地供给政策造成了中西部土地利用效率的明显降低（陆铭等，2015），土地供给结构偏向对于推动经济增长表现出阶段有效性。

地方政府“以土地出让缓解财政压力”的行为模式究竟能否持续推动经济增长，抑或推动土地成本上涨而形成对产业发展的“挤出”效应，成为制定土地供给政策先要探究的问题。而这一问题的分析必须正视土地供给、财政收支以及经济增长三者的内生相关性，三者不能割裂。

4.1　理论机理分析

已有文献大多基于生产要素积累、投资驱动、非正规制度等视角，通过实证分析研究了土地要素—土地出让市场—财政压力—经济发展的局部关系（丰雷等，2008；程建等，2019；刘守英，2012），但并未建立四者动态影响关系的分析框架。从分税制改革至 2018 年，地方政府财政缺口扩大了近 52 倍。为弥补财政收入的不足，地方政府一方面积极争取中央政府的转移支付补助，另一方面通过增加预算外收费项目和非预算收入来拓宽财政收入渠道。大量文献认为分税制与土地带来的财政收入之间存在稳定关系（孙秀林，2013），地方政府获得土地出让金和土地融资可以弥补基建的财政缺口，若从财政的角度研究地方政府土地出让行为，包括了“以地生租”和“以地生税”两种解释，同时分税制导致的财政压力，使得依赖土地出让增加财政收入成为地方政府的普遍偏好。

4.1.1 财政压力激励地方政府干预土地市场的发展

2004年，《土地管理法》给予了地方政府经营土地的契机，为解决财政困境，许多地方政府热衷于将低价征收的“生地”再开发为“熟地”后高价出让，极大化地从土地市场中获得土地出让收入作为预算外收入。如图4.1所示，2018年各省份土地出让收入约58 707.81亿元，占地方财政收入的比重为59.97%。一般地，我国地方政府会面临晋升、财政收入双重激励，以土地一级市场独家垄断的角色对于土地市场进行干预，土地市场的发展可以使得更多的土地通过市场竞价即时获得高额的土地出让金，同时伴随出现的一个可能的结果就是地方政府往往更倾向于出让价格高的商业及住宅用地。

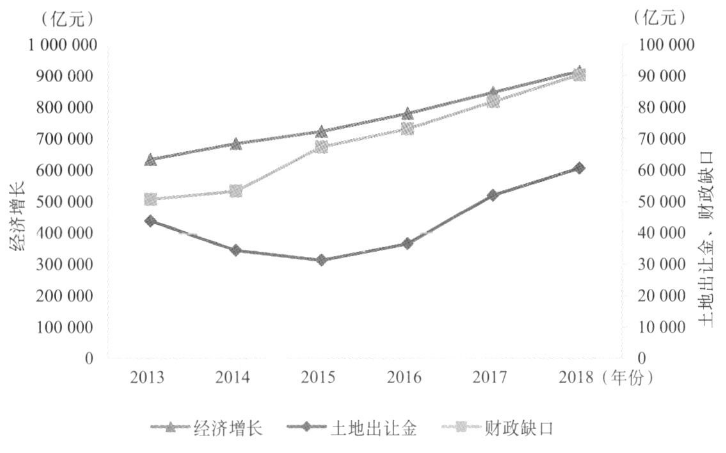

图4.1 土地出让金、财政缺口与经济增长规模

资料来源：根据《中国国土资源统计年鉴》（2010—2018年）、土地市场动态监测与监管系统、国家统计局网站相关数据绘制。

4.1.2　土地市场与经济增长的双向驱动

我国经济增长的核心要素是土地开发以及城市扩张，土地市场运行水平对于社会经济发展具有重要作用。一方面，土地要素的供给与价格水平对于经济结构调整、居民消费投资决策等的影响日益突出。土地市场不仅可以改变区域经济发展模式和福利分配，在解释经济波动问题上，土地市场冲击甚至比传统的金融约束冲击更重要。另一方面，依据“价高者得”的市场化规则出让土地，往往也会带来用地成本增加和高房价问题，对经济发展和社会民生产生负面影响。另外，也有实证研究发现经济增长作为重要驱动因素，通过增加需求而影响着土地市场的发展，但土地市场与经济发展相互影响的程度有所差异。

4.1.3　土地出让、财政收入与经济增长密切相关

由内生经济增长理论来看，政府可以调整支出规模、支出结构，并通过乘数效应作用于总需求来促进经济增长。2013 年 7 月 31 日，国务院常务会议提出推进政府向社会购买公共服务，部署加强城市基础设施建设，使其成为经济增长的双驱动。财政收入通常会影响到政府购买，政府购买为推动经济增长助力。土地出让收入可以提高地方政府的积极性、增加地方财政收入与支出、增加固定资产投资间接促进经济增长。目前在各类开发区的建设及运营中，地方政府斥资修建基础设施、给予政策优惠及优化招商环境的行为过程，就极大地发挥出了城市的经济集聚和辐射的双重功能，推动着我国城市化及经济增长。

因此，本书试图提出土地市场、土地出让收入、经济增长之间相互影响的理论逻辑：相对于西方土地私有制，土地公有制背景下作为国有土地所有权主体的代表——国务院和具体管理实施的各级地方政府能更有条件和动力利用建设用地供给来实现推动地区经济增长和充盈地方财政的目标，而市场机制则是配置建设用地指标的主要方式，因此土地供给、土地

市场、财政压力与经济增长之间内在关系密不可分，相互影响，如图 4.2 所示。

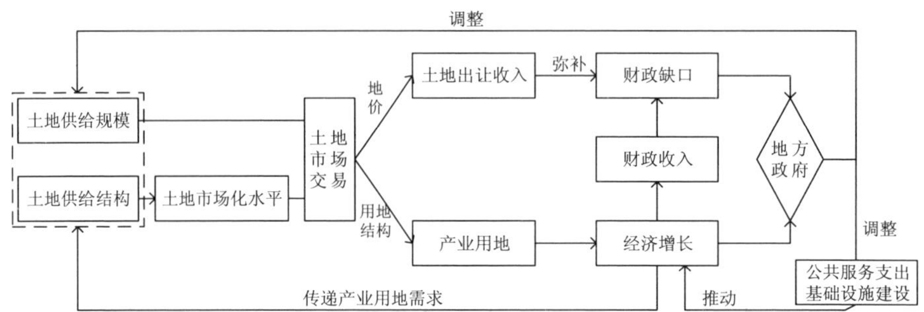

图 4.2 土地市场、财政压力与经济增长互动关系

其中，土地供给结构，即居住、商业、工业及公共服务用地等不同用途土地的供给比例影响着土地市场化水平（由于配置方式存在差异），通过土地市场的配置，土地供给规模和结构直接影响土地出让金的水平，进而影响财政收入，弥补财政收支缺口。此外，土地供给结构同时影响不同产业的发展，伴随着劳动力、资本等要素的流动，从而影响城市的经济结构和经济增长水平。反之，城市经济增长的变化也会带来财政收入的变化，地方政府会随之调整公共服务支出及基础设施建设规模，最终反馈至城市经济增长，例如地方政府往往会通过干预性投资支出或补贴来影响自身城市与外围城市经济规模差异或者城市间相对要素成本的变化进而对企业区位选择产生影响，从而推动自身城市经济增长及影响其与外围城市的差距。但是，这一行为往往要依赖自身财政收入状况，雄厚的财政收入可以增强城市政府的操控能力，但当出现资金紧张的时候，往往将希望寄托于土地出让市场，常会采取一些偏向性的土地供给计划，例如增加出让价格较高的居住和商服用地指标，减少出让价格偏低的工业用地指标。值得注意的是，在增加财政收入的同时，这一偏向性的行为可能会推动地价的上涨，造成企业成本上升，从而对外来资本及产业发展产生一定的“挤出效应”，影响经济增长。

土地市场化水平的影响同样复杂。不同用途的土地对于经济增长和财政收入的影响机理并不相同，工业用地出让金相对居住、商服用地出让金较低，对于地方财政贡献短期不如后两者显著，但工业往往能带来更持续的地方税收和更多的人口就业，从而对于经济增长有更长期的影响；公共服务用地尽管市场化配置程度不高，但对于提升居民高质量生活水平和城市综合竞争力有更大的优势，对财政收入和经济增长的影响有显著的滞后性。反之，地方政府根据财政收入状况和经济增长水平的变化对土地供给规模及结构进行调整，进而影响土地市场化水平。

鉴于上述变量之间内生互动的影响以及地方政府在土地出让上的权衡行为的复杂性，本书试图通过30个省、自治区、直辖市的实证分析来验证和识别这种关系以及变量影响的时滞效应。

4.2 定量分析设计思路及数据来源

本书试图通过构建面板向量自回归（Panel Vector Autoregression，PVAR）模型，从面板向量自回归模型分析、脉冲响应函数、方差分解法等几方面观察土地市场、财政压力及经济增长的相互影响及影响的动态变化，同时解决土地供给、土地出让市场化、财政压力以及经济增长变量间的内生性所导致的估计偏差问题①，量化该系统内部各指标短期及长期互动效应。

4.2.1 变量选择和数据来源

2004年，国土资源部、监察部联合下发《关于继续开展经营性土地使用权招标拍卖挂牌出让情况执法监察工作的通知》（国土资发〔2004〕71号），规定商业、旅游、娱乐和商品住宅等经营性用地供应必须严格执行招拍挂制度，因此，土地相关变量在2004年前后存在较大的结构变化，同时囿于数据可得性，本书选取我国30个省份（不包含港澳台和西藏地区）450个样本，样本区间为2004—2018年的短面板数据。变量的描述性统计分析如表 4.1 所示。

表 4.1　　2004—2018 年变量描述性统计

变量	变量含义	单位	平均值	标准差	最小值	最大值
LLM	土地出让市场化	%	88.350	13.723	18.264	99.961
LS	土地市场规模	hm^2	15 998.960	12 528.040	397.990	77 723.630
FP	财政压力	—	128.477	96.319	6.638	574.469
GDP	经济增长	10^8元	4 437.392	3 340.873	296.244	15 639.850

资料来源：根据《中国国土资源统计年鉴》（2010—2018 年）、土地市场动态监测与监管系统、国家统计局网站相关数据计算而来。

（1）土地市场发展。土地市场主要考虑市场化水平和市场规模两方面。借鉴姜旭等（2019）的研究，选择招拍挂土地出让面积占总出让面积的比重，作为土地出让市场化指标（LLM）。考虑到土地收入主要来自土地一级市场，本书选择土地一级市场建设用地供应总量（LS）反映土地市场规模。

（2）财政压力（FP）。使用一般公共预算支出与一般公共预算收入的差额占一般公共预算收入的比重，衡量地方政府财政压力。

（3）经济增长（GDP）。国内生产总值（GDP）是衡量一个国家或地区总体经济状况重要指标，因此选取 GDP 作为衡量地区经济增长状况的指标。

本章选用的经济相关数据来源于对应年份的《中国统计年鉴》，为得到经济变量的实际值，均以 2000 年为基期作不变价处理，土地相关数据来源于对应年份的《中国国土资源统计年鉴》。对所有变量均取自然对数后带入实证模型，以消除异方差的影响。

4.2.2 估计方法及模型

向量自回归（Vector Autoregression，VAR）模型虽然得到广泛应用，但其通常要求较长的时间跨度，1988 年，Holtz－Eakin 首先将 VAR 模型拓展至面板数据模型中，以便使其适合多数面板数据具有的“截面大、时序短”的特征。面板向量自回归（PVAR）模型结合了面板数据和 VAR 分析的优势，可以控制不可观测时期、截面不变效应，进而分析变量之间的动态影响关系。此外，特别是关于变量之间关系的理论信息很少或者模棱两可、存在内生性问题时，PVAR 模型可以发挥其优势。基于前述土地市场、财政压力与经济增长影响可能存在的互动机制，本书设定以下 PVAR 模型：

$$Z_{it} = \Gamma_0 + \sum_{j=1}^{p} \Gamma_j Z_{it-j} + f_i + d_t + \varepsilon_{it} \tag{4.1}$$

式（4.1）中，Z_{it}表示第 i 个省份在第 t 年内生变量的向量，依次为经济增长、财政压力、土地供给量与土地出让市场化程度，i 为不同个体，t 表示时间，j 代表变量滞后阶数，Γ_0为截距项，Γ_j为回归系数矩阵，f_i和d_t分别表示个体固定效应和时间效应，ε_{it}为随机扰动项。在进行模型估计前，使用“helmert”前项差分法消除个体固定效应，同时采用组内均值差分法消除时间效应，以避免因个体效应与变量滞后项之间的相关而导致的参数估计有偏。然后，利用上述处理数据结果的滞后变量作为工具变量进行广义矩估计（GMM）分析，一是对内生性变量进行初步预判，二是可以得到短面板数据模型无偏、一致的估计量，其更关注的是脉冲响应函数及方差分解，分别用以分析随机扰动的一个单位标准差新息（innovation）对内生变量的影响及结构冲击对于内生变量波动的贡献程度。

4.3　实证结果和分析

4.3.1　面板单位根检验

在模型估计前，需要先进行各变量数据的平稳性检验，判断面板数据的平稳性（见表 4.2），由此确保模型精确估计及避免产生伪回归现象。本书同时采用 ADF 检验、LLC 检验、PP 检验方法进行了平稳性检验。对各变量数据一阶差分处理后进行面板单位根检验，发现各种检验方法均拒绝序列存在单位根的原假设，判定各变量均为平稳，表明经济增长、财政压力、土地市场规模、土地出让市场化四个变量是一阶单整过程，可初步构建 PVAR 模型。

表 4.2　　面板数据单位根检验

变量	检验形式	LLC 检验	ADF 检验	PP 检验	结果
dGDP	(n, n, 1)	-8.831***	141.587***	241.146***	平稳
dFP	(n, n, 1)	-16.174***	296.822***	537.578***	平稳
dLS	(n, n, 1)	-17.007***	294.724***	526.405***	平稳
dLLM	(n, n, 1)	-14.390***	278.238***	524.178***	平稳

注：dGDP、dFP、dLS、dLLM 分别表示各变量取对数的一阶差分；检验形式（c，t，k）表示检验方程有常数项、时间趋势以及滞后阶数，而 n 表示无常数项和时间趋势；***表示在 1% 的水平上具有显著性。

4.3.2　面板估计结果分析

GMM 结果如表 4.3 所示。

表 4.3　　PVAR 模型 GMM 结果

解释变量 \ 被解释变量	h_dGDP	h_dFP	h_dLS	h_dLLM
L. h_dGDP	0.388*** (6.04)	-0.892*** (-3.64)	2.721*** (3.63)	0.683*** (3.35)
L. h_dFP	0.060*** (5.20)	-0.444*** (-7.00)	-0.130 (-1.11)	0.080** (2.71)
L. h_dLS	0.014*** (3.36)	-0.004 (-0.25)	-0.349*** (-6.50)	-0.018 (-1.08)
L. h_dLLM	0.017 (1.01)	-0.213** (-2.63)	-0.784*** (-3.72)	-0.237* (-2.29)

注：括号内数字为 t 检验值；***、**和*分别表示在 1%、5% 和 10% 的水平上显著；h_表示是对原变量进行了“helmert”转换；L. 表示对取变量的一阶滞后。

（1）经济增长作为被解释变量，滞后一期的经济增长、财政压力、土地供给和土地出让市场化估计系数为正，前三者均在 1% 的水平上显著，而土地出让市场化的正向效应不显著。可见，良好的经济环境、适度的财政压力以及土地要素供给可能有助于未来的经济增长。

（2）财政压力作为被解释变量，滞后一期的经济增长、财政压力、土地供给以及土地出让市场化估计系数全为负，其中滞后一期的经济增长、财政压力和土地出让市场化分别在 1%、1% 和 5% 的水平上显著，这说明良好的经济环境可能会吸引企业投资，通过税收、土地出让收入等弥补财政缺口，而上期的财政压力也会在当期得到缓解。

（3）土地供给作为被解释变量，滞后一期的经济增长估计系数在 1% 的水平上显著为正，说明经济增长提高了土地供给量，滞后一期的土地供给、土地出让市场化的估计系数在 1% 的水平上显著为负，可能是因为地方政府往往会根据上一年的土地供给情况进行调整，以保持比较稳定的土地供给量水平。

（4）土地出让市场化作为被解释变量，滞后一期的经济增长、财政压力估计系数分别在 1%、5% 的水平上显著为正，滞后一期的土地出让市场化在 10% 的水平上显著为负，究其原因，经济增长可能提高了待出让地块的区位优势和市场预期，企业对于土地的引致需求增加，提高了土地出让市场化程度，出于财政压力，地方政府渴求从土地出让市场化过程中获得更多的土地出让金收入。

4.3.3　脉冲响应分析

脉冲响应分析源自某变量的一个标准差冲击对于其他变量单方面的动态（延迟）影响，普通的面板回归则无法捕捉到这种动态影响，本书试图以此检验“土地市场—财政压力—经济增长”关系的短期和长期相互依赖性。通过 Monte – Carlo 模拟 500 次得到冲击反应图，如图 4.3 所示，其中，横轴（s 轴）表示冲击作用滞后的阶数、上下两侧曲线包含 95% 的置信区间、中间的曲线为 IRF 响应曲线、纵轴为响应的强度。

图 4.3 中左起第 1 列体现经济增长对于相关变量冲击的反应：

（1）财政压力冲击对于经济增长的影响在当期表现为负，在第 1 期末达到最小值，随后有所上升，到第 3 期开始收敛，说明短期内的财政压力阻碍经济增长。

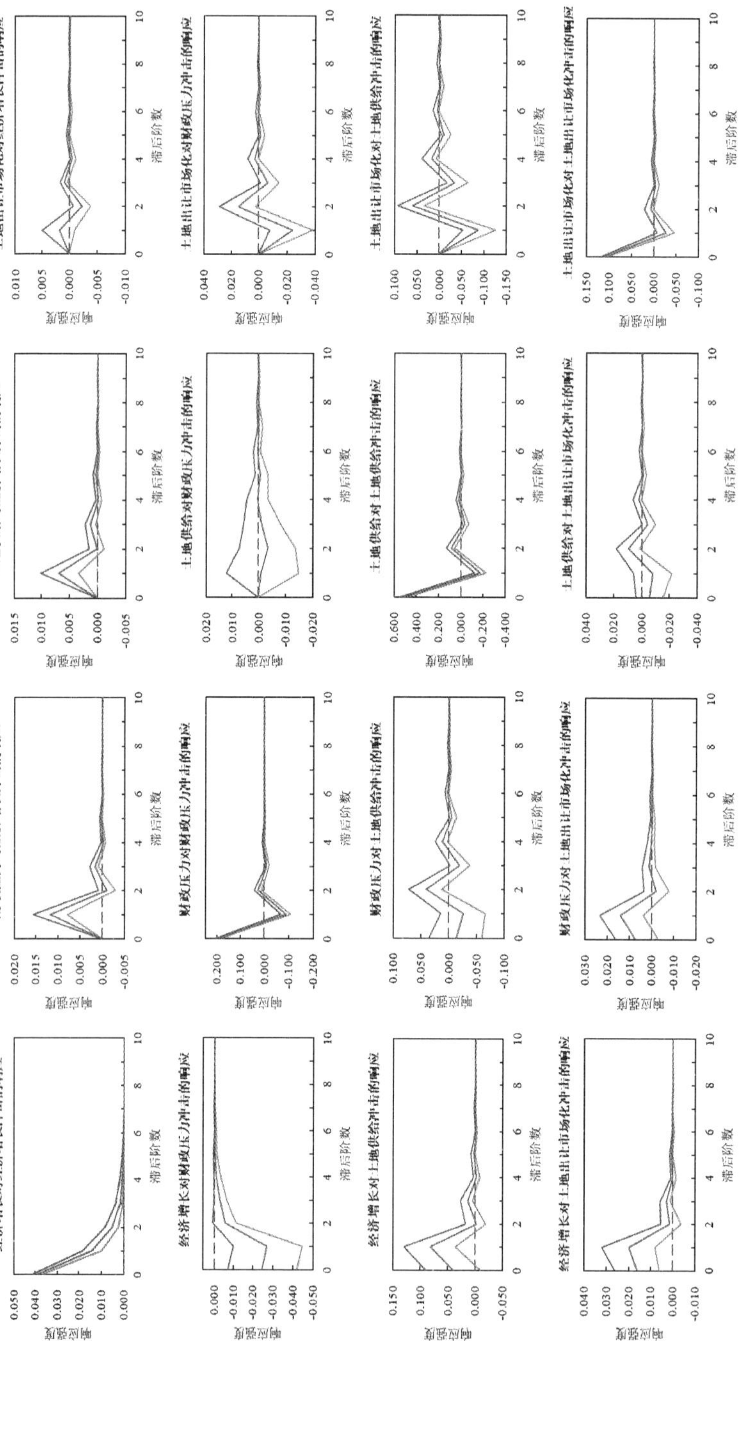

图 4.3 脉冲响应函数

资料来源：作者自绘。

（2）土地供给冲击对于经济增长表现为正向的影响，在第 1 期末达到最大值，随后下降至第 4 期时开始收敛，表明短期内土地供给有利于经济增长，但长期来看，这种影响有收敛于零的趋势。

（3）土地出让市场化冲击对于经济增长始终表现为正向的影响，在第 1 期末达到最大值后下降，在第 4 期初稍有上升，随后降低为零，可见其对于经济增长的推动作用具有一定的持续性。

图 4.3 中第 2 列显示财政压力对于相关变量冲击的反应：

（1）在当期给经济增长一个冲击对于财政压力表现为正向的影响，在第 1 期末达到最大值后波动下降，至第 4 期开始收敛于零，说明侧重经济增长的官员考核体系在短期内可能增加了地方的财政压力。

（2）当期财政压力自身受到冲击对于财政压力的影响表现为正的最大值，随后在第 1 期末减小至负的最小值，而后增长至峰值，随后下降至第 3 期末收敛于零，可见财政压力的不可持续性。

（3）当期土地出让市场化冲击对于财政压力的影响为正，在第 1 期末达到峰值，之后逐渐减弱，其原因在于土地出让市场化相比划拨、协议出让带来的财政压力减少短期内具有明显效应，不过由于各级政府对经营性土地市场化政策的执行力度增强，这一影响会随着时间推移而减弱。

图 4.3 中第三列显示土地供给对于相关变量冲击的反应：

（1）在当期经济增长受到冲击，对于土地供给表现为正向的影响，第 1 期末达到峰值，随后下降，第 2 期末开始出现收敛于零的趋势，表明经济增长在短期内促进了土地供给。

（2）土地供给受到冲击，对于土地供给的正向影响达到峰值，随后在第 1 期末下降至极小值，而后又上升至峰值，第 3 期开始出现收敛于零的趋势，说明短期内土地供给可以带动滞后一期的土地供给，但对滞后两期的土地供给起到了抑制作用，这与目前上级部门确定下级建设用地供应指标往往依据下级政府上一年度执行情况的做法有关，同时也反映出目前可能很多地方土地供给大于土地需求，从而导致之后两期的土地供给抑制效应。

图4.3中第4列体现土地市场化对于相关变量冲击的反应：

（1）来自财政压力的冲击会在第1期对于土地出让市场化产生负向影响，在第1期末达到峰值，随后从第2期开始产生正向影响，到第5期开始收敛于零，可见，短期内在财政压力和晋升激励的双重激励下，可能会通过扩大协议性工业用地出让（如既有产业的后续用地供应、利用先租后让方式供地等）和一些经营性基础设施及公益性用地的出让，按照供应的不同用途土地面积的权重变化选择土地出让市场上各类用地出让的方式及面积，不过从长期看，这些举措会带动区域的经营性商业、住宅等用地市场，从而提升了土地出让市场化水平。

（2）土地供给的变化对土地出让市场化的影响呈现震荡减少的趋势，在第5期开始收敛于零。其可能原因是由于经济发展趋缓及产业转型，近些年的土地供给结构变化较大，从而市场化水平也出现波动。

4.3.4 方差分解分析

结合表4.4的方差分析结果，可以看出土地市场、财政压力与经济增长相互解释的预测方差的贡献程度，由于滞后6期之后，各变量关系不再变化，因此表4.4仅显示滞后6期的结果。可以看出：

（1）关于经济增长（GDP），在未来第1期内，只有经济增长自身对其产生贡献，随后经济增长在短时间内对于其自身一直保持着较大影响，这与其脉冲响应较为吻合，虽然之后逐年降低，但依然保持绝对优势；财政压力、土地供给对于经济增长系数的贡献度分别保持在7.2%、2.5%；土地出让市场化对于经济增长系数的贡献程度较前三者不明显，从未来第2期的0.2%增加到第3期的0.5%，之后的贡献程度并未发生改变。这表明，土地要素投入的经济增长贡献以及财政压力的传导效应至少在第2期才会产生。可能的原因是，相关产业从获得土地到用地经济产出需要一定周期；基于财政压力，地方政府对公共服务支出和基础建设投资等方面的调整，会影响后期的经济增长；由于近些年土地招拍挂制度的完善和地方政府执行力的提升，土地市场化水平一直保持高位，对经济增长的贡献已不太显著。

（2）关于财政压力（FP），对于财政压力产生的贡献，未来第 1 期主要来源于财政压力自身，然后是经济增长，土地出让市场化影响不显著；随后经济增长对财政压力的贡献保持在 2.8%，土地出让市场化的贡献度从第 2 期 1.2% 开始增至第 6 期的 1.7%，之后保持不变。这说明，短期内地方政府可通过干预土地出让市场以缓解财政压力，但是长期来看，经济增长对于财政压力的影响程度愈来愈大。

（3）关于土地供给（LS），对于土地供给产生的贡献，未来第 1 期主要来源于土地供给本身，然后是经济增长、财政压力；随着预测期的增长，土地供给自身的贡献度逐年下降，至第 6 期保持在 92.6%，而经济增长的贡献保持在 2.6%，财政压力、土地出让市场化的贡献度随着预测期的延长，贡献度也在增长，至第 4 期分别保持在 0.9%、3.9%。表明土地供给的变动除了来源于自身外，财政压力、经济增长和土地出让市场化对于土地供给解释力逐渐增强，即长期效应明显。这一结果进一步验证了前文的理论框架。

（4）关于土地出让市场化（LLM），其变化的贡献主要来自自身，尽管随着滞后期的推移，自身贡献比例有所下降，但均在 9.2% 以上，而经济增长、财政压力及土地供给的贡献度总体较小，不过也呈现随时间推移而有所提升的趋势，其中经济增长的贡献相对最高，这可能是因为目前招拍挂市场配置土地已成主流，土地出让市场化的变化主要来自用地结构，而这主要受到经济增长及相应的产业结构变化的影响。

表 4.4　　PVAR 方差分解

	s	dGDP	dFP	dLS	dLLM
dGDP	1	1.000	0.000	0.000	0.000
	2	0.901	0.072	0.025	0.002
	3	0.899	0.071	0.025	0.005
	4	0.897	0.072	0.025	0.005
	5	0.897	0.072	0.025	0.005
	6	0.897	0.072	0.025	0.005

续表

	s	dGDP	dFP	dLS	dLLM
dFP	1	0.016	0.984	0.000	0.000
	2	0.028	0.960	0.000	0.012
	3	0.028	0.956	0.000	0.016
	4	0.028	0.955	0.000	0.017
	5	0.028	0.955	0.000	0.017
	6	0.028	0.955	0.000	0.017
dLS	1	0.006	0.001	0.993	0.000
	2	0.026	0.003	0.947	0.024
	3	0.025	0.008	0.933	0.034
	4	0.026	0.009	0.928	0.038
	5	0.026	0.009	0.927	0.038
	6	0.026	0.009	0.926	0.039
dLLM	1	0.020	0.004	0.002	0.973
	2	0.046	0.018	0.007	0.930
	3	0.046	0.018	0.013	0.923
	4	0.046	0.018	0.014	0.922
	5	0.046	0.018	0.014	0.922
	6	0.046	0.018	0.014	0.921

4.3.5 面板 Granger 因果关系检验

格兰杰（Granger）因果检验可以用于判断一个变量的滞后项对于其他变量是否有显著影响，进而证明是否存在时间上的因果关系。其主要是考察解释变量对被解释变量是否有预测能力，如果某一变量对另一变量的预测有明显的帮助，那么可以认为存在前者是后者的 Granger 原因。本书对各变量在 PVAR 框架下分别进行滞后一期和二期的 Granger 因果关系检验，结果如表 4.5 所示。可以看出滞后一期时，经济增长与财政压力、经济增长与土地供给、财政压力与土地出让市场化在 1% 的水平上显著互为 Granger 原因，而经济增长与土地出让市场化、财政压力与土地供给、土地出让市场化与土地供给之间是单向 Granger 因果关系；当滞后二期时，土地出让市场化是经济增长 Granger 原因也呈现 10% 的显著性，其他变量关系未变。笔者随后也进行了滞后 3 期和 4 期的研究，发现变量关系未再变化。

表 4.5　　　Granger 因果关系检验

变量	因果关系	滞后一期			滞后二期		
		卡方	自由度	P 值	卡方	自由度	P 值
经济增长	财政压力不是原因	27.052	1	0.000	42.929	2	0.000
	土地供给不是原因	11.299	1	0.001	20.085	2	0.000
	土地出让市场化不是原因	1.022	1	0.312	5.394	2	0.067
	所有变量不是原因	44.000	3	0.000	89.526	6	0.000
财政压力	经济增长不是原因	13.240	1	0.000	15.215	2	0.000
	土地供给不是原因	0.065	1	0.799	3.054	2	0.217
	土地出让市场化不是原因	6.914	1	0.009	11.384	2	0.003
	所有变量不是原因	19.432	3	0.000	44.118	6	0.000
土地供给	经济增长不是原因	13.158	1	0.000	16.366	2	0.000
	财政压力不是原因	1.227	1	0.268	1.484	2	0.476
	土地出让市场化不是原因	13.811	1	0.000	18.768	2	0.000
	所有变量不是原因	26.807	3	0.000	35.625	6	0.000
土地出让市场化	经济增长不是原因	11.223	1	0.001	12.554	2	0.006
	财政压力不是原因	7.329	1	0.007	9.971	2	0.007
	土地供给不是原因	1.172	1	0.279	0.972	2	0.615
	所有变量不是原因	14.786	3	0.002	18.728	6	0.005

资料来源：根据《中国国土资源统计年鉴》（2010—2018 年）、土地市场动态监测与监管系统、国家统计局网站相关数据计算而成。

4.4　结论与启示

本章分析了土地市场、财政压力与经济增长的短期、长期相互作用机制，并通过 PVAR 模型对我国省际面板数据进行了实证检验。研究结果表明土地市场、财政压力、经济增长之间的内生关系显著，应将三者作为一个系统研究土地供给政策；经济增长与土地供给存在正相关的互动关系。土地供给短期、长期都会促进经济增长，反过来经济增长也会增加土地的供给量，这也反映出地方政府可能过于追求经济增长，通常不会因为经济增长放缓而减少对于土地指标的需求，从而导致了土地的过度供给；地方政府出于财政压力短期会对土地出让市场进行干预，以获得土地出让金弥补财政缺口，在财政收入增加的背景下可能通过扩大公共服务支出及基础设施建设，改善其区位条件，增强其竞争优势，吸引更多资本、劳动力等生产要素的聚集，而形成对居住、商业、工业等用地的需求，最终提高土地出让市场化程度。此过程中，地方政府“以地引资”和“以地生财”的策略先后得以实施，在前两期内增加协议出让土地面积，紧接着迅速联动促进招拍挂出让市场的收入。

通过本章研究，可得出以下政策启示：

（1）土地供给对于经济增长的影响主要在当期，随着时间的推移，对经济增长的带动作用会很快下降，因此，随着我国建设用地后备资源的稀缺，地方经济的发展应该改变对新增建设用地的依赖性，更应考虑如何盘活存量土地，将存量土地的利用与产业结构优化升级联动。

（2）由于经济增长对于财政压力的影响主要在当期，而通过方差分解可以看出财政压力变化的来源中经济增长的贡献很小，因此，政府当面临经济增长目标和财政压力制定政策时要注意区分。现实中，一些政府短期内由于财政压力会对土地市场进行倾向性干预，如财政收入降低时增加商业、住宅等高价格的土地供给，而减少低价格的工业用地供给，但从经济增长的角度分析并非如此，工业用地的供给往往更能促进产业结构的升级。因此，政府不应囿于短期的财政压力而轻易调整土地供给方式和供应结构，应立足于自身产业结构特征及长期发展目标。

（3）增强土地供给方式的灵活性，由于土地供给、财政压力和经济增长具有明显的内生性，因此，对于传统自上而下的土地供给指标分配和考核方式应考虑增强地方政府的自主性，例如上级对下级土地供给指标完成情况的考核周期加长，允许根据经济增长状况及时调整，甚至可以探索在城市关系密切的城市群或者区域中开展土地供给指标的市场化配置。

第 5 章

增量与存量建设用地供给对城市经济的影响机理

在我国经济快速发展的 30 多年中，土地供给主要表现在增量建设用地上，新增建设用地指标受到了地方政府非同寻常的重视。随着人口的增加、后备耕地资源的减少，我国开始走集约用地的道路，许多地区在规划中采用减量化的思路，同时注重存量建设用地的再开发，但由于我国地域差异明显，对于如何认识增量和存量土地不适宜采用“一刀切”的办法，而应深入分析增量和存量用地对于城市经济的影响机理，再进行相机抉择。

本章试图通过土地生产函数改进和我国省级面板数据的实证分析，比较增量与存量建设用地经济贡献过程和数量差异，以对新时期土地管理的改革措施提供参考。可能的贡献包括三个方面，一是尝试将地方政府行为纳入传统的土地生产要素分析框架当中，以扩展相关的经济理论。二是通过拟合不同形式的土地生产函数，识别符合现实状况的要素替代率假定，以分析增量与存量建设用地的要素特征。三是在建设用地贡献测算中，考虑经济产出与建设用地增量之间的内生性关系，通过工具变量法准确地测算增量建设用地的边际贡献。

5.1　增量与存量建设用地的生产函数及边际贡献

5.1.1　区分增量与存量建设用地的生产函数

建设用地在第二、第三产业中提供了承载生产的活动空间。增量建设用地是建设用地在单位周期内的新增部分，其与存量建设用地经济贡献的差异主要体现在两个方面，一是新增的建设用地在从农地转化过程中带来的地价增值，这部分增值能够投资于经济建设。二是增量建设用地通常处于投资建设阶段，这一阶段对经济的拉动效果很可能高于存量建设用地承载日常生产活动的经济贡献。

在我国地方政府强力推动社会经济发展的行为影响下，增量建设用地被视为地方发展的一项关键资源。其原因在于，地方政府是主导农地转用的决策者，也是相应建设用地出让金的获取者，随着城市的快速扩张，源于土地增值的土地出让金已经成为城市财政收入的重要部分。同时，增量建设用地能够带来新的投资建设内容，甚至大规模的工业和基础设施建设项目。因此，地方政府能够通过供应增量土地进行招商引资从而拉动经济。相比之下，存量建设用地受到政府和市场的关注明显较弱，因为大部分存量土地都具有明确的权益主体并承载了相应的固定投入，利用效率趋于稳定下降。由此，形成了增量和存量建设用地的价值差异。

然而，上述分析还不足以明确增量与存量建设用地要素性质的差异，导致建设用地增量和存量配置管理缺乏理论和数据的依据。如果增量用地的要素性质与存量用地不同，则可能是因为增量用地提供了发展机会或拉动了经济增长的催化作用，而存量用地难以提供这些功能。此时，两者的要素替代率是可变的，随投入规模增加呈边际递减趋势（类似于劳动力与资本要素的关系）。但如果两者确为同一类型要素，具有固定的要素替代率，则可以认为两者的数量差异是由利用方式差异造成的，能通过土地利用制度和方式变化而进行改进和替代。

具体地，我们通过柯布—道格拉斯（Cobb－Douglas）生产函数说明识别增量与存量建设用地要素关系的意义。在不区分建设用地的增量和存量类型时，建设用地要素 La 和资金要素 K、劳动力要素 L 形成的生产函数如式（5.1）所示。

$$\mathrm{GDP} = A\,K^{\alpha}L^{\beta}La^{\gamma} \tag{5.1}$$

其中，GDP 为非农产业的生产总值，A 为常数，代表技术生产水平，α、β、γ 分别为生产要素对应的系数。

如果将建设用地面积 La 分解为增量 Lc 和存量建设用地 Ls，即

$$La = Lc + Ls \tag{5.2}$$

基于 Lc 和 Ls 的差异，我们可将生产函数从式（5.1）改写为：

$$\mathrm{GDP} = A\,K^{\alpha}L^{\beta}Ls^{\gamma_1}Lc^{\gamma_2} \tag{5.3}$$

其中，γ_1 和 γ_2 为增量和存量建设用地对应的弹性系数。

式（5.3）符合常规的生产函数形式，但其暗含的假定为，当增量与存量建设用地配置数量变化时，它们的要素替代率可变。否则，我们应当

认为增量和存量建设用地具有固定的替代率，如式（5.4）所示。

$$GDP = A\ K^{\alpha} L^{\beta} Ls^{\gamma_3}\left(1 + \frac{Lc}{Ls}\right)^{\gamma_4} \tag{5.4}$$

其中，γ_3和γ_4分别为存量建设用地和增量建设用地对应的系数。

式（5.4）是比式（5.1）更具一般性的表达式，考虑了增量和存量建设用地经济贡献的数量差异。如果建设用地增量和存量的贡献一致，即$\gamma_3 = \gamma_4$时，得到不区分增量和存量时的生产函数式（5.1）。

显然，基于式（5.3）和式（5.4）的建设用地边际贡献估算会产生不同的结果。但现有的分析尚未分辨哪一种形式更符合我国的现实状况，我们需要通过实证来识别符合现实的增量与存量土地要素特征。

5.1.2　增量与存量建设用地的边际贡献

如果能够通过识别式（5.3）和式（5.4）判断增量和存量建设用地间的要素关系，我们就能够进一步测算增量和存量建设用地的边际贡献量并进行比较，从而判断现有增量和存量建设用地配置的合理性，为两者的合理配置提供依据。具体地，建设用地的边际贡献可基于式（5.1）、式（5.3）和式（5.4）进行估算。

式（5.1）是考虑建设用地投入且不区分增量和存量用地的生产函数。基于该函数，建设用地无论是增量还是存量，边际贡献均为：

$$\frac{\partial GDP}{\partial La} = \gamma A\ K^{\alpha} L^{\beta} La^{\gamma - 1} \tag{5.5}$$

式（5.3）是区分增量和存量建设用地，且假定两者要素替代率可变的函数形式。此时，增量和存量建设用地的边际贡献分别为：

$$\frac{\partial GDP}{\partial Lc} = \gamma_2 A\ K^{\alpha} L^{\beta} Ls^{\gamma_1} Lc^{\gamma_2 - 1} \tag{5.6}$$

$$\frac{\partial GDP}{\partial Ls} = \gamma_1 A\ K^{\alpha} L^{\beta} Ls^{\gamma_1 - 1} Lc^{\gamma_2} \tag{5.7}$$

式（5.4）是区分增量和存量建设用地，但假定两者要素替代率固定的函数形式。此时，增量和存量建设用地的边际贡献分别为：

$$\frac{\partial \mathrm{GDP}}{\partial Lc} = \gamma_4 A\ K^{\alpha} L^{\beta} Ls^{\gamma_3}\left(1 + \frac{Lc}{Ls}\right)^{\gamma_4 - 1} / Ls \tag{5.8}$$

$$\frac{\partial \mathrm{GDP}}{\partial Ls} = \gamma_3 A\ K^{\alpha} L^{\beta} Ls^{\gamma_3 - 1}\left(1 + \frac{Lc}{Ls}\right)^{\gamma_4} - \gamma_4 A\ K^{\alpha} L^{\beta} Ls^{\gamma_3}\left(1 + \frac{Lc}{Ls}\right)^{\gamma_4 - 1} / Ls^2 \tag{5.9}$$

要提高建设用地总体的利用效率，增量和存量建设用地均应当得到合理配置和充分利用。因此，在对式（5.3）或式（5.4）进行拟合的基础上，我们可以构建增量与存量用地边际贡献比指标 IS，用以分析地区增量和存量建设用地利用的合理性。如果假定增量与存量用地要素替代率可变，基于式（5.2）、式（5.5）和式（5.6），则边际贡献比IS_1满足：

$$IS_1 = \frac{\dfrac{\partial \mathrm{GDP}}{\partial Lc}}{\dfrac{\partial \mathrm{GDP}}{\partial Ls}} = \frac{\gamma_2 \mathrm{Ls}}{\gamma_1 \mathrm{Lc}} \tag{5.10}$$

若假定增量与存量用地要素替代率固定，则基于式（5.4）、式（5.8）和式（5.9）对应的边际贡献比IS_2为：

$$IS_2 = \frac{\dfrac{\partial \mathrm{GDP}}{\partial Lc}}{\dfrac{\partial \mathrm{GDP}}{\partial Ls}} = \frac{\gamma_4 \mathrm{Ls}}{(\gamma_3 \mathrm{Ls} + \gamma_3 \mathrm{Lc} - \gamma_4)} \tag{5.11}$$

边际贡献比值 IS 越小，表明该地区经济发展对增量用地的依赖越小，且存量用地得到了更充分的利用。这一指标考察的内容，与当前土地利用转型时期各地区追求建设用地存量挖潜的目标一致。因此，实证中我们将用边际贡献比指标衡量和比较不同地区增量与存量建设用地的利用状况。

5.2 指标构建与实证模型

5.2.1 因变量与解释变量

实证模型的因变量为第二和第三产业经济产出（GDP），该指标数据来自《中国统计年鉴》（2004—2017 年），并按平减指数折算至 2000 年。

基于存量的含义，建设用地存量 *Ls* 为该地区上一年的建设用地总量，其数据来源于《中国统计年鉴》（2004—2009 年）和自然资源部网站公布的 2009—2016 年土地利用变更调查数据。由于 2009 年第二次全国土地调查数据统计口径较之前有了明显变化，本书对 2003—2008 年数据进行了修正。首先，对建设用地的细分类别进行筛选，选取了与第二和第三产业相关的建设用地类型，即城镇居民点、工矿用地和交通用地。然后，对于各建设用地类型，我们分别以 2009 年后数据为标准，并将 2009 年以前数据按比例推算的方式进行修正。最后，将各地类面积加总形成 2003—2008 年建设用地面积值。该处理方式的优点在于既确保了 2009 年前后数据的衔接，也保留了 2009 年以前各地类数据的比例关系。

增量建设用地有两项适合的代理指标，分别为建设用地供应面积（新增建设用地部分）*Lgy* 和新增建设用地面积 *Lxz*。其中，前者源于《中国国土资源统计年鉴》（2004—2017 年），是一定时期市、县人民政府根据年度土地供应计划依法以出让、划拨、租赁等方式将国有建设用地使用权提供给单位或个人使用的新增建设用地；后者来源是《中国统计年鉴》（2004—2009 年）和自然资源部网站，指一定时期农用地和未利用地转为建设用地的数量，其取值为本期与上一期建设用地总量的差值。理论上，新增建设用地仅包括政府供应面积和违法供应面积两个部分，因此上述两项指标的差别在于前者排除了违法用地数量。但是，两项指标的数值的统计口径也存在差别。因此，我们将两项指标分别纳入实证模型，以获得更稳健的回归结果。

资本存量 *K* 按照张军（2004）的永续盘存法推算，按 2000 年不变价计算。用以计算资本存量的年度投资数据和第二与第三产业劳动力 *L* 数据来源于《中国统计年鉴》（2004—2017 年）。

本书引入了 2003—2016 年经济增长质量指标 *M* 以识别不同地区的增量建设用地经济贡献差异。经济增长质量指标是任保平等（2017）根据各地区经济增长效率、结构和稳定性等方面估算形成的一项综合指数。如表 5.1 所示，指数能够有效识别不同地区的经济质量差异，从而提供更具有连续性和可比性的生产函数拟合结果。相比于区分东、中、西部的实证策略，本书的做法能够减少需拟合的函数数量，并使样本数量更充分。

表 5.1　　2016 年各地区经济增长质量指数分布

数值区间	0.20—0.25	0.25—0.30		0.30—0.35		0.35—0.45	>0.50
省份	宁夏	湖南	新疆	重庆	黑龙江	天津	广东
	云南	内蒙古	山西	辽宁	陕西	山东	北京
	青海	甘肃	广西	海南	四川	福建	江苏
	西藏	吉林	贵州	河南	江西	湖北	浙江
				河北		安徽	上海

资料来源：任保平等. 中国经济增长质量发展报告 2017.［M］. 北京：中国经济出版社，2017.

5.2.2　增量建设用地内生性及工具变量选取

实证过程需要考虑内生性的原因是，增量建设用地和第二与第三产业产出具有典型的反向因果关系，一方面，增量建设用地承载了新的投资且为地方政府提供了土地出让金，对经济产出有正向促进作用。另一方面，经济状况越好，地方政府越有动力进行建设用地供给（存量建设用地与经济产出不具有内生性的原因在于，各省每年建设用地增量仅是存量的 1.0%—4.5%，即使存量建设用地有较高的利用效率，决策者也无法在一年内显著增加其供给数量）。这种反向因果关系导致的内生性可能使建设用地边际贡献的估计存在显著误差。为了准确测算建设用地增量对第二和第三产业的边际贡献，本书使用工具变量方法处理 GDP 和建设用地增量的内生性关系。

具体地，研究选取了两个工具变量，一是增量建设用地的一期滞后项 Lgz_{-1}或Lxz_{-1}；二是各省（自治区、直辖市）的人均农用地面积 Pn。选取前一个指标，主要是考虑地方政府会根据当期的产出预期决定本年度的新增建设用地供应，但上一期的新增建设用地供应面积和本期经济产出不存在直接的相关性，而不同期新增建设用地供应面积间则是相关的。选取后一个指标，主要是考虑人均农用地面积越小，地方政府对新增建设用地的约束就越严格，但人均农用地面积和第二和第三产业经济产出可能不存在相关关系，该指标的数据来源是《中国统计年鉴》（2004—2009 年）和自然资源部网站数据。

综上，实证中所有变量（390 个样本）的来源及描述性统计指标如表 5.2 所示，统计指标包括几类变量的平均值、标准差和极值。

表 5.2　　　　变量描述性统计

变量类型	变量名称	单位	符号	平均值	标准差	最大值	最小值
被解释变量	第二和第三产业产出	10^8 元	*GDP*	8 578.21	8 201.33	44 177.10	137.08
内生解释变量	建设用地供应面积（新增建设用地部分）	公顷	*Lgz*	6 598.26	6 459.13	31 510.30	7.68
	新增建设用地面积（用于稳健性检验）	公顷	*Lxz*	11 861.15	9 452.34	66 400.00	200.00
外生解释变量	资本存量	10^8 元	*K*	29 976.25	30 377.55	172 368.00	454.56
	劳动力人口	10^4 人	*L*	1 776.52	1 554.33	8 148.41	45.60
	存量建设用地面积	公顷	*Ls*	510 366.77	290 988.75	1 315 533.33	65 169.81
	经济发展质量指数	—	*M*	2.74	2.38	24.99	-0.65
工具变量	上年度建设用地供应面积（新增建设用地部分）	公顷	Lgz_{-1}	6 598.26	6 459.13	31 510.30	7.68
	上年度新增建设用地面积（用于稳健性检验）	公顷	Lxz_{-1}	11 861.15	9 452.34	66 400.00	200.00
	人均农地面积	10^{-4} 公顷/人	*Pn*	17 235.78	53 863.03	320 518.00	105.94

资料来源：根据《中国国土资源统计年鉴》（2010—2018 年）、土地市场动态监测与监管系统、国家统计局网站相关数据计算而成。

5.2.3　实证模型

表 5.3 列出了四个实证模型，模型 1 至模型 3 分别对应于理论分析中的式（5.1）、式（5.3）和式（5.4），模型 4 也基于式（5.4）设置，但增量建设用地的变量选取了不同的代理指标，是针对模型 3 的稳定性检验。

具体地，GDP_{ij}、K_{ij}、L_{ij}分别为地区 i 在时期 j 与式（5.1）对应的代理变量，La_{ij}为地区 i 和时期 j 的建设用地总面积，满足$La_{ij} = Ls_{ij} + Lxz_{ij}$。由于$Lgy_{ij}$和$GDP_{ij}$的内生关系，实证将利用 2SLS 方法检验式（5.11）和式（5.12），以上一期增量用地Lgy_{ij-1}和人均农用地面积Pn_{ij}作为工具变量。建设用地供应面积（新增建设用地部分）Lgy_{ij}和新增建设用地Lxz_{ij}虽然都是合理的代理变量，但其含义和统计口径都存在差异。因此，模型 4 用Lxz_{ij}替代模型 3 中的Lgy_{ij}，对结论进行稳健性检验。

表 5.3　　实证模型的表达式

模型编号	模型形式	模型说明
模型 1	$\ln(GDP_{ij}) = \ln(A) + \alpha\ln(K_{ij}) + \beta\ln(L_{ij}) + \gamma\ln(La_{ij})$	基于式（5.1）
模型 2	$\ln(GDP_{ij}) = \ln(A) + \alpha\ln(K_{ij}) + \beta\ln(L_{ij}) + b\ln(Ls_{ij}) + a M_{ij} \ln(Ls_{ij}) + \gamma_2\ln(Lgy_{ij})$	基于式（5.3）
模型 3	$\ln(GDP_{ij}) = \ln(A) + \alpha\ln(K_{ij}) + \beta\ln(L_{ij}) + a'M_{ij}\ln(Ls_{ij}) + b' \ln(Ls_{ij}) + \gamma_4\ln(1 + \frac{Lgy_{ij}}{Ls_{ij}})$	基于式（5.4），以Lgy_{ij}为增量用地的代理变量
模型 4	$\ln(GDP_{ij}) = \ln(A) + \alpha\ln(K_{ij}) + \beta\ln(L_{ij}) + a'M_{ij}\ln(Ls_{ij}) + b' \ln(Ls_{ij}) + \gamma_4\ln(1 + \frac{Lxz_{ij}}{Ls_{ij}})$	基于式（5.4），以Lxz_{ij}为增量用地的代理变量

另外，实证模型还加入了经济质量 M 以考察地区间增量与存量建设用地贡献的差异，基于$\gamma_1 = a M_{ij} + b$（a、b 为待估计参数），模型 3 和模型 4 引入了经济质量指数M_{ij}与增量指标Ls_{ij}的交互项 $a M_{ij}\ln Ls_{ij}$，该交互项的现实含义是，一个地区存量用地边际贡献会受到经济质量M_{ij}的影响。

5.3　结果分析

5.3.1　回归结果

以我国除港澳台地区的省、自治区和直辖市形成的 30 个区域为研究样本①，形成 2004—2016 年共 390 个样本（2003 年数据仅作为滞后项），得到的函数拟合结果如表 5.4 所示。

表 5.4　　区分增量、存量建设用地的生产函数拟合结果

	模型 1 普通面板回归方法	模型 2 2SLS 方法	模型 3 2SLS 方法	模型 4（模型 3 的稳健性检验）2SLS 方法
	第一阶段	—	第一阶段	第一阶段
	被解释变量： $1+Lxz_{ij}/Ls_{ij}$	—	被解释变量： Lgy_{ij}	被解释变量： $1+Lgy_{ij}/Ls_{ij}$
工具变量：Lgy_{ij-1} 或 Lxz_{ij-1}	—	0.360***	0.385***	0.276***
	—	(0.043)	(0.043)	(0.039)
F 统计值	—	41.19	42.01	24.71
(10% 阈值)	—	19.93	19.93	19.93
识别不足检验 (LM 统计值)	—	67.96	69.06	44.10
(P 值)	—	<0.001	<0.001	<0.001
弱工具变量检验 (F 统计值)	—	44.73	19.85	8.16
(P 值)	—	<0.001	<0.001	0.003

① 我国除港澳台地区的共有 31 个省、自治区和直辖市，由于资本存量数据中四川省和重庆市是合并计算的，因此将两者合并，形成 30 个研究区域。

续表

	模型 1 普通面板回归方法	模型 2 2SLS 方法	模型 3 2SLS 方法	模型 4（模型 3 的稳健性检验）2SLS 方法
	第一阶段	—	第一阶段	第一阶段
	被解释变量： $1+Lxz_{ij}/Ls_{ij}$	—	被解释变量： Lgy_{ij}	被解释变量： $1+Lgy_{ij}/Ls_{ij}$
内生性检验	—	38.29	15.94	2.207
（P 值）	—	<0.001	0.001	0.137
	—	第二阶段	第二阶段	第二阶段
	被解释变量 GDP	被解释变量 GDP	被解释变量 GDP	被解释变量 GDP
$1+Lgy/Ls$	—	—	11.108***	—
	—	—	(1.975)	—
$1+Lxz/Ls$	—	—	—	4.059***
	—	—	—	(1.219)
Lgy	—	0.171***	—	—
	—	(0.0235)	—	—
La	1.602***	—	—	—
	(0.141)	—	—	—
Ls	—	1.084***	1.098***	1.519***
	—	(0.175)	(0.167)	(0.153)
L	0.134***	0.068	0.073**	0.125**
	(0.038)	(0.042)	(0.040)	(0.037)
K	0.303***	0.263***	0.331***	0.292***
	(0.026)	(0.032)	(0.028)	(0.029)
Ls^M	—	0.0007**	0.0007**	0.0003
	—	(0.0003)	(0.0003)	(0.0003)
观测值数量（个）	390	390	390	390
R^2	0.935	0.912	0.923	0.932

注：**、***分别表示在5%、1%的水平上显著。

实证结果证实了增量建设用地和GDP之间的内生性关系。增量建设用地的一期滞后项是有效的工具变量。但是，人均农用地面积变量在所有的2SLS回归中都无法通过工具变量的有效性检验，原因在于人均农用地面积数据与增量用地数据的相关性偏弱（如模型 3 中其第一阶段显著度 $p=0.162$）。

模型 1 至模型 3 都得到了显著的检验结果，但观察三个模型中增量 Lgy、存量 Ls 和建设用地总量 La 的数量关系，我们发现模型 2 的结果不符合现实状况。因为模型 2 中，增量和存量对应的参数均小于模型 1 中建设用地总量的弹性系数，增量与存量贡献之和不能等于总量贡献。将其与第 2 节的理论分析进行对照，可发现式（5.3）基于的增量与存量土地替代率可变假定不能得到实证支持，后文将不再对其结果进行分析。不同于模型 2，模型 3 增量和存量用地的弹性系数分别大于和小于建设用地总量的弹性系数，符合实际情况，我们将基于这一结果做进一步分析。

对于回归结果，本书主要关注的是增量、存量用地以及经济增长质量与存量用地交互项的参数大小。其中，增量（$1+Lgy/Ls$）和存量用地 Ls 的参数差异明显，分别为 11.11 和 1.10。这表明增量和存量建设用地均对当地第二和第三产业的产出有显著贡献，而增量建设用地的经济贡献远高于存量用地，这种差距很大程度上是由于新增建设用地带来了大量的资金投入，而存量用地主要是常规的生产活动。同时，经济增长质量与建设用地存量交互项 $M_{ij}ln\ Ls_{ij}$ 的系数显著为正，表明经济增长质量较高地区的存量建设用地具有更高的经济贡献。其原因在于这些地区除固定资产投资拉动以外的内生经济增长效率较高。

模型 4 与模型 3 的差别在于，模型 3 的增量用地指标采用的是建设用地供应面积（新增建设用地部分），而模型 4 中，相应的指标为新增建设用地面积。因此，我们将模型 4 视为对模型 3 结果的稳定性检验。从结果来看，各指标参数的分布与模型 3 一致，但模型 4 中增量用地的贡献小于模型 3。产生这种差异的可能原因是，建设用地供应面积（新增建设用地部分）指标与地区经济发展的联系更为密切。

总体上，增量建设用地的经济贡献远高于存量用地，基于不同增量建设用地指标的计算结果，增量用地的边际贡献是存量用地的 2.82 倍（模型 4）到 10.40 倍（模型 3）。如前文所述，由于增量建设用地引入投资的效率明显高于存量用地，其对经济增长的边际贡献也较高，实证结果符合目前增量建设用地更受重视的现状以及相关研究的分析。

5.3.2 边际贡献的时间变化

基于模型1、模型3、模型4结果，可描述建设用地贡献的区域差异和时间变化。图5.1是根据模型估算得到东、中、西部地区建设用地的边际贡献值（此处东、中、西部沿用“七五”计划时的划分方法，具体分类方式可参见图5.3）。总体上，无论是总量、增量或存量，东部地区建设用地贡献均略高于中部地区，且明显高于西部地区。从时间变化来看，建设用地贡献经历了2004—2008年和2009—2013年两个增长期，这两个时期的起点正好对应于建设用地供应市场化改革和4万亿元投资的时点。随着全球经济形势的下行，2014年以后，建设用地经济贡献有所下滑。

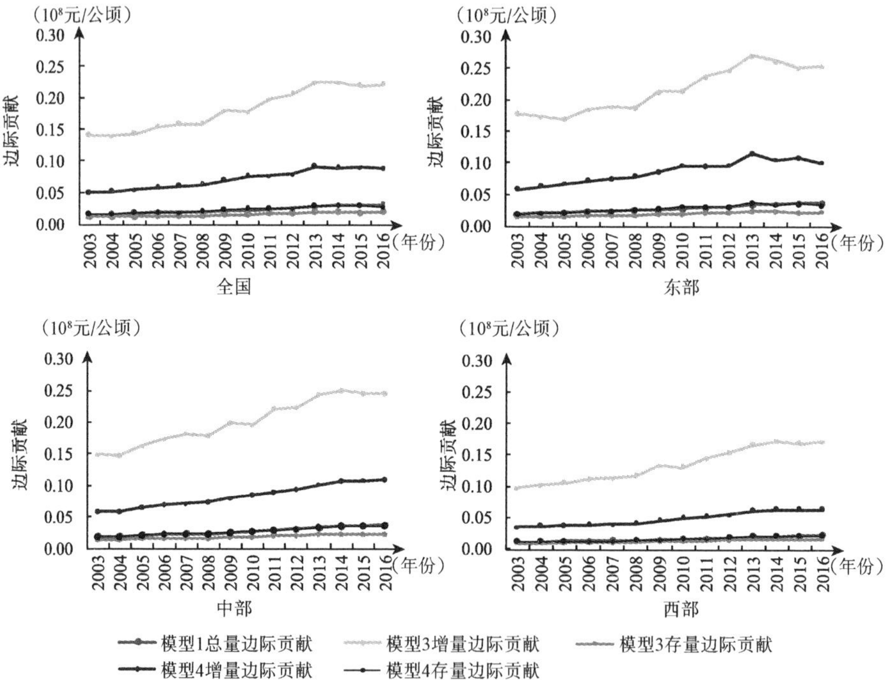

图5.1 2003—2016年全国和东、中、西部建设用地总量、增量和存量用地边际贡献

资料来源：作者自绘。

图 5.1 描述了模型 3 和模型 4 计算得到的增量和存量建设用地经济贡献变化。基于模型 3 的结果，增量用地的边际贡献从 2003 年 0.14×10^{8}元/公顷升高到 2016 年 0.22×10^{8}元/公顷，同期存量用地的边际贡献从 0.01×10^{8}元/公顷提高到 0.02×10^{8}元/公顷。模型 4 与模型 3 的结果形态相似，但增量用地的经济贡献均明显低于同期模型 3 的计算结果，存量用地的经济贡献略高于同期模型 3 的结果。

基于公式（5.12）设定的指标增量与存量用地的边际贡献比，可以分析全国及东、中、西部地区增量存量用地配置效率。图 5.2 中，我国东、中、西部地区增量与存量用地的边际贡献比在 2003—2016 年均经历了先下降后上升的小幅波动，这表明，在 2003—2013 年，我国各地区增量与存量用地贡献率的差距逐渐减小，但在 2013 年以后，各地区增量用地依赖程度逐渐增强，2016 年已超过 2003 年的增量用地依赖程度。土地利用效率提高和宏观经济环境可能是导致边际贡献比产生上述变化的主要原因。一方面，随着土地利用效率提高，地方政府有能力降低增量用地供给的比例，提高存量用地供给和利用水平。另一方面，2013 年以后，为应对全球经济下滑和我国 GDP 增速趋缓，增量用地供给的比例有所提高。

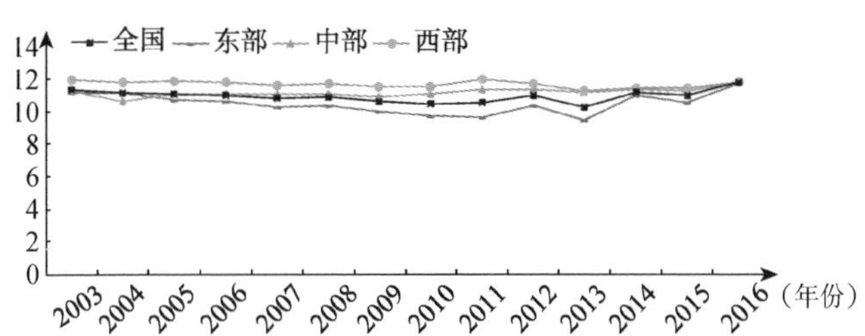

图 5.2　2003—2016 年全国和东、中、西部增量与存量用地的边际贡献比

资料来源：作者自绘。

5.3.3　不同地区的边际贡献差异分析

基于式（5.8）和式（5.9），我们测算了各省份的增量与存量用地边际贡献以及它们的边际贡献比值，结果如表 5.5 所示。

表 5.5 基于模型 3 和模型 4 的 2003—2016 年建设用地对经济水平的边际贡献

省份	模型 3 增量边际贡献 (1)	模型 3 存量边际贡献 (2)	模型 3 边际贡献比 (3)=(1)/(2)	模型 4 增量边际贡献 (4)	模型 4 存量边际贡献 (5)	模型 4 边际贡献比 (6)=(4)/(5)
北京	0.329	0.033	9.97	0.115	0.043	2.67
天津	0.237	0.023	10.30	0.079	0.029	2.72
河北	0.200	0.019	10.53	0.082	0.028	2.93
辽宁	0.178	0.017	10.47	0.068	0.024	2.83
上海	0.360	0.037	9.73	0.125	0.047	2.66
江苏	0.298	0.0289	10.31	0.129	0.045	2.87
浙江	0.310	0.031	10.00	0.110	0.040	2.75
福建	0.237	0.023	10.30	0.077	0.028	2.75
山东	0.242	0.023	10.52	0.109	0.037	2.95
广东	0.331	0.032	10.34	0.148	0.052	2.85
海南	0.084	0.008	10.50	0.025	0.009	2.78
山西	0.144	0.013	11.08	0.052	0.018	2.89
吉林	0.126	0.012	10.50	0.047	0.016	2.94
黑龙江	0.110	0.010	11.00	0.050	0.016	3.13
安徽	0.181	0.017	10.65	0.076	0.026	2.92
江西	0.171	0.016	10.69	0.061	0.021	2.90
河南	0.208	0.019	10.95	0.089	0.030	2.97
湖北	0.194	0.018	10.78	0.074	0.026	2.85
湖南	0.204	0.019	10.74	0.078	0.027	2.89
四川（包含重庆）	0.224	0.021	10.67	0.097	0.034	2.85
贵州	0.132	0.012	11.00	0.040	0.014	2.86
云南	0.133	0.012	11.08	0.050	0.017	2.94
西藏	0.045	0.004	11.25	0.011	0.004	2.75
陕西	0.153	0.014	10.93	0.054	0.019	2.84
甘肃	0.093	0.008	11.63	0.029	0.010	2.90
青海	0.074	0.007	10.57	0.021	0.007	3.00
宁夏	0.078	0.007	11.14	0.021	0.008	2.63
新疆	0.080	0.007	11.43	0.029	0.010	2.90
内蒙古	0.099	0.009	11.00	0.041	0.014	2.93
广西	0.139	0.013	10.69	0.050	0.017	2.94

注：边际贡献值的单位为“10^8元/公顷”，增量与存量贡献比是无量纲指标。

表 5. 5 的结果表明，无论是模型 3 还是模型 4，各省份增量建设用地的边际贡献都远高于建设用地总体的边际贡献水平。综合两个模型的结果，增量建设用地对经济产出的边际贡献是存量建设用地的 2. 82—10. 40 倍，在各地区，增量和存量建设用地利用效率都存在显著的差异。

进一步地，基于式（5. 12）构建的增量存量用地边际贡献比指标，可以比较各省份增量与存量用地配置的合理性。总体上，东部地区的边际贡献比值略低于中部和西部地区。模型 3 和模型 4 的结果中，北京市、上海市、天津市、浙江省和广东省的增量、存量贡献比略低于其他省份。以上经济发展水平较高地区引入了更多优质的建设用地使用者，具备了规模效应、高质量的经济环境等内生经济增长条件，存量用地的利用效率较高。由于其经济发展和地方财政不再取决于规模扩张和投资的拉动，因此对增量用地的依赖也会相对较小。

总结 2003—2016 年我国各地区增量与存量用地的边际贡献比指标的情况（见图 5. 3），可发现地方政府在经济发展质量偏低和注重短期经济增长绩效时，边际贡献比指标值就会相应较高；反之，如果注重经济质量提升和长期可持续的经济增长，边际贡献比指标值会下降。2014 年以后，各地开始提出了建设用地存量开发甚至减量化发展的目标并逐步推行相关政策措施，边际贡献比指标在未来的变化也值得继续关注。

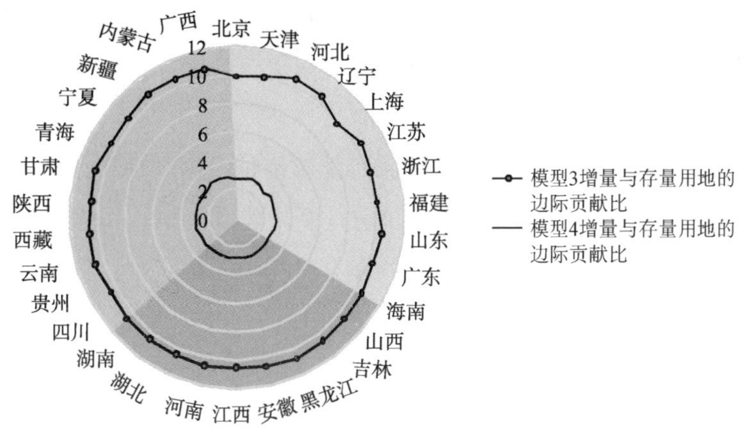

图 5. 3　各省份 2003—2016 年增量存量用地边际贡献比

资料来源：作者自绘。

5.4 结论与讨论

5.4.1 基本结论

（1）各地地方政府往往将增量建设用地指标视为一项能够带动经济增长的关键要素，但对增量用地的偏好也可能导致增量和存量用地利用结构失衡。本章尝试通过区分增量和存量对土地生产函数进行扩展，以识别和测算增量与存量建设用地的经济贡献。研究表明，在我国投资驱动的发展模式下，增量建设用地承载了地方政府招商引资和企业的固定资产投资行为，而企业的生产活动由存量建设用地承载，活动内容的差别导致了增量和存量建设用地的经济贡献差异。

（2）在生产函数中区分增量和存量建设用地要素，需要考虑两类用地要素的替代率关系。实证表明，在一定的土地利用效率水平下，增量和存量建设用地之间具有固定而非可变的要素替代率，增量和存量用地的经济贡献比不随两类用地配置比例的多少而变化。因此，对于存量用地规模较大地区，增量用地并不是必不可少的发展要素，激励存量用地开发和建设用地可持续利用是可行的政策改进方向。

（3）增量存量用地边际贡献比指标能够衡量我国增量和存量建设用地贡献的时空差异特征。将建设用地供应（新增建设用地）作为增量用地指标的分析表明，2003—2016 年全国增量存量用地边际贡献比呈先下降、后上升的小幅波动状态。在这一时期，东部地区（主要是北京市、上海市、天津市、浙江省和广东省）增量存量边际贡献比低于中部和西部地区，表明东部地区对增量建设用地的依赖较小，存量建设用地的利用效率较高。

（4）新增建设用地指标和经济产出之间存在着显著的内生性关系。具体地，经济产出的增加会增加地方政府对建设用地增量的当期需求，也有机会从上级政府争取更多的增量用地指标，从而进一步提高当地的经济产出水平。忽略建设用地增量和经济产出之间的内生性关系，会导致增量建设用地贡献的低估。

5.4.2 讨论

（1）尽管土地异质性是经济运行中考察的重要问题，但建设用地作为增量和存量利用阶段时的经济贡献差异并没有受到广泛的关注。本书认为，投资驱动为主的经济增长模式和地方政府的土地引资行为导致了增量和存量建设用地经济贡献的差异，并一定程度上扩展了土地相关经济理论在我国的适用性。事实上，我国经济发展模式及地方政府行为不同于传统土地和城市经济理论的假定，如何对传统理论模型进行扩展，仍是需要解决的重要科学问题。

（2）本书研究和已有文献均表明，我国的建设用地利用方式受到了宏观经济发展模式的影响，投资驱动的显著效果是增量建设用地效益的基础。这也对优化存量建设用地利用有一定的启示。大城市在面对土地资源约束时，会重视与存量再开发相关的技术应用和机制建设以满足经济发展需求，但这并不是摆脱增量依赖的根本对策。通过土地政策促使土地使用者提高单位面积土地上的要素投入，逐步带动投资驱动向技术进步驱动的经济模式转型，或许是土地政策改革更重要的方向。

（3）各地区增量与存量用地的要素替代率不随增量与存量用地配置比例变化而变化，表明增量建设用地在生产中并不具有独特的引资效果和经济促进作用，存量用地同样也能够发挥相应的作用。因此，地方政府主动进行增量建设用地供应并非必须依赖的土地利用模式，这为土地要素市场化改革提供了进一步的理论和实证依据。在土地要素市场化改革中，应转变当前阶段重视初始投资的经济拉动效果的行为模式。从中长期来看，只有确保存量建设用地持续高效利用，甚至集约程度的不断提高，才能够实现高质量的城市和产业发展。

（4）增量和存量建设用地数倍的经济贡献差异也表明，地方政府既有的增量用地依赖和对存量用地利用的忽视是现实情境下的理性选择。因为在现有环境下，一宗进入存量利用阶段的建设用地需要数年时间才能产生等同于其增量时期的效益。然而，建设用地并非可耗竭资源，若只关注短暂的增量效益，随后低效存量用地的蔓延会对城市管理和农地保护造成沉重的负担。因此，现阶段对地区发展绩效的评价中，应当对短期高投入模式和可持续发展模式的经济贡献有所区分。对于一些地区已经产生相当规模的低效存量用地，也需要通过政策创新使其得到有效利用。

第 6 章

区域协同发展对土地供给政策的影响

区域协同发展已成为当前我国整体竞争力提升的重要战略，推进城市间合理有序的分工和联系是生产要素配置的重要方向，因此土地供给政策的优化必须研究这一战略的影响。

6.1　新时代下区域发展的新特点

在全球化背景下，以多个城市集合体形式呈现的全新地域单元城市群将是区域竞争的主体。城市群是我国新型城镇化和工业化发展到较高阶段的产物，是我国未来经济发展格局中最具潜力和活力的核心区。土地供给政策是我国调控区域经济发展、推动土地供给侧结构性改革的重要工具之一，对于协同发展的城市群来说更是促进其经济可持续发展不可忽视的因素。但不同战略定位的城市群有不同的发育程度与发展模式，形成了有差异的城市层级结构，如长江中游城市群的多核心高首位度结构、长三角城市群的扁平化结构，不同的层级结构凸显出显著的城市群内部经济发展水平的差异，同时土地供给政策对区域经济增长的影响也存在显著的差异，其原因在于土地作为重要的生产要素和经济活动的空间载体，与城市发展水平存在重要的互动性。

6.1.1　城市发展的阶段性

6.1.1.1　区域经济重心由单个城市发展向以整体发展的城市群转变

城市的发展阶段实质是经济发展在空间上的阶段性表现，而生产方式变革是经济发展的本质，分工和专业化发展又是生产方式变革的主要特征。城市形成初期，经济发展处于低水平的均衡状态，各城市由自然资源优势决定其功能分工，城市间基本处于独立发展阶段。随着城市经济的增长，人口和城市规模不断扩大，城市会自发调整内部结构，并通过生产与交换等经济活动对一定范围地区的发展产生影响，形成城市区域，特别是随着城市区域不断扩大，城市与外围城市联系日益密切，城市间逐渐完成自我组织，发挥其扩散效应促进城市群内部各城市产业结构的调整、空间结构的演变，形成由不同性质、规模、结构的城市连接的不断演化的城市群体系。

6.1.1.2 城市群已成为区域竞争的主体

无论从在国家发展战略中的角色定位，还是其对我国经济发展的贡献来看，城市群均占据举足轻重的地位。2010 年《全国主体功能区规划》将城市群划定为四大功能区中的重点开发区和优先开发区，2013 年中共中央召开的历史上第一次中央城镇化工作会议、2015 年年底召开的中央城市工作会议以及《国家新型城镇化规划（2014—2020 年）》等一系列中央工作会议与文件提出将以城市群作为推进新型城镇化的主体形态。2016 年，“十三五”规划强调我国要加快建设 19 个城市群，以盘活存量为主，严格控制京津冀、长三角、珠三角城市群新增建设用地供给，适当扩大中西部城市群建设用地供给。2016 年我国 19 个城市群以全国 1/4 的土地集聚了 75.19% 的人口，其中城镇人口占全国 72%，GDP 占全国 80.05%。也就是说，城市群对于我国经济发展的贡献巨大，是经济活动与人口流动的主要空间载体。目前，全国 95% 以上的城市群处在“一带一路”通道上，这使得城市群成为“一带一路”倡议实施的主阵地，成为我国参与国际经济合作与竞争的全新地域单位，其发展深刻地影响着我国的国际竞争力。

6.1.2 我国区域协同发展的基本状况及当前土地供给存在的问题

6.1.2.1 区域协同发展的现状

城市群作为国家经济发展战略的核心区，强大的吸管效应不断持续，不过学者们普遍认为交通体系不完善、产业协作不畅通、功能分工不明确、行政边界约束与合作机制不健全等问题影响了城市群协同发展进程，具体表现为城市群内城市间经济联系不密切、中心城市的辐射作用有待加强、城市间经济空间相关性不显著等。如，有研究指出产业配套不协同、城市群利益分配冲突、行政体制的制度性障碍以及市场一体化进程缓慢等问题阻碍了京津冀城市群的协同发展（汪彬和陈耀，2015；马燕坤，2018）；产业同质化、交通设施建设不协调、生态屏障脆弱、行政体制分割的问题影响了长江中游城市群的协调发展（谷玉辉和吕霁航，2017）。要素与经济活动在空间上的相互作用，使城市群经济联系不断增强，这也是区域协同发展的本质要求。

6.1.2.2　区域协同发展下土地供给存在的问题

各种生产要素中，土地作为基本的生产要素和空间载体，供给的数量和配置效率很大程度影响着城市群的经济发展，如研究发现土地供给量的抑制作用使长三角城市群经济增长年均减少1.8%，且土地资源约束对经济增长的“尾效”存在差异。当前土地供给与区域协同发展主要包括以下问题。

（1）土地供给量变化趋势与经济发展需求趋势不协调。前文已经分析当前土地供给量的变化与城镇人口流动方向不协调。各地人口稳定增长，而全国土地供给总量在2013年之前上涨后大部分呈现下降趋势，我国土地供给总量在2011—2013年上升了26.56%，2013—2019年呈波动下降趋势。除四川、云南、宁夏地区土地供给量在2013年之后呈波动上升趋势外，其余各省份在2013年之后均呈下降态势，但各省份城镇人口数量近年均持续上升。如果比较人口与土地供给数量变化率之比，即土地供给离差系数，全国各省份仅黑龙江、江西地区人口—土地供给离差系数低于0.2，处于协调发展状况，其他地区均处于城镇人口增长与土地供给增长失调状态，中西部地区的山西、陕西、河南、甘肃等地区失调现象尤为严重。

结合表6.1所示京津冀、长三角、珠三角、成渝、长江中游五大城市群土地供给量趋势来看，新增建设用地供应量整体呈波动态势，存量建设用地除珠三角城市群呈下降趋势外，其余均整体上升。但是，在土地供给从传统的增量供给逐渐转为控制增量和盘活存量用地的背景下，存量用地供给效率低的现象普遍存在。如，在产业升级过程中，部分腾退的产业用地会因为不同行业对容积率及周边环境要求的不同，短期内难以投入使用。从土地供给结构的变化趋势来看，不同城市群内土地供给结构存在差异。近年来，除长江中游城市群以外，其他城市群工矿仓储用地供给呈现显著的下降趋势，而商服用地的供给趋势在京津冀与长三角城市群内比较类似。这种供地结构与城市群产业结构发展存在比较明显的差异。从表6.2显示的土地供给结构与经济增长的变化趋势来看，土地供给结构与产业结构发展方向并不协调。第二产业生产总值与工矿仓储用地供给的变化趋势除长江中游城市群有一定正相关外，其他城市群工矿仓储用地供给趋势与第二产业生产总值的变化相反；五大城市群内第三产业生产总值均呈不断上升趋势，而2013年之后商服用地供给在京津冀与长三角城市群内呈波动下降趋势，在其他城市群内表现为波动态势。

表6.1　2009—2016年我国五大城市群土地供给量与结构变化趋势

城市群	新增土地	存量土地	工矿仓储用地	商服用地	住宅用地	公共管理用地	交通运输用地
京津冀							
长三角							
珠三角							
成渝							
长江中游							

资料来源：作者自绘。

（2）土地供给结构的调整未能反映出不同城市群土地供给空间外溢效应的特点。城市群发展必须要以城市间密切联系为基础，因为城市之间存在密切的生产要素、产品等的流动，使得经济活动往往具有一定的空间外溢效应。然而，现行以行政单位分配土地的方式并未体现出这一点，从而对于不同空间关联性的城市群发展难以发挥有效的促进作用。例如，通过对长江中游城市群和省域两个层次展开经济空间相关性分析及构建土地供

表 6.2　2009—2016 年我国五大城市群土地供给与经济增长趋势

城市群	第二产业生产总值	工矿仓储用地	第三产业生产总值	商服用地
京津冀				
长三角				
珠三角				
成渝				
长江中游				

资料来源：作者自绘。

给政策经济绩效的空间计量模型可以发现长江中游城市群经济发展空间自相关不显著，3 个省内，仅湖北省土地供给效益存在较显著的空间相关性，且工矿仓储用地与公共管理用地的供给对周边城市经济增长产生显著的影响（黄凌翔等，2018）。目前许多城市群内的行政单位（省、市）在推动内部产业结构升级和相应土地供给时，往往忽视空间效应，进而导致不同类型用地供给的结构趋同。

6.1.2.3　城市群协同发展对土地供给改革趋势的需求

（1）城市群内部经济联系程度不同，对土地需求也不同。不同城市群的经济发展及协同发展程度存在差异，进而对土地供给的需求不同，因此按照“一刀切”的土地供给政策（例如统一的减量化）可能不利于城市群的协同发展。如，第 7 章研究显示，五大城市群经济发展的空间自相关存在显著差异，成渝与长江中游城市群人均 GDP 的空间相关性不显著，京津冀、长三角与珠三角的人均 GDP 则具有较显著的空间相关性，且珠三角城市群呈负相关。换言之，京津冀、长三角城市群内经济发展相似的地区呈聚集分布态势，珠三角城市群内相邻地区的经济发展存在差异，成渝与长江中游城市群内部经济发展在空间上无明显规律。

（2）城市群土地利用效率不同，对土地供给需求也不同。我国很多城市群内部差异较大，土地利用效率水平不同（李冬青，2017；杨先花等，2017），在市场机制的作用下，资本、技术、劳动力等生产要素在市场机制的作用下必然朝着收益回报率高的方向流动，这就造成许多城市群协同发展目标难以实现。因此，土地供给应该结合这一特点进行，但目前依旧是按照传统方式分解土地供给指标，这种以行政单元为基础的管理模式难以满足城市群发展的需要，城市群内土地市场建设的分割化、土地供给政策制定的分散化及土地供给的自成一体，容易造成各地区政府间内部盲目竞争，在一定程度上影响城市群土地利用的整体效率（卢为民，2017）。

6.1.3 区域协同发展下城市群土地供给政策面临的挑战

6.1.3.1 土地供给政策如何适应经济发展主体的转变

协调城市群内跨区域政府间的竞合关系、政府与市场的合理分工是土地供给政策适应经济发展主体转变的关键挑战。一方面，城市群内跨区域政府间以自我利益为中心的决策思路使部分城市出现经济排他倾向，跨省域交流合作较少，不利于经济活动与生产要素的空间优化配置，导致城市群内经济联系网络密度较低。另一方面，政府与市场在土地资源优化配置过程中的服务性与决定性作用不能充分发挥。区域内某一城市应该减量或增量供给？供给量应该主要来源于新增还是存量再开发？土地供给结构如何优化？这些问题应该在政府的协调下，通过价格传递的信息引导市场机制将土地资源投入最需满足的空间。但城市群内发达城市与欠发达城市土地指标分配的公平性、中心城市土地供给的外部性问题却往往被忽视。

土地供给政策如何服务区域协同发展战略是城市群协同发展下的基本挑战。一是城市群内城市间土地供给与需求不匹配。城市群内发达城市土地开发强度低于欠发达城市，如 2017 年珠三角城市群内，深圳市土地供给指标使用率为 40.78%、珠海为 51.12%，而欠发达城市的发展在受到不同程度土地资源制约的背景下，仍然实施减量化政策（仇大海，2018）。二是城市群内依赖新增用地带动发展的惯性思维仍然存在，存量用地盘活利用较低。如，珠三角城市群2010年存量用地供给高达71.84%，但2010年以来，存量用地供给比例一直在下降，到2016年，存量用地供给仅占19.65%，这一方面源于以“三旧改造”“城市更新”为代表的存量土地再开发政策经过多年实施，待开发的存量土地面积减少，但另一方面还是因为新增建设用地使用成本较低，城市建设形象效果明显；京津冀城市群也在2010年时存量用地供给比例较高为66.68%，但在2010—2016年，存量用地供给量波动下降；长三角城市群在2011年以来，存量用地供给一直维持在40%左右。三是城市群内土地供给结构调整需要及时与产业聚集模式、区域空间布局优化相协调。目前，城市群内缺乏与区域协同发展、产业分工相适应的土地供给机制。

6.1.3.2 土地供给政策如何与社会经济转型阶段相协调

（1）协调经济发展与生态文明建设的关系。随着“五位一体”总体布局及社会经济转型阶段的战略需求，经济与生态协调发展成为城市群发展面临的难题，也是土地供给侧结构性改革的重要挑战。协调两者关系的关键在于生态文明建设在土地供给政策或土地供给侧结构性改革中应该占据怎样的地位？即在调整城市群土地结构供给时，是考虑生态环境保护还是以经济效益最大为目标？政府、市场与资源环境是响应可持续发展的主体，在城市群协同发展过程中，不仅需要协调政府与市场的竞合关系，更需要重视资源环境的反馈信息。

（2）协调城乡发展不平衡的问题。社会经济转型的另一个表现就是城乡协调发展，城市群协同发展下的城乡发展不平衡问题不仅包括某一行政区内部的城乡关系，还包括跨区域城乡关系。因此，一方面，要解决资源要素、产业分工与经济活动在城乡内部之间的分配不均衡问题；另一方面，要构建完善的交通体系，提升区域间联系的效率。

6.1.3.3 土地供给政策如何与区域产业发展的需求相衔接

《中国制造2025》提出了“三步走”实现制造强国的战略目标，明确了新一代信息技术产业等10个重点产业发展领域。经过近年来的发展，几大城市群在产业创新发展上取得了显著成效，初步形成了相应的新兴产业的集聚，传统的制造业转型升级和产业兴替要求大力发展新兴产业，推进信息化与工业化融合发展，优先发展生产性服务业，这对土地供地政策和利用形态提出了新的要求：一是对土地供给模式提出了更高的要求，因为技术进步和信息化进程日新月异，产品的生命周期在快速演替，项目从立项到落地开发建设周期要求更短、时间更紧。二是土地用途更具复合性，随着“互联网+”时代的到来，硬件产品与软件产品高度融合，工业生产和生产性服务业高度融合，产业边界越来越模糊，体力劳动与脑力劳动相互交织。基于容积率、绿地率、建筑密度、建筑形态、配套设施比重等一系列传统指标的单一供地模式，已经无法适应经济新常态的管理要求，需要结合区域经济发展的需要，在产业用地配置上实施差别化政策。

6.2 科学识别区域内的城市关系——基于修正引力模型与流量经验对比的经济联系网络研究视角

科学识别城市群内的城市关系是处理区域协同发展的基础，常用的方法是进行城市群内的经济联系网络分析。

经济联系网络分析是描述城市群资源流向动态、多边、网络化关系的重要方法之一，通过将城市社会经济、城市间资金、信息、劳动力及技术等资源流动状况纳入模型，对城市群中心城市、边缘城市、腹地等各级区域的相互联系状况进行研究。其过程体现了中心地理论和空间相互作用理论城市空间布局的思想。从计量角度来看，分析经济联系网络的方法可分为理论模型法和经验法。其中，理论模型法是利用从实践抽象出的模型推算经济联系网络的状况，如引力模型是基于万有引力的原理推算城市间的相互联系。这种方法所用到的数据易于搜集，但其结果会与实际情况存在不同程度的差异。相比而言，经验法需要直接搜集城市间的往来数据，如移民、交通和物流等流量数据，尽管该方法更接近现实状况，但数据搜集和处理往往存在困难。已有文献分别使用以上两种方法进行了相关研究。

一部分学者使用修正引力模型与社会网络分析法，从动态对比的角度探讨了城市群内部经济联系强度及其空间网络结构特征（刘建朝和高素英，2013），分析城市的中心性及中心城市影响范围，探究不同时间点城市群空间网络结构的特征（王圣云等，2016）。但通过引力模型反映的城市间经济联系网络均是假想的、通过节点属性数据建构的，并不能反映实际的经济往来程度。另有学者开始寻找城市间真实的经济联系数据，发现城市之间的各种要素流产生的重要主体是企业组织，并构成了城市之间相互联系的关键因素（蒋小荣等，2017），李仙德（2014）认为上市公司网络的研究是当前城市经济联系网络研究的重要内容，且可以基于上市公司投资数据定量分析城市群的网络结构。程钦良（2020）等运用社会网络分析法从网络整体层面、城市个体层面和子群体层面研究了兰西城市群空间结构特征。也有学者试图以“中心—外围”的思路测算城市群内部的区域经济联系度（许芸鹭和雷国平，2018）。上述研究体现了两种方法的特点，但鲜有文献针对同一对象综合运用两种方法，从而导致对城市群经济联系网络状况的描述不够全面。一般来说，理论模型法分析的结果难以反映不具有普遍规律的影响特点，如部分城市间的市场壁垒、生态保护区设立、地形因素导致的城市联系阻碍。经验法由于数据获取困难，呈现的结果是基于单方面的指标，政策参考价值也随之减弱。

本书利用修正引力模型计算和上市公司异地投资数据的社会网络分析法对长江中游城市群进行经济联系网络分析。从节点中心度、经济联系强度以及凝聚子群三个方面对比分析长江中游城市群的经济联系网络。以期能够从点、线、面不同层面分析理论模型法、经验法的一致性和差异性。

6.2.1 研究区域与数据来源

6.2.1.1 研究区域范围

长江中游城市群是经济新常态下促进中部崛起、推动长江经济带发展的核心引擎区。其中，武汉城市圈、环长株潭城市群、环鄱阳湖城市群将整合形成多中心协调互动发展的格局。同时，长江中游城市群定位为新的增长极、“两型”社会建设引领区、中西部新型城镇化先行区和内陆开放合作示范区。不同于长三角、珠三角等城市群，长江中游地区还承载了大面积的粮食基地和生态保护区。在推动长江中游经济带绿色发展的背景中，如何通过创新实现城市群内生增长的目标，打造区域内各类资源高效流动和充分利用的物质基础和社会经济环境，是城市群发展面对的重要问题。长江中游城市群的范围主要依据《长江中游城市群发展规划》，包括：湖北省的武汉、黄石、鄂州、黄冈、孝感、咸宁、仙桃、潜江、天门、襄阳、宜昌、荆州、荆门；湖南省的长沙、株洲、湘潭、岳阳、益阳、常德、衡阳、娄底；江西省的南昌、九江、景德镇、鹰潭、新余、宜春、萍乡、上饶及抚州和吉安的部分县（区）。为了方便获取数据和保持研究区域的完整性，将吉安市全市、抚州市全市纳入研究范围。

6.2.1.2 数据来源

（1）修正引力模型数据来源。修正引力模型主要是从城市质量和距离两方面取值对经典引力模型进行了改进。结合相关研究（李博雅，2018；贺欢欢和吕斌，2014），以及为了实现与流量经验法的可比性，本书描述城市质量的指标系统仅包含了经济竞争力和开放竞争力两个维度，共12个具体指标的评价系统，如表6.3所示。表6.3指标体系中的权重依据主成分分析法获得，能够避免三级指标之间内涵重叠的问题。本书中各城市社会经济数据时点为2019年，流量经验法中涉及上市公司数据时段为1990—2019年，数据来源为2020年《湖南省统计年鉴》《江西省统计年鉴》《湖北省统计年鉴》及各地级市统计年鉴。各指标权重通过主成分分析因子得分计算得到。

（2）流量经验法数据来源。流量经验法虽然能够较好呈现节点之间的现实联系状况，但其数据搜集困难且往往工作量较大，同时选取的数据指标可能含义不够全面。经过比较，本书选择上市公司异地投资的数据作为经济流量的代理变量，主要是考虑到上市企业在企业和当地的经济活动中均具有代表性，且其经济和财务活动数据全部公开，具有可比较性。缺陷在于，如果各地上市公司占当地经济活动的比例不均匀，则也会导致结果

表 6.3　城市质量的综合评价指标体系

一级指标	二级指标	三级指标
经济竞争力 F1	经济规模	地区生产总值 X11（万元）
		工业总产值 X12（万元）
		固定资产投资 X13（万元）
		地方财政一般预算内收入 X14（万元）
	经济结构	第二产业增加值占 GDP 比重 X21（%）
		第三产业增加值占 GDP 比重 X22（%）
	经济增长	GDP 增长速度 X31（%）
	经济效益	人均 GDPX41（元）
		人均财政收入 X42（元）
开放竞争力 F2	对外贸易水平	进出口总额 X51（万美元）
	外资利用水平	实际利用外资 X61（万美元）
	旅游开放水平	旅游收入 X71（万美元）

注：距离方面，来自中国铁路 12306 官方网站和携程网站数据，本书采用两城市之间公路、铁路和民航的旅程时间加权。

与真实情况的偏离，当然，如果将两种方法的关注点更多聚集于经济发展程度较高的重要节点城市，则上述偏离效应会相应减弱。本书利用新浪财经网站及相应公司提供的年报搜集了 1990—2019 年中国内地和中国香港特区，以及美国上市持续至今的共 88 家公司在城市群范围内异地投资子公司的 633 例数据，1990 年以前的投资记录按照 1990 年处理，以避免高估计时间久远的经济流量现值。将异地投资子公司按照投资公司和被投资公司所在的城市进行归并，数据通过年度平减指数折现至 2000 年，各年往来数据采用累积规模作为城市间经济流量的代理指标，即“累积规模 = 往年投资或控股金额 + 当年新增投资”。之所以采用累积规模，主要是考虑到作为投资公司，会经常性的与被投资公司进行交流、技术支持或经济往来，从而实现持续的经济流量。选择的上市公司是持续至今的公司，能较好的代表城市间稳定的资金流动状况。

6.2.2 研究方法

6.2.2.1 基于修正引力模型的网络分析方法

引力模型是为了描述两城市间经济联系而基于牛顿万有引力定律构建的分析工具。早在1858年，卡利（H. C. Carey）提出了近似于引力模型的互动分析公式。一般地，两城市间的引力 F_{ij} 可表示为：

$$F_{ij}=\frac{k_{ij}(M_iM_j)}{D_{ij}^2} \tag{6.1}$$

其中，F_{ij} 为两个城市之间的引力，即城市间经济联系强度；M_i、M_j 分别为城市 i 和 j 的质量；D_{ij} 为城市间的距离；$k_{ij}=M_i/(M_i+M_j)$。需要说明的是，等式右边分母 D_{ij}^2 的指数“2”是距离摩擦系数。

修正引力模型在引力模型的基础上，对城市质量、距离参照的指标进行了更符合实际情况的改进。具体地，M_i 不再是单一指标如人口、GDP，而是由多指标的评价系统计算得到的综合取值；D_{ij} 不再是城市的空间直线距离，而是多种交通工具通达时间的加权平均。本书实证也将采取修正引力模型的做法，修正过程将在下文中进行说明。

基于两两城市间的引力值，可以构建网络联系矩阵 C_g。

$$C_g=\begin{bmatrix} F_{11} & F_{12} & \cdots & F_{1n} \\ F_{21} & F_{22} & \cdots & F_{2n} \\ \vdots & \vdots & \ddots & \vdots \\ F_{n1} & F_{n2} & \cdots & F_{nn} \end{bmatrix} \tag{6.2}$$

节点中心度（T_g）。节点中心度是网络中心性描述中被广泛使用的指标，主要衡量节点在网络中的中心性程度。

$$T_g(n_i)=\sum_{j=1}^{n}F_{ij} \tag{6.3}$$

凝聚子群是网络间具有相对较强、直接、紧密、经常和积极关系的行动者的集合。从不同的角度，凝聚子群有着多种分析方法，其中，块模型分析是一种关注于子群内外关系的分析方法。相似性强、联系紧密的点构成一个块，同一块的行动者在网络中的地位大体相当，块模型分析可以将行动者的关系反映在以块为单位的位置关系中，从而实现简化复杂网络的目的。

可以根据网络密度公式计算各块的网络密度指数E_g，将大于平均网络密度的指数记为1，小于等于平均网络密度的指数记为0，从而形成块模型的 m×m 像矩阵 C_g'，反映块与块之间的往来状况。其中，网络密度指数E_g为：

$$E_g = \sum_{i=1}^{l}\sum_{j=1}^{l} F_{ij}/l(l-1),\ i \neq j \tag{6.4}$$

其中 l 表示块内的城市数目。城市群的块模型分析能够通过块的识别以及像矩阵分析城市群的布局、集聚效应以及块与块之间的往来、阻隔状况。

6.2.2.2　基于流量经验的经济联系网络分析

相比于修正引力模型，流量经验法需要获取现实的社会经济数据以体现城市间经济往来状况，流量指标记为I_{ij}，因此基于流量经验的网络联系矩阵记为：

$$C_f = \begin{bmatrix} I_{11} & I_{12} & \cdots & I_{1n} \\ I_{21} & I_{22} & \cdots & I_{2n} \\ \vdots & \vdots & \ddots & \vdots \\ I_{n1} & I_{n2} & \cdots & I_{nn} \end{bmatrix} \tag{6.5}$$

相应的，节点中心度T_f为：

$$T_f(n_i) = \sum_{j=1}^{n} I_{ij} \tag{6.6}$$

在块模型分析中，输入联系矩阵C_f，通过 CONCOR 迭代方法聚类和基于网络密度E_f的比较，可得到像矩阵C_g'。其中，网络密度E_f满足：

$$E_f = \sum_{i=1}^{n}\sum_{j=1}^{n} I_{ij}/n(n-1),\ i \neq j \tag{6.7}$$

6.2.2.3　修正引力模型法和流量经验法的比较

基于修正引力模型和流量经验数据进行经济网络分析，主要的差别在于修正引力模型中，城市之间的联系是依据城市自身状况和城市间距离推导得出的，而式（6.1）中的经验系数取值、描述城市状况和城市间联系的指标都可能导致推算结果偏离实际情况。

流量经验的分析往往只代表了城市某一方面的状况。要实现两种方法的对比，一种可行的思路是筛选修正引力模型中的相关指标，使其与可获取的流量经验数据对应，从而对两者进行比较。本书在完整的城市质量评价体系中选择和经济直接相关的部分作为经济往来的数量基础，从而使其与经济流量可比。

从表6.4第2行和第3行的对比可知，在估算 i、j 城市之间总体的经济往来总强度时，修正引力模型和流量经验法的内涵一致，具有可比性；但对两者往来的情况进行分解时，两种方法的结果在含义上存在差别，修正引力模型只能给出两个城市分别对往来强度总量的贡献情况，这种贡献可以是溢出效应也可以是集聚效应，因此无法计算经济往来的具体去向，流量经验法则能够给出流量的方向。因此，在经济联系强度分析时进行了方向分解比较。

表6.4　修正引力模型法与流量经验法进行经济网络分析的比较

	修正引力模型法	流量经验法
联系强度	$F_{ij}=\frac{K_{ij}M_iM_j}{D_{ij}^2}$	I_{ij}
联系总强度	$F_{ij}+F_{ji}=\frac{M_iM_j}{D_{ij}^2}$	$I_{ij}+I_{ji}$
节点中心度	$T_g(n_i)=\sum_{j=1}^{n}(F_{ij}+F_{ji})$	$T_f(n_i)=\sum_{j=1}^{n}(I_{ij}+I_{ji})$
块模型分析像矩阵	像矩阵 C_g'（基于 C_g 和 E_g 计算）	像矩阵 C_f'（基于 C_f 和 E_f 计算）

注：为了具有可比性，节点中心指标都以城市间总的经济联系为基础计算，不同于式（6.3）和式（6.6）。

6.2.3 结果分析

6.2.3.1 经济联系强度分析

为了方便比较，图6.1和图6.2中的联系数量均以最大往来数量为标准进行了标准化。经济联系在［0，0.2）、［0.2，0.4）、［0.4，0.6）、［0.6，0.8）、［0.8，1］之间的城市连线分别用由细到粗的线条表示。修正引力模型计算得到的经济联系网络差异性更为明显，仅有8对城市的经济往来位于［0.2，1］的区间，其主要原因可能是计算得到的长沙市—株洲市联系值较大，使得城市往来的区间分布集中于尾部区域。流量经验法验证了长沙市—株洲市之间紧密的经济联系，但相比之下，在［0.2，0.4）、［0.4，0.6）、［0.6，0.8）、［0.8，1］4个经济联系区间的分布更趋于均匀。进一步地，城市群之间的实际经济流量空间跨度大于修正引力模型结果，武汉市—宜昌市、武汉市—荆门市以及南昌市—萍乡市作为三个省内部的主要经济往来路径，在引力模型中被忽视。总结两种方法的结果，长江中游城市群经济往来的主要脉络较为清晰，武汉、长沙和南昌作为省会城市，形成了一定的经济辐射效果，且武汉与长沙已经建立了密切的经济往来，甚至在长沙—株洲—湘潭—衡阳之间，已具有初步的网络效应。

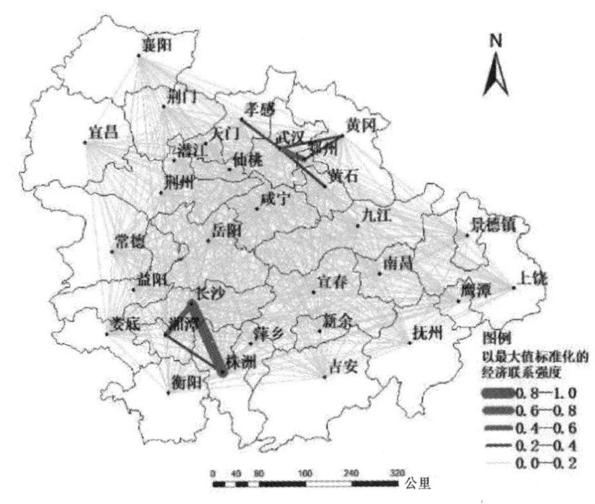

图6.1 修正引力模型的经济联系强度

资料来源：作者自绘。

相比而言，修正引力模型的推算高估了质量接近且距离接近的经济往来路径，而一些质量悬殊较大、相对距离较远的重要节点和经济往来情况受到忽略，这表明修正引力模型中质量和距离的参数仍有改进空间。

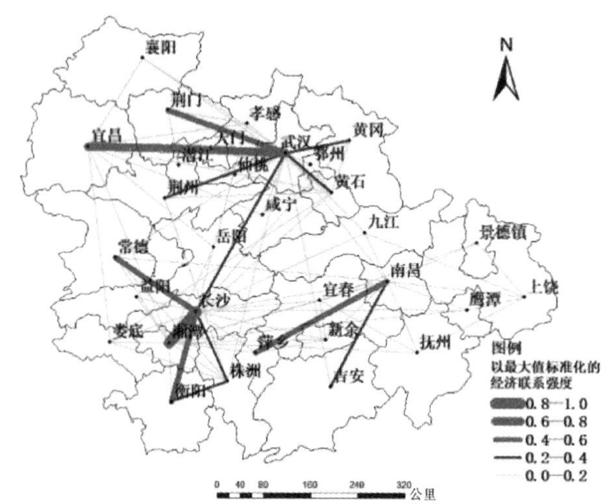

图 6.2 流量经验法的经济联系强度

资料来源：作者自绘。

如前文所述，修正引力模型中分解两个城市之间经济流量得到的单一城市贡献值和该城市流出或流入资金的含义并不相同，表 6.5 通过经济流量较大的前 15 组经济流量反映了由含义不同导致的数量差异。总体而言，实际经济流量的往来可能是不均匀的，部分城市仅接受了其他城市的投资，但向外投资的比例非常低，这可能表明城市群的发展在时间或空间结构上存在着非均衡性。

表 6.5 主要城市经济联系的贡献程度或资金流去向

序号	往来城市	城市质量引力值	前一城市引力贡献比例（%）	后一城市引力贡献比例（%）	经济流量	前一城市异地投资占比（%）	后一城市异地投资占比（%）
1	长沙市—湘潭市	25.97	80.11	19.89	75.03	91.59	8.41
2	武汉市—宜昌市	1.62	79.23	20.77	59.98	97.06	2.94
3	南昌市—萍乡市	0.47	76.91	23.09	42.84	98.49	1.51
4	武汉市—荆门市	1.28	88.99	11.01	41.26	60.68	39.32
5	长沙市—常德市	2.30	80.21	19.79	32.70	98.91	1.09
6	长沙市—衡阳市	2.96	79.21	20.79	32.12	100.00	0.00
7	武汉市—黄冈市	12.88	91.62	8.38	26.13	99.85	0.15

续表

序号	往来城市	城市质量引力值	前一城市引力贡献比例（%）	后一城市引力贡献比例（%）	经济流量	前一城市异地投资占比（%）	后一城市异地投资占比（%）
8	武汉市—荆州市	1. 56	89. 81	10. 19	25. 75	98. 91	1. 09
9	长沙市—武汉市	2. 90	58. 73	41. 27	25. 18	57. 95	42. 05
10	南昌市—吉安市	0. 87	72. 43	27. 57	20. 16	100. 00	0. 00
11	长沙市—株洲市	47. 80	77. 24	22. 76	16. 24	98. 69	1. 31
12	株洲市—衡阳市	1. 13	52. 89	47. 11	16. 03	100. 00	0. 00
13	武汉市—黄石市	12. 19	88. 32	11. 68	15. 25	42. 86	57. 14
14	南昌市—鹰潭市	1. 14	74. 11	25. 89	14. 92	100. 00	0. 00
15	武汉市—咸宁市	7. 14	99. 20	0. 80	14. 84	100. 00	0. 00

6. 2. 3. 2　节点中心度对比分析

图 6. 3 和图 6. 4 给出了依据式（6. 2）、式（6. 5）计算得到的节点中心度，体现了各市在经济网络中的影响力水平。两种方法分别以节点中心度最大值进行了标准化，并依据标准化结果将节点中心度划分为［0，0. 2）、［0. 2，0. 4）、［0. 4，0. 6）、［0. 6，0. 8）、［0. 8，1］5 个水平。

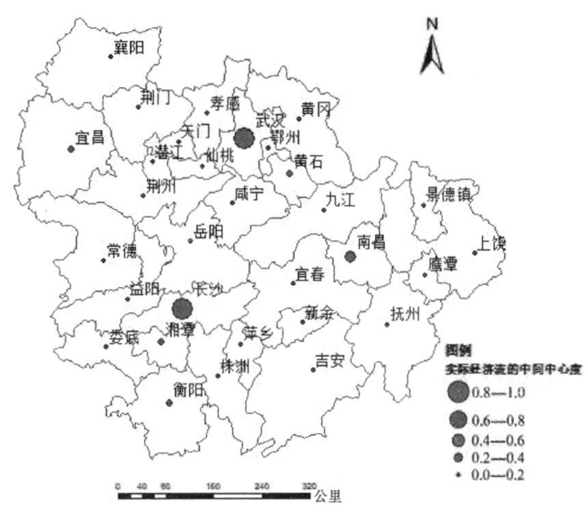

图 6. 3　基于修正引力模型的节点中心度

资料来源：作者自绘。

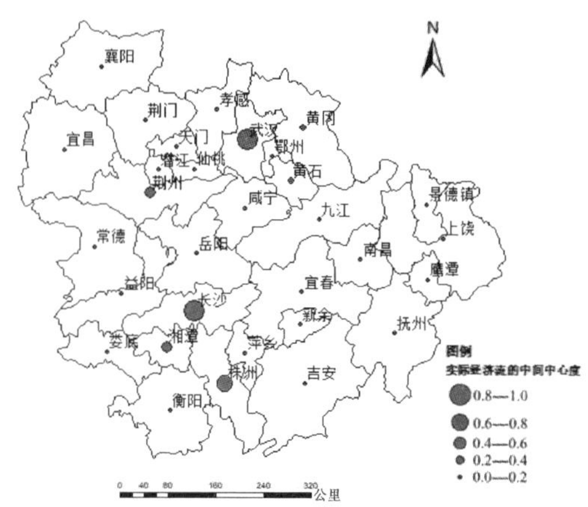

图 6.4　基于流量经验的节点中心度

资料来源：作者自绘。

对比两图可以发现，武汉市、长沙市在城市群经济网络中的影响力最大。同时，南昌市、株洲市、湘潭市和荆州市在城市群中也有较大的影响力，这一层次的城市多临近于武汉市和长沙市，受到了大城市溢出效应的影响。此外，宜昌市、黄石市和黄冈市处于两种方法的［0.2，0.4）区间，具有一定的经济影响力，且居于城市群的外围，是城市群多极化发展的重要节点。

6.2.3.3　凝聚子群的块模型分析

如前文分析所述，凝聚子群的块模型分析能够识别网络中形成的块，并对块与块间的往来状况进行描述。对于修正引力模型和流量经验数据形成的城市经济往来矩阵，使用 CORNOR 方法计算的结果将城市分别划分为 6 个和 7 个块，各块的分布如图 6.5、图 6.6 所示。

对比可见，基于修正引力模型（图 6.5）和流量经验模型（图 6.6）的块模型分析结果有显著的差异。图 6.5 将长江中游城市群划分为 6 个子群，其分布基本上未打破三个省的位置格局，而图 6.6 形成的块格局则较为零散（7 个子群），三个省省会及其密切往来城市均被划入了不同于本省多数城市的块。

在进行凝聚子群的块模型分析时，基于修正引力模型的结果空间整合效果较好，但对实际情况的描述准确性不够；基于经验流量方法的分析更接近现实状况，形成的块更零散，体现了城市往来跨越自然距离的状况。因此，将两种方法进行结合具有一定的现实意义。

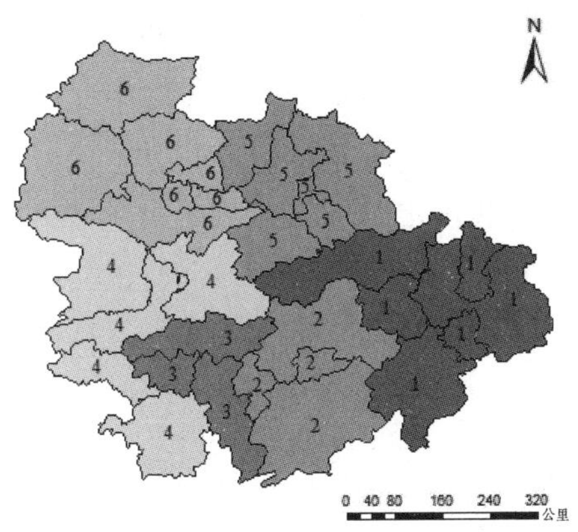

图 6.5　基于修正引力模型的块模型分析

资料来源：作者自绘。

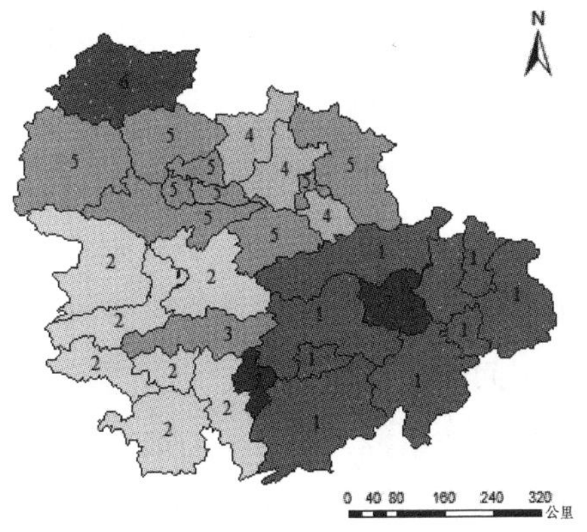

图 6.6　基于流量经验的块模型分析

资料来源：作者自绘。

6.2.4　结论与建议

基于修正引力模型和流量经验法，经济联系强度最大的城市组分别为长沙市—株洲市和长沙市—湘潭市，分别有 8 对和 13 对城市的经济往来达到了最大值的 20% 以上。两种方法下节点中心度最大城市分别为武汉市和长沙市，其他在修正引力模型中较活跃的城市为南昌市、株洲市和湘潭市，在流量经验法中较活跃的城市为湘潭市和南昌市。

长江中游城市群是以三个省省会为中心形成的多极形态，其城市的经济发展和联系网络对其省会依赖明显，但三个省交界地区经济活动仍处于相对偏低水平；三个省会之间，武汉市和长沙市已经形成了密切的经济往来，但南昌市与武汉市和长沙市的经济往来还相对偏少；城市群影响力较大的经济往来路径中，长沙市与邻近城市（湘潭市、株洲市）已形成了显著的网络效应，而武汉市和南昌市与周边城市主要处于中心—扩散的经济往来状况。

在凝聚子群的块模型分析中，修正引力模型方法下的各分块内部交流较多，而块与块之间的交流较少。资金流向数据表明，各省会城市具有了对周边地区投资的扩散效应，城市群发展已不再处于“极化”的初级阶段，通过产业升级和协同发展促使一些城市节点在城市群网络中发挥更大的作用，应是当前城市群发展的重要目标。三个省会周围经济活动较为活跃，而城市群中部经济活动较不活跃。

基于修正引力模型和流量经验的经济联系网络分析结果存在显著的差异。目前常用的修正引力模型在经济联系的估算中可能高估了距离因素对不同城市经济往来的阻碍作用，同时用两城市的“质量”状况相乘的算法也可能夸大同为大型城市间的相互作用，对此，可以通过计量方法对比和检验研究区域修正引力模型的系数，推算更符合当地实际情况的修正引力模型。当然，囿于数据可得性的差异，流量经验数据往往不能全面概括城市间的资源流动状况，因此进行更符合实际情况的分析，需要继续挖掘和利用相关社会经济数据。

结合城市群发展阶段和丰富的社会经济数据，完善城市群网络分析体系。本书遵循了“点—线—面/网络”的分析思路，在此基础上，进行多种数据量化方法的比较分析。事实上，针对城市群网络中不同特性的描述指标还有较多选择，将这些指标的实际利用效果进行对比，能够完善城市群网络实证分析的体系。同时，城市群处于极化、发散和网络化发展等不同的发展阶段，可能导致指标的适用性发生变化，因此也需要更多的理论和实证分析进行完善。

6.3　产业发展潜力的区域差异与土地供给调整——以战略性新兴产业为例

在区域协同发展中常常出现地方政府恶性竞争的现象，其原因在于各地对于产业升级的共同追求，但这种追求有时会忽略自身资源的限制和产业发展的异质性，一个重要的竞争手段就是低地价或者零地价的土地供给，通常造成的结果就是土地的低效利用和浪费，因此如何认识产业发展的潜力，并据此在区域内形成合理的分工，是未来土地供给政策需要深入研究的重要问题。

随着《中国制造 2025》的不断落实，各地的一个重要的产业发展方向就是战略性新兴产业，本书以此为例，试图探索战略性新兴产业潜力的特点。

6.3.1　战略性新兴产业的演化历程

6.3.1.1　企业主体形成和聚集

在整个区域经济发展的过程中，当区域内有若干个具有龙头带动作用的新兴产业出现时，产业集群的凝聚源——基核就形成了，这标志着产业集群开始进入萌芽时期。在萌芽时期，产业集群内的成员仅仅是由单一的主体——企业构成，是一种由创新企业进行带头，而其他企业围绕着创新企业提供一些配套设施和服务的自发性企业群落。此时，集群内没有政府、科研单位、高等院校和专业的中介机构等，整个集群的网络还只是一条较为简单的产业链，没有形成与之相对应的知识链和价值链。处于萌芽阶段的新兴产业集群，其内部结构主要有三个比较明显的特征：第一，集群内部结构较为单一；第二，企业之间的合作关系，尤其是创新合作，表现得还不明显；第三，出现了一个或一个以上的具有明显创新行为的企业。产业集群的外显功能也表现出三个显著的特点：第一，集群内龙头企业的创新辐射功能能够促使其他相关联的企业呈现集聚式发展；第二，模仿创新的出现，企业以模仿创新为主的活动逐渐频繁；第三，各企业间的竞争由降低成本转向增强创新力的竞争。

6.3.1.2 产业集聚

伴随着产业集群发展的进程，产业集群内部的创新活动日益频繁，相关联的企业不断衍生，大量企业开始涌入集群，其他组织如政府、专业中介、科研单位及高等院校加入产业集群的创新体系之中，并开始形成集群专属的创新文化，创新网络不再仅仅依靠产业链，更为重要的是依靠价值链和知识链。这时，产业集群就进入了成长期。处于成长期的产业集群内部结构具有三个显著的特征：第一，产业集群内相关联企业之间的合作创新行为不断涌现；第二，除了企业之外的其他主体参与到创新活动中来，产业创新网络雏形形成；第三，以创新为主题的产业集群文化体系初步形成。产业集群的外显功能也有三个明显的特点：第一，产业集群开始逐步促进所在区域经济的发展；第二，产业集群将企业成本大大降低，吸引越来越多企业加入；第三，产业集群有利于集群内部知识和技术的扩散及转移。

6.3.1.3 创新产业集群

当产业集群规模达到最大、集群主体向多元化发展、创新网络逐步完善、产业链形成、各种创新文化和制度文化日趋成熟、集群的发展速度减缓但更加稳定时，产业集群就进入了成熟期。处于成熟期的产业集群就是创新集群，其内部结构具有三个显著的特征：第一，创新集群内部自发形成了比较完善的创新网络；第二，创新集群内的主体多元化；第三，创新集群拥有了成熟的产业集群文化。同时，创新集群的外显功能也表现出了三个显著的特点：第一，创新集群的规模不断扩大，集聚经济开始产生；第二，创新集群开始推动产业结构的调整和升级；第三，创新集群促进了区域经济的发展，为区域及国家创新奠定了基础。

6.3.1.4 产业转移与升级

随着新兴产业集群的完善和成熟，集群发展的动力逐渐减退，而阻力却迅速上升，集群的发展开始失去活力，原有的竞争优势也不再明显，内部的网络体系逐渐分散，此时，新兴产业集群进入了衰退期。衰退期的集群内部具有三个显著的特征：第一，新兴产业集群内部的核心产业竞争优势地位丧失；第二，创新网络骨架逐渐松散；第三，产业集群文化固有的根植性限制了集群的开放。同时，创新集群的外显功能也表现出了两个显著的特点：第一，新兴产业由集群内部发展产生的拥挤效应会减弱整个集群的竞争力；第二，集群整体同时也会导致区域经济的衰退。当然，如果打破了现有的内部结构和既定的行为准则，增加开放性和包容性，再加以政府的政策支持和引导，集群也会实现自身的创新，向着更高层次的创新集群发展。

6.3.2　战略性新兴产业发展的影响条件分析

6.3.2.1　金融支持

关于金融支持战略性新兴产业发展问题现有研究成果主要体现在两个方面：一是金融支持战略性新兴产业发展的机理及影响因素；二是金融支持战略性新兴产业效率的研究。我国的战略性新兴产业正处于形成时期，存在投资大、成本高、风险大等特点，因此得到资金方面的支持显得尤为重要。李东卫（2011）、马军伟（2013）、潘娟（2013）等指出，战略性新兴产业具有高投入、高风险的特性，在战略性新兴产业培育形成和发展过程中，金融部门的大力支持有不可或缺的作用。兰茹佳和朱英明（2013）分析认为，良好的金融体系发挥的金融功能是战略性新兴产业发展的重要保障。现代金融业的发展在战略性新兴产业发展过程中有着举足轻重的作用。汤萱（2020）、刘国巍（2021）研究发现金融发展能显著促进战略性新兴企业技术效率的提高，金融支持能提高产业绩效，有利于产生产业集聚效应。任征宇（2021）认为金融支持的内在机理包括三个方面：金融规模支持、金融结构支持和金融效率支持。

战略性新兴产业与传统产业相比，具有高风险与高收益的双重特点，因此其融资方式也有所区别。一是融资量大，从产业形成到一定规模都需要投入大量资金，随着产业发展阶段的递进，投入的资金量也是逐渐增加的。二是融资风险较高。战略性新兴产业都是从少数几个企业的创新技术开始的，而后期创新技术能否持续成功且可以提供成熟的产品具有很大的不确定性，因此在创新技术形成阶段需要的资金投入都是净投入，而后期需要持续的资金投入才能形成产品并最终产生效益。但是，这个过程是带有不确定性的，风险越大，后期的收益也是越可观的。战略性新兴产业在不同的生命周期内，需要的资金也是不同的。随着产业生命周期的推进，风险程度在降低，但是资金需求也在增长，当然后期的收益也是在增加的。鉴于战略性新兴产业的特点，一般性商业银行出于规避风险的考虑而不会投资战略性新兴行业，但是风险资本却可以解决信息不对称带来的逆向选择和道德风险问题而愿意投资新兴行业，通过分散性投资和股权投资获得巨额增值收益，形成良性循环。构建良好的金融支持体系将成为决定战略性新兴产业发展与繁荣程度的重要因素。

6.3.2.2 市场需求

战略性新兴产业是适应市场需求变化应运而生的新兴产业，市场需求对战略性新兴产业的形成和发展方向有直接的影响。在产业发展初期，市场形势必然是复杂多变且带有很大的不确定性成分，竞争对手多，竞争压力也非常大。战略性新兴产业是市场竞争的结果。万钢（2010）、张亚峰（2013）、熊勇清（2015）等提出，战略性新兴产业的培育和发展受到市场前景、资源禀赋、产业布局等要素的影响。战略性新兴产业契合的市场方向就是实现技术与需求二者的结合，它的出现是企业自主决策主动适应市场需求的结果。当然，任何一个产业的选择都不是盲目的，都必须认识到能否有广阔的市场需求前景，否则就可能会带来市场风险。陈文晖（2020）提出刺激市场需求可以通过需求侧政策改革进行。需求侧政策通过推动潜在需求转化为实际需求，或者直接创造需求的形式，提升战略性新兴产业产品或者服务销量。孙治宇（2019）强调产品与服务能否得到市场的承认，实现个性产品向社会产品的惊险跳跃，是决定战略性新兴产业企业其他活动能否持续开展的重要前提。

6.3.2.3 产业发展

当前我国战略性新兴产业处于萌芽发展阶段，正在随着外部环境的变化而不断调整，不断适应未来经济、科技和资源环境的变化更替。由于战略性新兴产业是一个基于传统产业而不断创新发展的新产业类型，区域的产业发展基础对于战略性新兴产业发展的影响至关重要。肖兴志和牛立超（2011）指出发展战略性新兴产业，要兼顾三大产业和经济社会的协调发展，要统筹产业布局。孙文清（2011）以河南省为例，对七大新兴产业发展的优劣次序进行了排序。刘明远（2012）指出战略性新兴产业有自身的生命周期，其成长过程一般分为形成、发展、成熟、衰退四个阶段，目前战略性新兴产业处于形成期，产业技术尚不成熟，需要在不断试验纠错中渐变突破前行，于是产业也沿着自身的发展路径不断前行。一些学者从产业链集群角度分析战略性新兴产业的发展规律，谯薇（2011）认为发展战略性新兴产业要遵循产业发展的产业链聚集规律，应集中力量抓好具有产业化前景和关联度强的重点项目，以龙头企业为核心，发展壮大产业集群。李太平（2021）发现，战略性新兴产业集聚对长江经济带经济增长有积极影响，且产业结构升级发挥了部分中介效应。付永萍（2019）、王晓晨（2021）构建了包括产业聚集程度在内的指标体系，分析了影响我国战略性新兴产业行业差异及其决定性因素。

6.3.2.4 科技创新

科技创新是战略性新兴产业发展的根本动力和内在动因。从产业发展史看，科技在产业革命中发挥着核心推动力的作用。科学技术的每次重大突破或者创新总能推动一批新兴产业的兴起和发展。这是因为，一方面科技成果转化可以给企业带来效益；另一方面在经济效益推动下的企业也有动力进行科技创新，形成良性循环，推动战略性新兴产业的发展。在谈到科技创新对战略性新兴产业的影响时，罗新阳（2012）、贺正楚（2013）指出，战略性新兴产业的发展离不开技术人才的支撑，科技是战略性新兴产业发展的核心影响因素。张越（2021）认为创新是战略性新兴产业发展的根本动力，开发性创新和探索性创新的协同发展是战略性新兴产业双元创新能力建设的核心，也是直接影响产业长期可持续发展的关键问题。肖洪钧、李苗苗、于丽丽（2013）发现，当企业与供应商、客户关系不同时，技术创新能力对战略性新兴产业的影响存在显著的差异。薛昱

(2020)、邵云飞（2020）从创新的多个方面构建了区域战略性新兴产业创新能力评价体系，指出我国战略性新兴产业整体创新能力较弱，区域发展不平衡问题依然存在，多数地区存在创新短板，产生“木桶效应”。

6. 3. 2. 5 **政府政策**

国家针对战略性新兴产业的制度创新和政策支持是影响其发展的外在条件。尤其是在战略性新兴产业形成之初，国家的政策支持发挥着非常重要的导向作用。陈盛祥（2012）分析指出当前战略性新兴产业重复建设、核心竞争力不强等问题的根本原因在于投融资体制、管理体制、科技创新体制等不健全，建议采取完善地方政府绩效评价体系、完善科技创新等方面的措施。袭著燕等（2012）、戚勇（2020）通过实证分析指出发展战略性新兴产业必须考虑国家产业政策导向因素。胡慧芳（2021）验证了以政府补贴和税收优惠为代表的产业政策在提升企业技术创新积极性方面的实际效果，认为政府补贴的政策实效比税收优惠更显著，政策工具对企业创新投入积极性的促进作用更为明显。王昶（2021）以新材料政策为例，指出地方政府应因地制宜地发展战略性新兴产业并不断增强本地能力建设。

战略性新兴产业是世界各国抢占未来经济科技发展制高点的重大举措，也是引领未来经济社会发展的重要力量。我国大力发展战略性新兴产业不仅可以摆脱“中等收入国家陷阱”的阴影，也可以转变经济发展方式和实现产业结构优化升级，从而在国际分工中获得新的比较优势。目前我国的战略性新兴产业已经形成一定经济规模和产业集聚效应，但是要领先传统产业而成为主导或者先导性支柱产业，还面临很多制约因素，尤其是需要政府政策的大力扶持，积极落实各项优惠政策，创造良好的政策支持环境。同时，需要注意政策的灵活性，在产业发展不同阶段给予不同的政策倾斜支持。比如，在战略性新兴产业形成的高投入和高风险时期，应重点给予有力的财税、金融政策优惠，同时完善市场准入制和行业标准及简化审批手续等；在发展相对稳定的成长期，需要保持政策的稳定性和连续性，以推动战略性新兴产业走向成熟；在衰退期，政府应完善相应的退出机制以更加多样化的产品满足市场需求而尽量减少原有企业的损失。

6.3.3 基于影响条件下我国各省市战略性新兴产业的发展潜力分析

在前文影响条件分析的基础上，构建了战略性新兴产业发展潜力评价指标体系，采用加权主成分 TOPSIS、聚类分析以及 Kernel 密度估计等方法对战略性新兴产业的发展潜力进行评价。

6.3.3.1 指标体系构建

战略性新兴产业自2009年起开始实施，其统计制度的建立尚不完善，无法获得精确的战略性新兴产业数据，由于战略性新兴产业是高新技术产业的升级，本书参考已有学者研究的做法，采用高新技术产业的相关数据替代战略性新兴产业数据。基于对战略性新兴产业区位选址、迁移规律及其发展的影响因素的分析，构建了战略性新兴产业发展水平评价指标体系，如表6.6所示：

表6.6　　战略性新兴产业发展水平评价指标体系

目标层	准则层	指标层	单位
战略性新兴产业发展水平（A）	产业基础水平（B1）	企业数（C1）	个
		新产品出口收入（C2）	万元
		建成投产项目数（C3）	个
	科技创新水平（B2）	专利申请数（C4）	件
		专利授权数（C5）	件
		新产品开发项目数（C6）	项
	要素支撑水平（B3）	R&D 人员数折合全时当量（C7）	人/年
		从业人员平均人数（C8）	人
		R&D 机构数（C9）	个
	资本支持水平（B4）	R&D 经费内部支出（C10）	万元
		新产品开发经费支出（C11）	万元
		机构经费支出（C12）	万元
	经济效益水平（B5）	新产品销售收入（C13）	万元
		利润总额（C14）	亿元
		主营业务收入（C15）	亿元

6.3.3.2 数据来源

本书以2015—2019年我国31个省份的高技术产业数据为样本评价我国战略性新兴产业发展水平，以东部地区、中部地区和西部地区为区域层面分析我国战略性新兴产业发展水平分布动态特征。具体来说，东部地区包括北京、天津、河北、辽宁、上海、江苏、浙江、福建、山东、广东、海南11个省份；中部地区包括山西、吉林、黑龙江、安徽、江西、河南、湖北、湖南8个省份；西部地区包括广西、重庆、四川、贵州、内蒙古、云南、西藏、陕西、甘肃、青海、宁夏和新疆12个省份。数据主要来源于2016—2020年的《中国统计年鉴》、2016—2020年的《中国高技术产业统计年鉴》以及《中国科技统计年鉴》。利用Eviews 9.0、SPSS 25等软件分析我国31个省份战略性新兴产业发展水平及其时序特征。

6.3.3.3 研究方法的选择

（1）加权主成分TOPSIS。本书首先运用SPSS中主成分分析方法分别对2015—2019年我国31个省份战略性新兴产业基础水平、科技创新水平、要素支撑水平、资本支撑水平和经济效益水平进行主成分分析，随后运用加权主成分TOPSIS价值函数模型对我国31个省份的战略性新兴产业发展水平进行综合评价及排序。

运用聚类分析方法将我国31个省份的战略性新兴产业发展潜力水平指数归类为五种类型：①战略性新兴产业发展潜力水平指数小于0.016的为Ⅰ型——潜力差区；②战略性新兴产业发展潜力水平指数位于0.016—0.06之间的为Ⅱ型——潜力弱区；③战略性新兴产业发展潜力水平指数位于0.06—0.11之间的为Ⅲ型——潜力中等区；④战略性新兴产业发展潜力水平指数位于0.11—0.5之间的为Ⅳ型——潜力较强区；⑤战略性新兴产业发展潜力水平指数在0.5以上的为Ⅴ型——潜力强区。

其中，主成分分析是一种处理高维数据的统计分析方法，即用数目较少的互不相关的综合变量反映初始变量提供的绝大部分信息。主成分分析的表达形式如下所示：

$$\begin{cases} Y_1 = a_{11}X_1 + a_{21}X_2 + \cdots + a_{p1}X_p \\ Y_2 = a_{12}X_1 + a_{22}X_2 + \cdots + a_{p2}X_p \\ \quad \cdots \\ Y_p = a_{1p}X_1 + a_{2p}X_2 + \cdots + a_{pp}X_p \end{cases} \tag{6.8}$$

式中，向量 X_1，X_2，…，X_p 为初始变量标准化值，综合指标向量 Y_1，Y_2，…，Y_p 为主成分。a_{pp} 为相关系数，若 a_{pp} 越大，则相应的主成分反映综合信息的能力越强。

TOPSIS 法又称逼近理想解排序法，用于对多个具有可度量属性的被评价指标进行排序，其基本思想是：最优的方案应与正理想方案的距离最小，与负理想方案的差距最大。加权主成分 TOPSIS 法步骤如下：

a. 用向量规范化的方法求得规范决策矩阵 $Z = \{z_{ij}\}$

b. 赋予向量矩阵权重 $w = (w_1, w_2, \cdots, w_n)^T$，则构成加权规范矩阵 $X = \{x_{ij}\}$。其中，$x_{ij} = w_{ij} \cdot z_{ij}$，$i = 1, 2, \cdots, m$，$j = 1, 2, \cdots, n$

c. 计算正理想解 x^+ 与负理想解 x^-，则 $x_i^+ = \max(x_{ij})$，$x_i^- = \min(x_{ij})$

d. 求取各方案到正理想解和负理想解的距离 S_i^+ 和 S_i^-，再计算各方案到正理想解的相对接近度 S_i（综合评价指数）。$S_i \in [0,1]$，S_i 值越趋近于1，则该方案越趋近最优水平；反之，S_i 值越趋近于0，则该方案越趋近最劣水平。

$$S_i^+ = \sqrt{\sum_{j=1}^{n} (x_{ij} - x_i^+)^2} \tag{6.9}$$

$$S_i^- = \sqrt{\sum_{j=1}^{n} (x_{ij} - x_i^-)^2} \tag{6.10}$$

$$S_i = \frac{S_i^-}{S_i^+ + S_i^-} \tag{6.11}$$

e. 根据准则层的 m 个方面，测得综合评价水平指数 T。

$$T = \sum_{i=1}^{m} S_i \tag{6.12}$$

（2）Kernel 密度估计。Kernel 密度估计是概率论中用来估计随机变量的概率密度，由 Rosenblatt（1955）和 Emanuel Parzen（1962）提出的一种非参数估计方式。其基本原理：对于数据为 $x_1,\cdots,x_n$ ，在任意一点 x 处的 Kernel 密度估计为：

$$f(\hat{x}) = \frac{1}{nh}\sum_{i=1}^{n} K\left(\frac{x - x_i}{h}\right) \tag{6.13}$$

其中，$K(\cdot)$ 为加权核函数，满足对称性和 $\int K(x)dx = 1$ ，n 为观测值数目，h 称为带宽。

采用 Eviews 9.0 中的 Epanechnikov 核函数对我国战略性新兴产业发展水平趋势进行 Kernel 密度估计。其基本思想为：①通过核密度曲线整体分布位置变化判断战略性新兴产业发展水平的高低；②通过核密度曲线总体分布的形态特征说明曲线分布差距的大小与极化现象，其中用曲线分布的波峰高度和宽度体现差距的大小，用波峰数量说明分布的极化现象；③通过核密度曲线分布的延展性（左拖尾和右拖尾），可以说明曲线分布差距的大小。具体来说，若曲线分布整体向左（右）平移，意味着战略性新兴产业发展水平下降（上升）；若曲线波峰高度分布呈现平坦（陡峭）趋势，则意味着战略性新兴产业发展水平的差距在扩大（缩小）；波峰数量增多（减少），说明战略性新兴产业发展水平呈现两极或多极化趋势；拖尾越来越长（短），说明战略性新兴产业发展水平差距呈现显著扩大（缩小）趋势。

6.3.3.4 战略性新兴产业发展水平评价

（1）战略性新兴产业发展水平时空分异格局。本书在加权主成分 TOPSIS 价值分析的基础上，运用两步聚类分析法将战略性新兴产业发展潜力划分为五个类型：潜力强区、潜力较强区、潜力中等区、潜力弱区、潜力差区。按照潜力等级可划分出 2015—2019 年我国 31 个省份战略性新兴产业发展潜力平均水平（y）等级，如表 6.7 所示。

表 6.7　我国 31 个省份战略性新兴产业发展水平比较及类型

省份	2015 年（y）	2016 年（y）	2017 年（y）	2018 年（y）	2019 年（y）	平均（y）	排名	潜力类型
广东	0.851	0.901	0.897	0.898	0.902	0.8898	1	潜力强区
江苏	0.597	0.569	0.505	0.478	0.457	0.5212	2	潜力强区
浙江	0.277	0.259	0.234	0.240	0.242	0.2504	3	潜力较强区

续表

省份	2015 年（y）	2016 年（y）	2017 年（y）	2018 年（y）	2019 年（y）	平均（y）	排名	潜力类型
山东	0. 260	0. 250	0. 220	0. 181	0. 142	0. 2106	4	潜力较强区
河南	0. 166	0. 151	0. 146	0. 146	0. 110	0. 1438	5	潜力较强区
安徽	0. 127	0. 127	0. 125	0. 119	0. 114	0. 1224	6	潜力较强区
上海	0. 141	0. 125	0. 113	0. 099	0. 100	0. 1156	7	潜力较强区
四川	0. 111	0. 114	0. 110	0. 114	0. 108	0. 1114	8	潜力较强区
福建	0. 104	0. 107	0. 108	0. 110	0. 111	0. 1080	9	潜力中等区
北京	0. 131	0. 110	0. 100	0. 092	0. 097	0. 1060	10	潜力中等区
湖南	0. 114	0. 106	0. 105	0. 100	0. 100	0. 1050	11	潜力中等区
湖北	0. 101	0. 099	0. 092	0. 093	0. 097	0. 0964	12	潜力中等区
江西	0. 083	0. 086	0. 088	0. 094	0. 101	0. 0904	13	潜力中等区
重庆	0. 080	0. 075	0. 080	0. 070	0. 070	0. 0750	14	潜力中等区
天津	0. 098	0. 077	0. 061	0. 051	0. 043	0. 0660	15	潜力中等区
陕西	0. 063	0. 064	0. 060	0. 055	0. 057	0. 0598	16	潜力弱区
广西	0. 055	0. 058	0. 056	0. 045	0. 047	0. 0522	17	潜力弱区
河北	0. 058	0. 055	0. 050	0. 045	0. 047	0. 0510	18	潜力弱区
辽宁	0. 060	0. 039	0. 040	0. 047	0. 039	0. 0450	19	潜力弱区
吉林	0. 050	0. 051	0. 040	0. 040	0. 038	0. 0438	20	潜力弱区
贵州	0. 024	0. 029	0. 025	0. 025	0. 022	0. 0250	21	潜力弱区
黑龙江	0. 027	0. 022	0. 019	0. 015	0. 015	0. 0196	22	潜力弱区
山西	0. 018	0. 019	0. 017	0. 019	0. 018	0. 0182	23	潜力弱区
云南	0. 014	0. 014	0. 016	0. 017	0. 018	0. 0158	24	潜力差区
内蒙古	0. 015	0. 013	0. 011	0. 013	0. 011	0. 0126	25	潜力差区
甘肃	0. 015	0. 012	0. 008	0. 014	0. 011	0. 0120	26	潜力差区
海南	0. 007	0. 006	0. 005	0. 006	0. 005	0. 0058	27	潜力差区
宁夏	0. 004	0. 004	0. 004	0. 004	0. 004	0. 0040	28	潜力差区
新疆	0. 004	0. 003	0. 004	0. 004	0. 003	0. 0036	29	潜力差区
青海	0. 002	0. 003	0. 004	0. 002	0. 002	0. 0026	30	潜力差区
西藏	0	0	0	0	0	0. 0000	31	潜力差区

资料来源：作者计算所得。

可以看出：①接近 1/2 的省份具备中等及其以上战略性新兴产业发展潜力，且主要集中在东部地区及部分中部地区，而西部地区除了四川、陕西、重庆、广西、贵州之外的多数省份处于潜力差区。②潜力强区与潜力较强区多分布于战略性新兴产业基础水平较高、科技创新能力较强、要素支撑和资本支持条件雄厚的经济发达省份。广东省和江苏省属于潜力强区，由于两地的高技术产业整体水平较高，因此战略性新兴产业潜力增长较快，潜力排名处于前两位。潜力较强区的省份包括浙江、山东、河南、安徽、上海和四川，其中浙江省排位最高，发展潜力巨大。③潜力中等区包含的省份依次为福建、北京、湖南、湖北、江西、重庆和天津7个省份。从时序上看，福建省和江西省呈现较为稳定的潜力增长趋势，后发优势明显。④潜力弱区的省份中陕西、广西、河北、辽宁和吉林具有相对较高的发展潜力水平。⑤潜力差区的省份中除了东部的海南外，主要集中在西部省份中，从增长趋势来看，云南省虽然潜力水平评价较低，但整体趋势仍呈现不断上升的态势，具有一定的后发潜力。

（2）战略性新兴产业发展潜力水平的 Kernel 密度估计。运用 Kernel 密度估计方法研究我国 31 个省份战略性新兴产业发展潜力水平动态分布特征，可以刻画区域战略性新兴产业发展潜力水平分布的整体形态，通过时间差异的比较分析战略性新兴产业发展潜力水平的动态特征。

①全国 31 个省份战略性新兴产业发展潜力水平的 Kernel 密度估计。2015—2019 年我国 31 个省份战略性新兴产业发展潜力水平 Kernel 密度值如图 6.7 所示。

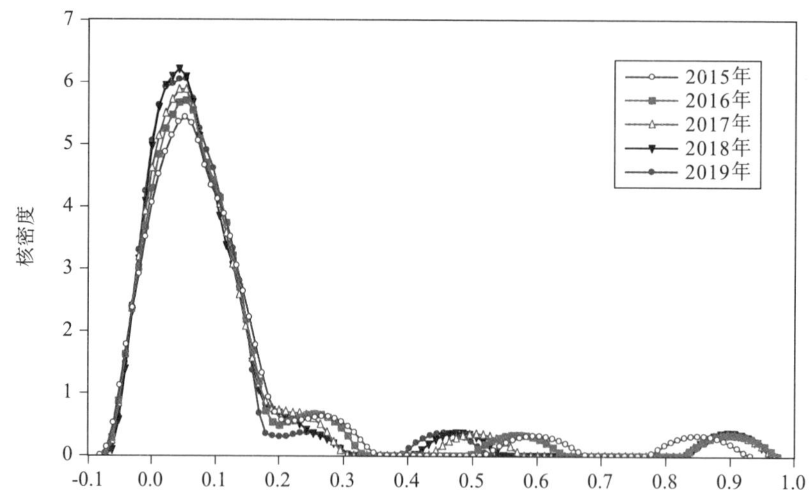

图 6.7　2015—2019 年我国 31 个省份的战略性新兴产业发展潜力水平核密度曲线

资料来源：作者自绘。

从图 6.7 可以看出：a. 全国 31 个省份的战略性新兴产业发展潜力水平分布呈现整体向右移动的趋势，说明各省份的战略性新兴产业发展潜力水平在逐步增强。b. Kernel 密度曲线分布的波峰高度向扁平趋势发展，波峰宽度的分布趋势也逐步变宽，说明各省份战略性新兴产业发展潜力水平差距呈现扩大态势。c. 分布曲线的右拖尾越来越长，说明我国各省份战略性新兴产业发展潜力水平差距不断扩大，也意味着部分省份（如广东、江苏等）战略性新兴产业发展潜力提升速度较快，且与另一部分省份（如青海、西藏等）的差距进一步拉大。d. 分布曲线由一个主峰和一个侧峰组成，说明我国战略性新兴产业发展潜力水平呈现多极分化的不均衡现象。

②东部地区战略性新兴产业发展潜力水平的 Kernel 密度估计。2015—2019 年东部地区战略性新兴产业发展潜力水平的 Kernel 密度值如图 6.8 所示。

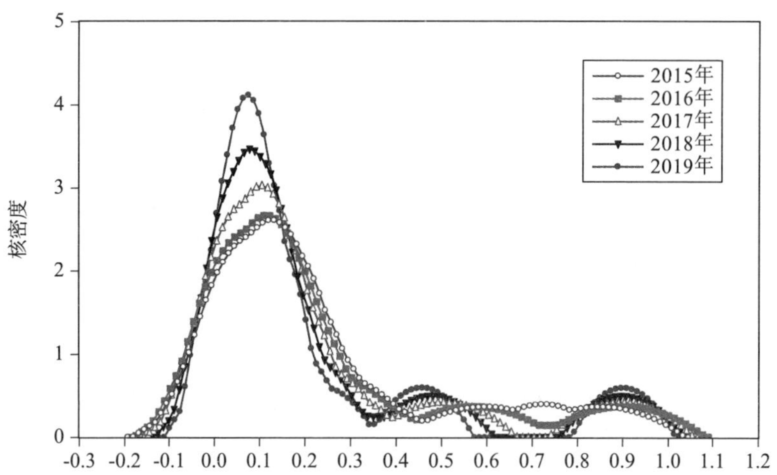

图 6.8　2015—2019 年东部地区的战略性新兴产业发展潜力水平核密度曲线

资料来源：作者自绘。

从图 6.8 可以看出：a. 东部地区战略性新兴产业发展潜力水平分布呈现整体向左移动态势，说明东部各省份的战略性新兴产业发展潜力水平正在缓慢下降。b. Kernel 密度曲线分布的波峰高度向极化趋势发展，波峰宽度的分布趋势也逐步变窄，说明东部各省份战略性新兴产业发展潜力水平差距呈现缩小态势。c. 右拖尾也呈现越来越长的趋势，虽然2015年有所回缩，但区域内部分省份（如广东、江西等）的战略性新兴产业发展潜力发展较快，而另一部分省份（如海南、河北等）的潜力提升较慢，导致省份间的潜力差距依然明显。d. 分布曲线由一个主峰和多个侧峰组成，呈现显著的多极化分布趋势，且随着时间的推移这种不均衡趋势越来越明显。

③中部地区战略性新兴产业发展潜力水平的Kernel密度估计。2015—2019年中部地区战略性新兴产业发展潜力水平的Kernel密度值如图6.9所示。

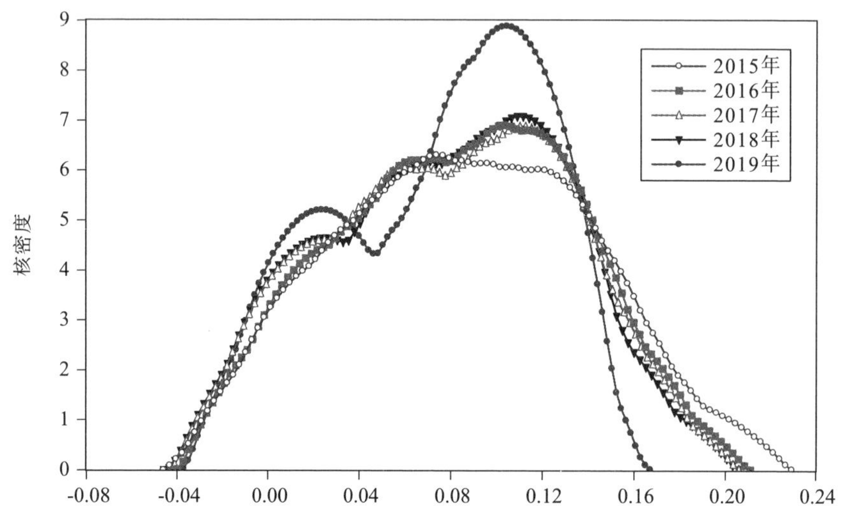

图6.9 2015—2019年中部地区的战略性新兴产业发展潜力水平核密度曲线

资料来源：作者自绘。

从图6.9可以看出：a. 中部地区战略性新兴产业发展潜力水平分布呈现整体向左移动态势，表明中部各省份的战略性新兴产业发展潜力水平正在缓慢下降。b. Kernel密度分布曲线的波峰高度呈现向极化趋势发展，波峰宽度的分布趋势也逐渐变窄，说明中部地区各省份之间的战略性新兴产业发展潜力水平差距在缓慢缩小。c. 右拖尾呈现越来越短的趋势，说明中部地区战略性新兴产业发展潜力水平差距呈现逐渐缩小趋势。这主要是由于中部地区部分省份（除江西外）的战略性新兴产业发展潜力提升较慢甚至出现轻微回落现象，使得中部地区战略性新兴产业发展潜力差距进一步缩小。d. 分布曲线多呈现单个波峰状态，说明中部地区战略性新兴产业发展潜力水平的极化现象并不明显。

④西部地区战略性新兴产业发展潜力水平的 Kernel 密度估计。2015—2019 年西部地区战略性新兴产业发展潜力水平的 Kernel 密度值如图 6. 10 所示。

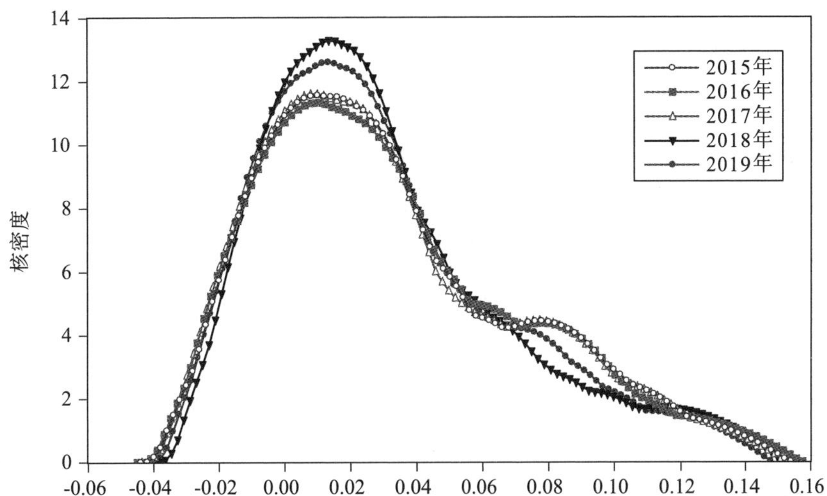

图 6. 10　2009—2013 年西部地区的战略性新兴产业发展潜力水平核密度曲线

资料来源：作者自绘。

从图 6. 10 可以看出：a. 西部地区战略性新兴产业发展潜力水平分布呈现明显的整体向右移动态势，表明西部各省份的战略性新兴产业发展潜力水平正在提升。b. Kernel 密度曲线分布的波峰高度向极化趋势发展，波峰宽度的分布趋势也逐步收窄，说明西部各省份战略性新兴产业发展潜力水平差距呈现缩小态势。c. 右拖尾呈现逐步变短的趋势，主要是由于西部地区各省份的战略性新兴产业发展潜力普遍提升较快，使得西部地区战略性新兴产业发展潜力水平差距有缩小的倾向。d. 分布曲线在样本期内一直呈现单个波峰状态，说明西部地区现代服务业发展潜力水平没有出现两极分化现象。

6.3.3.5 研究结论

从战略性新兴产业发展潜力水平评价结果来看：我国31个省份战略性新兴产业发展潜力整体呈现增长态势。具体来说，潜力强区与潜力较强区多分布于战略性新兴产业基础水平较高、科技创新能力较强、要素支撑和资本支持条件雄厚的经济发达省份；中部地区绝大多数省份的战略性新兴产业发展潜力处于潜力弱区，而西部地区除了陕西、重庆、四川、广西、贵州之外的多数省份处于潜力差区。因此，发展战略性新兴产业应采用不均衡发展战略，在同时具备支撑条件的地区优先重点发展，形成战略性新兴产业的中心，再向外围地区梯度推移。

从战略性新兴产业发展潜力分布动态特征来看：首先，我国31个省份以及东部、中部和西部地区的战略性新兴产业发展水平呈现整体提升的态势；其次，战略性新兴产业发展水平的差距与日俱增，其中东部地区和西部地区极化现象明显，中部地区的极化现象尚不显著。因此，中西部和一些东部的优势一般的区域应挑选适合本地区的一两种优势战略性新兴产业重点培育和发展；优势不明显的地区应以保护生态环境为基础，在中心城市区域适当发展一些对资金、科技要求不高的特色战略性新兴产业，并通过市场贸易满足其他战略性新兴产业产品的需求。特别是针对中西部相对潜力较弱的地区应给予相应的优惠政策及产业配套支持。此外，结合该特征我国发展战略性新兴产业要采用集群发展模式，在集群内部要协同发展，避免产业选择趋同和重复建设。

因此，土地供给时应结合产业发展潜力实行区域差异化。建议思路如下：①在潜力强区和潜力较强区，可依托高技术产业发展战略性新兴产业，在用地上优先供应，对于严格控制新增建设用地规模的区域，应大力促进存量建设用地盘活利用，提升土地资源配置效率。②对于潜力中等地区，可依托传统制造业发展战略性新兴产业或为高潜力区的战略性新兴产业提供配套服务。潜力中等地区具有独特的区位优势和资源优势，应充分挖掘和利用当地的比较优势进行专业化生产，提高优势产业竞争力和产业结构优化水平，促进以地区优势产业发展为突破口来优化资源配置和产业布局，如以单位GDP用地量和人均用地量下降情况作为分配下达新增建设用地计划指标的重要依据，优先为节约集约利用程度高、促进经济社会发展效果明显的建设项目配置新增建设用地指标。同时，用地供给上增强其使用的灵活性，充分发挥市场机制的调控作用。③对于潜力弱区和潜力差区，考虑到这些区域产业发展的要素禀赋相对较弱，可依托资源优势培育和发展地区特色型战略性新兴产业。土地供给时应确保其产业用地供给的针对性和有效性。

第 7 章

不同空间尺度下土地供给与区域经济增长的关系探索

21世纪以来，我国区域经济正在由省域、行政区经济转向城市群经济，作为我国新型城镇化的主要空间载体，城市群是我国未来经济发展格局中最具潜力和活力的核心区。土地供给政策是我国调控区域经济发展、推动土地供给侧结构性改革的重要工具之一，对于协同发展的城市群来说更是促进其经济增长不可忽视的因素。但近几年城市群经济发展水平分层现象显著，且土地供给对区域经济增长的影响也存在差异，在此情况下，如何更好地推动土地供给侧结构性改革面临挑战。

本章内容包括两个方面：一是以五大城市群为例比较不同经济发展水平和资源禀赋条件下土地供给与区域经济增长的关系；二是以长江中游城市群为例，探索和比较不同省之间和同一省域下，城市土地供给的绩效是否存在差异以及差异表现出的规律。

7.1　基于五大城市群发展的分析

7.1.1　研究区概况、数据来源与研究方法

7.1.1.1　研究区概况

依据《全国主体功能区规划》《京津冀协同发展规划纲要》《长江三角洲城市群发展规划》《珠江三角洲地区改革发展规划纲要（2008—2020)》《成渝城市群发展规划》《长江中游城市群发展规划》等文件对五大城市群的范围进行界定，其中基于经济发展的角度和数据的可得性，考虑到长江中游沿线三省在地理空间上的关联性和经济活动上的密切性，将长江中游城市群的研究范围扩展为湖北、湖南、江西三省所有省辖市。

五大城市群的研究范围及社会经济发展状况如表7.1所示。从经济发展水平来看，2017年五大城市群的经济发展呈现差异化特征，东部地区的三大城市群的经济发展水平远高于中部地区的长江中游城市群和西部地区

的成渝城市群，其中成渝城市群的人均GDP仅为珠三角城市群的22.20%。从各城市群的面积来看，中部地区的长江中游城市群和西部地区的成渝城市群的土地面积均比东部地区的三大城市群高，其中长江中游城市群的面积为51.75万平方公里，是珠三角城市群的9.42倍。五大城市群土地面积与经济发展的现实差异也会对土地供给产生不同的需求，因此需进一步考察五大城市群土地供给经济绩效的差异。

表7.1　　五大城市群基本情况

城市群	城市	面积（万平方公里）	人口（百万人）	GDP（万亿元）	人均GDP（万元）
京津冀	北京、天津、石家庄、唐山、秦皇岛、邯郸、邢台、保定、张家口、承德、沧州、廊坊、衡水	21.49	100.26	8.21	8.19
长三角	上海、南京、无锡、常州、苏州、南通、盐城、扬州、镇江、泰州、杭州、宁波、嘉兴、湖州、绍兴、金华、舟山、台州、合肥、芜湖、马鞍山、铜陵、安庆、滁州、池州、宣城	21.29	130.89	16.56	12.65
珠三角	广州、深圳、珠海、佛山、东莞、惠州、中山、江门、肇庆	5.49	34.64	7.58	21.89
成渝	重庆、成都、自贡、泸州、德阳、绵阳、遂宁、内江、乐山、南充、眉山、宜宾、广安、达州、雅安、资阳	23.95	109.94	5.34	4.86
长江中游	湖北、湖南、江西三省所有省辖市	51.75	173.05	9.12	5.28

注：根据2017年数据整理得到。

7.1.1.2　变量选取与数据来源

综合考虑现有文献衡量经济增长的指标与土地供给的根本目的，本书选择人均 GDP 作为因变量，相对于 GDP 而言更能反映经济增长的质量，并能剔除研究区域经济存量差异的影响。土地供给包括土地供给来源、土地供给方式、土地供给结构等，其中土地供给来源包括增量土地供给和存量土地供给，土地供给来源不同，在一定程度上反映区域社会经济的发展水平；土地供给方式有出让、划拨和租赁等类型，不同的供给方式直接影响财政收入及企业取得土地的成本；土地供给结构是指工业、商业、住宅等不同用途土地供给的比例，土地供给结构的差异间接体现区域产业的发展及产业结构的调整。因此，衡量土地供给的变量包括增量用地供给（ZL）、存量用地供给（CL）、土地有偿使用率（YC）、工矿仓储用地供给量（GK）、商服用地供给量（SF）、住宅用地供给量（ZZ）、公共管理与公共服务用地供给量（GG）、交通运输用地供给量（JT）、其他用地供给量（包括特殊用地、水域及水利设施用地及其他土地，QT）。文中的社会经济研究数据主要来源于 2010—2018 年的各省统计年鉴以及《中国城市统计年鉴》，土地数据来自相关年份的《中国国土资源统计年鉴》及土地市场动态监测与监管系统。

7.1.1.3　**研究方法**

（1）空间自相关分析。空间自相关分析用于确定某一变量在空间上是否相关及其相关程度，采用空间自相关一是分析城市群内部经济发展的空间集聚状况，二是为确定土地供给的空间效应形式提供重要依据。本书使用全局 *Moran's I* 指数作为空间自相关性的检验指标，计算如下：

$$I = \frac{\sum_{i=1}^{n}\sum_{j=1}^{n} w_{ij}(Y_i - \bar{Y})(Y_j - \bar{Y})}{S^2 \sum_{i=1}^{n}\sum_{j=1}^{n} w_{ij}} \tag{7.1}$$

其中，$S^2 = \frac{1}{n}\sum_{i=1}^{n}(Y_i - \bar{Y})^2$，$Y_i$和 Y_j分别为地区 i 和 j 的观察值；W_{ij}为空间权重矩阵。*Moran's I* 取值一般为［-1，1］，负值表示负相关、地区属性相异，值越接近 -1，区域间该属性的空间差异越大；正值表示正相关、地区属性相似，值越接近 1，区域间该属性的空间差异越小；值为 0 表示空间不相关性。

空间权重矩阵 W 的构建，是为了定义空间对象间的相互邻接关系，主要包括依据地理关系构建和社会经济关系构建两种，由于按照社会经济变量构建的空间权重矩阵 W 很可能产生多重共线性，因此本书选用 contiguity 标准构建空间权重矩阵 W，对 W 中每一元素 W_{ij} 按如下原则构造，并对 W 进行行标准化。

$$W_{ij} = \begin{cases} 1, \text{市域 i 与市域 j 相邻} \\ 0, \text{市域 i 与市域 j 不相邻} \end{cases} \tag{7.2}$$

（2）空间计量模型。地区间的经济地理行为一般都存在一定程度的空间交互作用，即空间效应，包括空间依赖性和空间异质性。将空间效应纳入模型中是空间计量模型与传统面板数据模型的根本区别，空间计量模型通过空间权重矩阵的形式将空间效应体现在空间滞后项或空间误差项中。

空间计量模型分为空间滞后模型（SLM）、空间误差模型（SDM）和空间杜宾模型（SDM）三种，相比一般空间面板数据模型，空间滞后模型［式（7.3）］考虑了被解释变量在空间上的溢出效应，加入了被解释变量的空间滞后项；空间误差模型［式（7.4）］表示被解释变量会受到一些随机干扰项的影响，加入了误差项的空间滞后项；空间杜宾模型［式（7.5）］加入了解释变量的空间滞后项而增强了 SLM。

$$Y = c + \rho WY + X\beta + S_i + \alpha_t + \varepsilon_{it}, \ \varepsilon_{it} \sim N(0, \sigma_{it}^2 I_n) \tag{7.3}$$

$$Y = c + X\beta + S_i + \alpha_t + \varepsilon_{it}, \ \varepsilon_{it} = \lambda W\varepsilon_{it} + \varphi_{it} \tag{7.4}$$

$$Y = c + \rho Wy + X\beta + W\bar{X}\gamma + S_i + \alpha_t + \varepsilon_{it}, \ \varepsilon_{it} \sim N(0, \sigma_{it}^2 I_n) \tag{7.5}$$

其中，ρ 为空间效应系数；S_i 表示空间固定效应；α_t 表示时期固定效应；ε_{it} 表示随机误差项；W 为空间权重矩阵。

通过空间计量模型，可以将变量的影响分为直接效应和间接效应，其中直接效应是自变量对本地区因变量的影响，间接效应表示自变量对相邻地区因变量的影响，因此也常表达为空间外溢效应。

7.1.2 计量模型的构建

7.1.2.1 经济空间相关性分析

基于 GeoDa 软件，计算 2009—2017 年五大城市群人均 GDP 的全局 Moran's I 指数。该时期内成渝城市群与长江中游城市群人均 GDP 的全局 Moran's I 指数均未通过 10% 的显著性检验。如表 7.2 所示，京津冀城市群在该时期的全局 Moran's I 指数均为正值，且 2011—2017 年正态统计量 z 值通过了 10% 的显著性检验，表明该城市群城市间的人均 GDP 存在较弱的空间自相关特征；2009—2016 年，京津冀城市群内全局 Moran's I 指数呈现稳定上升趋势，说明京津冀城市群人均 GDP 的集聚程度不断增强，经济增长水平相似的城市在空间上集中分布。

从表 7.2 中可以看出，长三角城市群在研究期内的全局 Moran's I 指数也均为正值，但 Moran's I 指数波动较大，总体来看，其全局 Moran's I 指数在 2010 年左右变化幅度较大，2010 年以后呈波动上升趋势，但在该期间不是所有 z 值都通过了显著性检验，在 2015 年通过了 5% 的显著性检验，其他时间显著性较低。这与长三角的经济发展阶段相吻合，即在 2009 年，长三角城市群为突破区域经济发展瓶颈的约束、应对金融危机，率先开始进行经济结构转型，到 2011 年其经济发展出现较明显的回暖现象。因此，全局 Moran's I 的趋势也直接反映了长三角城市群经济结构转型的效果。

珠三角城市群的全局 Moran's I 指数在 2009—2017 年均为负值，其正态统计量 z 值基本上通过了 10% 的显著性检验，整体来看其显著性水平高于京津冀与长三角城市群；珠三角城市群人均 GDP Moran's I 指数在 2011 年之前不稳定，在 2011 年之后呈逐步上升趋势，表明珠三角城市群内城市间的差异在缩小。

根据经济空间相关性的分析结果，将对经济空间相关性显著的京津冀、长三角及珠三角城市群选取空间计量模型，对经济空间相关性不显著的成渝及长江中游城市群采用非空间计量模型，探讨五大城市群土地供给经济绩效的时空效应差异。

表 7.2 三大城市群人均 GDP 的全局 Moran's I 指数（2009—2017 年）

年份	成渝城市群	长江中游城市群	京津冀城市群	长三角城市群	珠三角城市群
2009	-0.02	-0.01	0.12	0.15*	-0.45*
2010	-0.02	-0.02	0.15	0.04	-0.45*
2011	-0.02	-0.01	0.17*	0.11	-0.52**
2012	0.01	0.01	0.17*	0.10	-0.47*
2013	-0.01	0.02	0.18*	0.10	-0.44*
2014	-0.01	0.02	0.19*	0.09	-0.43*
2015	-0.01	0.02	0.19*	0.22**	-0.44*
2016	-0.02	0.03	0.19*	0.23***	-0.44*
2017	-0.02	0.04	0.15*	0.21**	-0.43*

注：***、**、*分别表示在 1%、5%、10% 的水平上显著。

7.1.2.2 空间计量模型的构建

按照 Elhorst 对空间面板数据模型确定的四个步骤，采用 2009—2015 年京津冀、长三角和珠三角三大城市群的面板数据，对含空间效应的土地供给对经济增长影响的模型进行估计和一系列检验，以确定三大城市群准确的空间计量模型形式。一是进行 Likelihood Ratio（LR）检验，确定模型固定效应的类型。由表 7.3 的检验结果可知京津冀、长三角与珠三角城市群均为空间—时期固定效应。二是进行 Lagrange Multiplier（LM）检验，确定采用哪一模型。由表 7.4 的检验结果可知，该模型含有空间效应，即采用空间杜宾模型。三是进行 Hausman 检验，确定空间杜宾模型是否采用随机效应更合适，如表 7.5 所示，估计结果均在 1% 的显著性水平上拒绝了原假设，即模型应采用固定效应。最后进行 Wald 检验，以检测空间杜宾模型是否可以简化为空间误差模型或空间滞后模型，如表 7.5 所示，京津冀、长三角和珠三角城市群均在 1% 或 5% 的显著性水平上拒绝了原假设。因此，三大城市群土地供给经济绩效的模型均为空间—时期固定效应杜宾模型，借助生产函数的传统框架，并做取对数处理以消除异方差，构建的空间计量模型如下，其中变量含义与式（7.3）、式（7.4）和式（7.5）一致：

$$\ln PCGDP_{it} = a_0 + a_1 \ln XZ_{it} + a_2 \ln CL_{it} + a_3 \ln YC_{it} + a_4 \ln GK_{it} + a_5 \ln SF_{it} + a_6 \ln ZZ_{it} + a_7 \ln GG_{it} + a_8 \ln JT_{it} + a_9 \ln QT_{it} + a_{10} W\ln XZ_{it} + a_{11} W\ln CL_{it} + a_{12} W\ln YC_{it} + a_{13} W\ln GK_{it} + a_{14} W\ln SF_{it} + a_{15} W\ln ZZ_{it} + a_{16} W\ln GG_{it} + a_{17} W\ln JT_{it} + a_{18} W\ln QT_{it} + \rho W\ln PCGDP_{it} + s_i + \alpha_t + \varepsilon_{it} \tag{7.6}$$

表 7.3　　Likelihood Ratio（LR）检验

	京津冀城市群	长三角城市群	珠三角城市群
原假设（H_0）：空间固定效应不显著 备选假设（H_1）：空间固定效应显著	265.79***	469.44***	204.46***
原假设（H_0）：时期固定效应不显著 备选假设（H_1）：时期固定效应显著	161.96***	348.45***	149.60***

注：*** 表示在 1% 的水平上显著。

表 7.4　　Lagrange Multiplier（LM）检验

		京津冀城市群	长三角城市群	珠三角城市群
面板 OLS	LM Spatial lag	7.49***	4.11**	4.03**
	LM Spatial error	2.15	1.26	2.55
	Robust LM Spatial lag	7.20***	4.92**	1.54
	Robust LM Spatial error	1.86	2.07	0.06
空间固定效应	LM Spatial lag	60.38***	208.35***	41.75***
	LM Spatial error	13.96***	115.56***	18.15***
	Robust LM Spatial lag	57.43***	93.10***	26.08**
	Robust LM Spatial error	11.01***	0.32	2.47
时期固定效应	LM Spatial lag	3.95**	0.29	13.60***
	LM Spatial error	0.91	2.60	6.97***
	Robust LM Spatial lag	4.98**	4.04**	9.03***
	Robust LM Spatial error	1.94	6.35**	2.40
空间与时期固定效应	LM Spatial lag	0.12	2.25	7.65***
	LM Spatial error	0.09	1.27	9.27**
	Robust LM Spatial lag	0.13	1.49	0.81
	Robust LM Spatial error	0.10	0.51	2.43

注：***、** 分别表示在 1%、5% 的水平上显著。

表 7.5 Hausman 检验与 Wald 检验

检验类型	京津冀城市群	长三角城市群	珠三角城市群
Hausman 检验			
原假设（H_0）：模型应采用随机效应估计 备选假设（H_1）：模型应采用固定效应估计	314.29***	35.15***	41.86***
Wald 检验			
原假设（H_0）：模型应可简化为空间滞后模型 备选假设（H_1）：模型不能简化为空间滞后模型	31.29***	20.24**	16.66**
原假设（H_0）：模型应可简化为空间误差模型 备选假设（H_1）：模型不能简化为空间误差模型	34.08***	20.91**	22.36***

注：***、** 分别表示在 1%、5% 的水平上显著。

7.1.3 实证结果分析

基于 2009—2017 年京津冀、长三角和珠三角三大城市群的面板数据，采用偏差修正的 ML 方法估计，对空间效应不显著的成渝与长江中游城市群采用普通面板测算其土地供给的经济绩效，结果如表 7.7 所示。同时，对我国三大城市群土地供给经济绩效的普通非空间计量模型进行估计（见表 7.6），对比三大城市群非空间计量模型估计的差异以及五大城市群土地供给经济绩效的差异。

在非空间计量模型中，自变量的系数估计值表示自变量对因变量的直接效应；在空间计量模型中，需将自变量的系数估计值中剔除掉“反馈效应”得到其直接效应估计值，并通过相应方法进一步分解得到自变量的间接效应，分解结果如表 7.8 所示。

7.1.3.1 直接效应分析

考虑空间效应的三大城市群，其空间杜宾模型的拟合优度都得到了较好的提高。如表 7.8 所示，在空间计量模型中，京津冀城市群的新增用地、存量用地、土地有偿使用率、商服用地及公共管理用地对本地区经济增长具有带动作用，估计系数为 0.63、0.29、0.49、0.15 及 0.14，工矿仓储用地供给的直接效应为负，估计值为 -0.28，相比非空间面板模型估计结果（见表7.6）具有较大差异。在非空间面板模型中，新增用地、土地有偿使用率对经济增长的影响不显著，存量用地供给的符号与预期相反，商服用地的系数估计值被高估了6.67%，公共管理用地直接效应则被低估了57.14%，工矿仓储用地对本地区经济增长的阻碍作用被低估了7.14%。长三角城市群内工矿仓储用地与交通用地的增加对本地区经济增长的促进作用显著，其估计值分别为0.09、0.01，与非空间计量模型估计结果相比，工矿仓储用地的估计符号相反，显著的变量明显减少，且在非空间计量模型中交通用地的直接效应被高估了700%。珠三角城市群内工矿仓储用地与公共管理用地的直接效应显著，估计值分别为 -0.37、0.10，其中公共管理用地在非空间面板模型中被低估了40%。综上所述，非空间模型忽视了变量客观存在的空间效应，导致了估计结果产生偏差。

对五大城市群直接效应进行分析，结果如表7.7与表7.8所示。成渝城市群内，土地供给量对经济增长的作用不明显，在土地供给结构中公共管理用地与交通用地供给均通过了显著性检验，直接效应分别为0.07和0.05；工矿仓储用地的供给对本地区经济增长的阻碍作用显著。成渝城市群的人均GDP在五大城市群中最低，但城市群土地面积较大，估计结果反映了目前成渝城市群的建设用地供需矛盾不明显，但需要调整用地结构，带动产业转型升级并构建便捷的交通体系，以促进经济增长。长江中游城市群的估计结果显示，新增与存量用地对经济增长的作用均显著，系数的估计值分别为0.17和0.14。一方面，长江中游城市群内新增建设用地供给的直接效应高于存量用地，表明长江中游城市群存量建设用地再开发的效益不高；另一方面，也表明长江中游城市群经济增长对土地供给的依赖明显。在土地供给结构中，商服用地、公共管理用地与交通用地供给的系数估计值分别为0.09、0.08和0.06；工矿仓储用地供给的系数估计值为 -0.22，且在1%的水平上显著。研究期内长江中游城市群各类用地供给均呈上升趋势，反映出其土地供给结构的调整可能没有及时跟上产业结构转型升级的步伐，公共基础服务与交通体系的建设有待加强。

对于空间效应显著的三大城市群而言，如表7.8所示，不同城市群内土地供给的空间外溢效应存在差异。京津冀城市群内除住宅用地与交通用地供给的直接效应不显著外，其余变量均通过了显著性检验，其中仅工矿仓储用地供给的增加对本地区经济增长表现为一定的抑制作用。长三角城市群内工矿仓储用地与交通用地供给的增加对本地区经济增长的促进作用在统计上显著，参数估计值分别为 0. 09、0. 01；珠三角城市群内工矿仓储用地与公共管理用地的直接效应显著，估计值分别为 -0. 37、0. 10。

在长三角与珠三角城市群内土地有偿使用率与土地供给量的提高对经济增长的促进作用在统计上不显著。这也从侧面反映了目前土地供给中可能存在以下几个问题：长三角与珠三角城市群的土地有偿使用率已达到相对较高的状态，土地有偿使用率的增加已不再是提高人均 GDP 的重要因素；长三角与珠三角城市群经济发展不依赖于土地供给总量的增加，由于新增用地供给指标较少，且随着存量盘活的大力推进，存量用地供给难度加大等原因，致使土地供给量的直接效应未显现；《全国国土规划纲要》中提出的严格控制东部地区建设用地供给，其估计结果与政策导向相契合。

存量用地供给仅在京津冀城市群内对经济增长的直接作用具有正的弹性。结果显示，京津冀城市群存量用地供给每增加 1%，会促进地区人均 GDP 提高 0. 29%。长三角与珠三角城市群存量用地再开发早于京津冀城市群，可能表明当前长三角与珠三角城市群盘活存量的土地供给机制的经济效益逐渐减弱，而京津冀城市群存量供给效益处于不断提高阶段。在土地供给结构中工矿仓储用地供给在长三角城市群的直接效应为正，在珠三角城市群内的作用为负，而商服用地供给的直接效应均不显著。一方面，表明土地供给结构与产业结构升级方向可能不完全一致，城市群内新增的商服用地面积较小，存量用地挖潜如集体用地入市的用途并没有根据产业转型的实际需要改变，只是产权获取更加透明化；另一方面，珠三角城市群内的工业形成了相互合作的协同效应，在工矿仓储用地供给较少的情况下，仍能带动经济增长。如，珠三角城市群的制造业发展一直名列前茅，服务业在近几年规模不断扩大，而工矿仓储用地供给在 2013 年之前持续上升，在 2013 年之后波动下降，由 2013 年的

4 471.61公顷缩减至2015年的2 829.45公顷，到2017年工矿仓储用地的供给为3 882.85公顷；相反，商服用地的供给量在研究期内持续增加，在研究期内增加了17.56%；住宅用地除在长江中游城市群表现为负的直接效应外，在其余城市群内均不显著。相关研究也证明了住宅用地的这一作用，如谢锦园等（2017）运用DEA方法，在县域尺度上对2009—2013年我国五大城市群居住用地市场与区域经济发展的协调性进行了综合分析，发现住宅用地出让总面积的冗余度超过了50%，亟待通过土地供给调控优化土地出让结构。

表7.6　　中国三大城市群面板固定效应模型

变量	京津冀城市群	长三角城市群	珠三角城市群
ln*XZ*	0.09 (1.22)	0.11* (1.91)	0.03 (1.38)
ln*CL*	-0.10* (-1.75)	0.23*** (5.00)	-0.04 (-0.82)
ln*YC*	-0.05 (0.53)	0.31*** (2.99)	-0.09 (-1.17)
ln*GK*	-0.26*** (-3.81)	-0.31*** (-5.02)	-0.02 (-0.41)
ln*SF*	0.16*** (5.05)	-0.05 (-1.52)	0.10*** (3.53)
ln*ZZ*	-0.05 (-0.82)	-0.15*** (-3.44)	-0.04 (-1.02)
ln*GG*	0.06* (1.84)	0.10*** (5.05)	0.06** (2.12)
ln*JT*	0.04*** (3.11)	0.08** (6.16)	0.01 (0.78)
R^2	0.57	0.51	0.55

注：***、**、*分别表示在1%、5%、10%的水平上显著。

表 7.7　　中国五大城市群土地供给经济绩效的估计结果

变量	成渝城市群	长江中游城市群	京津冀城市群	长三角城市群	珠三角城市群
lnXZ	0. 12 (1. 59)	0. 17 *** (2. 98)	0. 67 *** (3. 65)	-0. 00 (-0. 08)	0. 06 (1. 40)
lnCL	0. 08 (0. 90)	0. 14 *** (3. 27)	0. 31 ** (2. 38)	0. 03 (1. 32)	-0. 10 (-1. 57)
lnYC	0. 06 (0. 49)	0. 15 ** (2. 05)	0. 51 ** (2. 45)	-0. 00 (-0. 08)	0. 14 (1. 23)
lnGK	-0. 25 *** (-3. 44)	-0. 22 *** (-4. 33)	-0. 30 ** (-2. 38)	0. 08 ** (2. 18)	0. 21 *** (-3. 23)
lnSF	0. 05 (1. 42)	0. 09 ** (2. 55)	0. 15 * (1. 73)	-0. 02 (-1. 48)	0. 08 * (1. 73)
lnZZ	-0. 03 (-0. 48)	-0. 10 ** (-2. 30)	-0. 21 (-1. 58)	0. 04 (1. 48)	-0. 01 (-0. 23)
lnGG	0. 07 ** (2. 57)	0. 08 *** (3. 28)	0. 13 ** (2. 17)	0. 01 (0. 86)	0. 14 *** (3. 33)
lnJT	0. 05 *** (3. 28)	0. 06 *** (4. 55)	-0. 03 (-1. 01)	0. 01 ** (1. 86)	0. 01 (0. 29)
WlnXZ			1. 62 *** (4. 01)	0. 01 (0. 10)	0. 15 * (1. 73)
WlnCL			0. 80 *** (3. 17)	-0. 14 ** (-2. 49)	-0. 44 *** (-2. 92)
WlnYC			0. 91 ** (2. 10)	-0. 12 (-0. 86)	0. 32 (1. 27)
WlnGK			-0. 80 *** (-3. 10)	0. 20 ** (2. 20)	0. 35 *** (2. 66)
WlnSF			-0. 04 (-0. 27)	-0. 00 (-0. 02)	0. 02 (0. 17)

续表

变量	成渝城市群	长江中游城市群	京津冀城市群	长三角城市群	珠三角城市群
*W*ln*ZZ*			-0.11*** (-3.91)	0.03 (0.54)	-0.02 (-0.21)
*W*ln*GG*			-0.14 (-1.21)	-0.00 (-0.06)	0.24** (2.41)
*W*ln*JT*			-0.05 (-0.97)	-0.01 (-0.80)	-0.03 (-0.66)
W · *dep. var.*			-0.08 (-0.66)	0.13 (1.43)	-0.80*** (-7.85)
R^2	0.54	0.41	0.67	0.98	0.84
Log-likelihood			-29.41	262.34	9.96

注：***、**、* 分别表示在1%、5%、10%的水平上显著。

7.1.3.2　间接效应分析

变量的间接效应，即其空间外溢效应。从表7.8估计结果来看，三大城市群空间外溢效应差异较大。京津冀城市群除商服用地、公共管理用地与交通用地的空间外溢效应未通显著性检验外，其余指标均显著。其中新增、存量用地与有偿使用率增加1%，会分别带动相邻城市人均GDP增长1.5%、0.74%、0.83%，且是直接效应的2.38倍、2.55倍与1.69倍，表明土地供给量及有偿使用率提高对城市发展的辐射能力大于集聚能力，对相邻城市经济增长的促进作用高于本地区；工矿仓储用地与住宅用地的供给在一定程度上会抑制毗邻城市的经济增长。

长三角城市群存量用地、工矿仓储用地供给的空间外溢效应在统计上显著，其空间外溢系数分别为-0.14和0.23，表明长三角城市群内城市存量用地供给的集聚能力较强，会吸引相邻城市的资金、劳动力等要素的流入，对周边城市的经济增长具有抑制作用；长三角城市群工矿仓储用地供给的空间外溢效应是其直接效应的2.56倍，估计参数为0.23，即该城市群内一个城市增加1%的工矿仓储用地供给，会促进毗邻城市人均GDP提高 0.23%，也说明长三角城市群第二产业的发展对周边城市的辐射带动作用大于集聚能力。

珠三角城市群内空间外溢效应显著的变量与长三角城市群相同，即存量用地、工矿仓储用地供给的间接作用显著，空间外溢系数分别为 -0.31、0.45；其中，存量用地的直接效应不显著，工矿仓储用地的空间外溢效应是其直接效应的 1.45 倍。此外，如表 7.7 估计结果所示，珠三角城市群内因变量人均 GDP 在城市间的空间依赖性显著，与经济空间相关性结果一致，即本地区经济增长会对周边地区经济增长产生一定的抑制作用，可能反映出珠三角城市群内城市间在经济发展上存在竞争关系。通过计算珠三角城市群内每个城市与其相邻城市的人均 GDP 差异的平均值发现相邻城市间的经济发展存在过大差异，其中边缘城市江门、肇庆人均 GDP 与周边城市的平均差异最大，分别为 117.49%、141.57%；核心城市广州、深圳与相邻城市的平均差异分别为 33.38%、53.08%。

对比三大城市群土地供给的直接效应与空间外溢效应，京津冀城市群内住宅用地、长三角与珠三角城市群内的存量用地供给的直接效应不显著，间接效应显著。一般而言，某地区生产要素的供给先带动本地区经济的发展，进而通过本地区经济的发展辐射周边地区。因此，将模型中的不符合集聚效应规律的变量剔除，进一步观察土地供给的时空效应特征。估计结果表明，剔除京津冀城市群中的住宅用地供给、长三角与珠三角城市群中的存量用地供给变量后，模型中变量的显著性未提高，且模型的拟合优度下降。可能说明研究期内不同城市群内不同类型土地供给的影响与城市群经济水平所处的不同阶段有显著关系。对于存量用地的供给，珠三角城市群在 2009 年“三旧改造”政策的提出，标志其进入存量挖潜时代，将研究期缩短，观察长三角与珠三角城市群内存量用地空间外溢效应的变化，发现在 2009—2017 年，存量用地供给对本地区经济增长均表现出显著的正效应。即表明存量土地再开发相关政策的有效性随时间增长逐渐减弱，现阶段珠三角城市群存量用地挖潜应由追求经济价值转变为提升生活环境质量。

表 7.8　　中国三大城市群空间杜宾模型自变量效应分解

变量	京津冀城市群		长三角城市群		珠三角城市群	
	直接效应	间接效应	直接效应	间接效应	直接效应	间接效应
XZ	0.63***	1.50***	-0.00	0.01	0.04	0.09
	(3.61)	(3.88)	(-0.04)	(-0.13)	(0.71)	(1.22)
CL	0.29**	0.74***	0.03	-0.14**	0.01	-0.31**
	(2.36)	(3.00)	(1.12)	(-2.34)	(0.10)	(-2.63)
YC	0.49**	0.83*	-0.01	-0.12	0.09	0.17
	(2.42)	(2.00)	(-0.14)	(-0.80)	(0.71)	(0.91)
GK	-0.28**	-0.75***	0.09**	0.23**	-0.37***	0.45***
	(-2.31)	(-3.06)	(2.26)	(2.28)	(-3.99)	(3.72)
SF	0.15*	-0.05	-0.02	-0.00	0.09	-0.04
	(1.76)	(-0.33)	(-1.51)	(-0.10)	(1.70)	(-0.59)
ZZ	-0.18	-1.00***	0.04	0.04	-0.01	-0.01
	(-1.39)	(-3.81)	(1.47)	(0.60)	(-0.16)	(-0.05)
GG	0.14**	-0.15	0.01	0.00	0.10*	0.11
	(2.22)	(-1.32)	(0.83)	(0.00)	(2.03)	(1.38)
JT	-0.03	-0.05	0.01*	-0.01	0.02	-0.03
	(-1.03)	(-0.95)	(1.84)	(-0.75)	(0.56)	(-0.72)

注：***、**、* 分别表示在1%、5%、10%的水平上显著。

7.1.4　结论与讨论

本节在对我国五大城市群进行经济空间相关性分析的基础上，构建了土地供给经济绩效的空间计量模型，分别运用五大城市群市域面板数据进行估计，探讨了城市群间土地供给经济绩效的差异，以及城市群内城市间的空间效应。主要得到以下结论：

首先，不同发展阶段的城市群内土地供给经济绩效的空间外溢效应存在较大区域差异。从土地供给结构的间接效应来看，新增用地、有偿使用率与住宅用地的空间外溢效应仅在京津冀城市群显著，长三角与珠三角城市群内土地供给空间外溢效应显著的变量相同；京津冀城市群内住宅用地的供给对相邻城市的经济发展影响最大，而在长三角与珠三角城市群内工矿仓储用地的供给空间溢出效应最大。从土地供给量来看，长三角与珠三角城市群内存量用地供给对周边城市的经济增长有抑制作用，与京津冀城市群内存量用地供给的空间外溢效应相反。一方面，可能说明了三大城市群间经济集聚形态差异较大；另一方面，可能反映了城市群间不同来源和不同类型土地的利用效率存在差异。由此，应实施有针对性、差异化的供地策略，引导资金、劳动力、技术等要素在空间合理布局，根据不同城市群产业结构升级、公共服务及交通体系建设所处的阶段，加强用地分类调控，适度调整土地供给结构，以使土地供给结构调整与区域产业升级方向、协同发展阶段相协调，加强区域内部的协同，避免恶性竞争。

其次，不同城市群土地供给的空间外溢效应高于直接效应。由京津冀、长三角和珠三角三大城市群土地供给空间外溢效应的估计结果可知，直接效应与空间外溢效应都显著的变量，其空间外溢效应的绝对值均大于直接效应。因此，在制定土地供给政策时应高度重视土地供给指标的空间外溢效应，根据土地供给经济绩效的空间外溢效应特征，有效实施建设用地指标的跨区域调配。同时，发挥土地供给经济绩效的时空效应，构建城市群内部的土地指标交易平台，区域内建设用地供过于求的城市可以将富余指标通过市场转让给供不应求的城市，这样既可以避免低效使用土地，也可以增加财政收入，既减少了土地资源对经济发展的限制，又充分发挥了土地资源的配置效率，最终实现土地供给的区域协同。

最后，探讨土地供给经济绩效时空效应的方法仍需完善。本书为直接观察土地供给的经济绩效并对比其差异，分别选取土地供给来源、土地供给方式及土地供给结构三类变量，运用空间计量模型分析。该方法一方面运用面板数据，在一定程度上可以消除变量共线性对结果的影响；另一方面可以量化土地供给对相邻城市的影响。事实上，影响经济增长的因素较多，若再加入一些关键控制变量，并且改变空间权重矩阵，不仅可以使分析体系更加完善，还可进一步考察其时空效应的影响范围。

7.2　跨省域与省内的土地供给政策的影响比较

本节试图以长江中游城市群为例展开分析。选择该城市群主要考虑其既能反映省域的关系，又能揭示省内不同城市的差异，能很好地反映城市群内行政边界和空间距离的影响。研究思路为：首先分析在城市群的演变过程中土地供给影响的基本机理，随后通过构建空间计量模型分析土地供给各变量的影响，同时为了分析行政边界和空间距离对土地供给外溢效应的影响差异，本书将构建两种空间权重矩阵进行观察，最后基于分析结果探索土地供给政策改革思路。

7.2.1　理论分析

7.2.1.1　城市群不同发展阶段下的土地供给政策特点

区域经济协同发展是一个动态演变过程，在城市群不断演化和协同发展的过程中，城市的内外部结构、用地及土地供给特征发生着不同的变化。一般可以分为三个阶段：

第一阶段（雏形阶段）：本阶段的城市群，以单核心的空间结构为主。一方面，资金、产业、人口、和技术不断向中心城市聚集，形成以区域增长极为特征的局部集聚非均衡低级有序状态；另一方面，生产的高度发达使中心城市的扩散效应开始出现，由中心城市向周边不断延伸扩散，主要是通过基础建设水平提高，投资扩大，工业项目增加，交通网络建设、城市用地规模扩大，不断影响城市边缘地区的发展，一些基础条件较好的地段常常会规划成城市新区，并逐渐发展成为城市新的空间增长点。这一阶段下的土地供给由于资源禀赋相对具有优势，往往以增量为主，并通过新增建设用地的有偿使用增加政府财政收入，为城市基础设施建设提供保障。

第二阶段（发育阶段）：本阶段的城市群，以多核心带状的空间结构为主。城市之间专业化分工更加精细，城市间信息及交通网络日益完善，在核心城市的周边，处在交通轴线上的某些城市在核心城市的辐射作用及区位优势的作用下往往会发展成为区域的次中心。城市间的各种联系逐渐加强，交通走廊的作用尤为显著，同时城市之间的竞争往往也会随着联系的增加和产业的流动日益凸显。

在这一阶段，土地利用一般会表现出两个明显的特点：一是城市群内核心城市作用更加突出且扩展快速，其建设用地需求会增加较快，同时也会引起周边城市或区域的建设用地需求增加，特别是交通枢纽和资源禀赋条件好的区域尤为明显；二是建设用地规模扩展在促进城市间联系增强的同时，可能伴随着“副作用”，如交通系统出现高负荷的运行状况，甚至出现“交通瓶颈”。因此，这一阶段的土地供给政策特点主要表现为以下两点：一是由于上一阶段的快速扩展，中心城市后备土地资源往往不足，因此政策上会鼓励存量挖潜，新增建设用地指标的增加趋势会减弱，部分地区甚至采用减量化政策；二是突出结构优化，要合理调整工矿仓储用地、商服用地及住宅用地等的供给，进一步促进城市群内城市间产业分工，引导人口和产业由中心城市向周边城市扩散，同时由于交通体系不完善、生态环境恶化、房价快速上涨等方面“副作用”的出现，建设用地供给结构必须重视与产业升级、公共服务需求的匹配。

第三阶段（成熟阶段）：本阶段的城市群，以多核心网络状空间结构形态为主。城市群内已形成了资金、技术、劳动力等生产要素的流动网、信息通信网和交通网。在此基础上，不同中心城市或增长极之间有机联系进一步加强，城市之间通道的建设用地拓展速度加快；通过城市间的空间外部性作用促进周边城市发展，形成上下贯通、纵横交错的立体网状发展结构，区域经济达到动态均衡状态，城乡经济融为一体，形成网络化城市群。

这一阶段土地供给不再强调建设用地的扩展，而是注重城市高质量发展，土地供给以公共管理与公共服务用地为主。注重通过调整交通运输用地、生态用地及公共服务用地的供给与布局，推动城市群形成网状结构。

此时，常常会因为不同城市群协同发展的程度及产业基础不同，土地供给量或供给结构对本地区及相邻地区的经济增长的影响方向与程度也不同，呈现出差异化的政策效果。

因此，从城市逐渐向城市群协同发展的演化过程中，在市场机制与政策的调节下，通过土地供给量、土地供给方式及不同用途土地供给的合理调整，引导人口、产业及资金等要素在空间上流动，优化城市群空间布局，进而推动城市群逐渐形成协同发展的网状结构，区域经济逐渐形成动态均衡和协同发展态势，如图 7.1 所示。

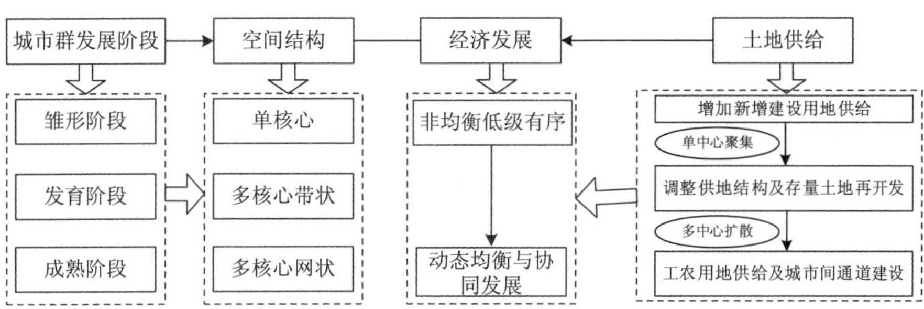

图 7.1　土地供给对城市群协同发展的影响机制

7.2.1.2　土地供给效应的理论假说

基于城市群发展下土地供给政策的阶段性特点，可以形成如下理论假说：

（1）城市群发展水平不同，土地供给的外部性不同，随着整体经济发展水平的提升，城市群逐渐从单核心向多核心及网状结构发展时，城市之间的关系往往呈现出从虹吸效应向辐射效应转变，即经济水平越低时，虹吸效应越明显，土地供给变量的外部性常常为负，经济水平越高时，辐射效应越明显，土地供给变量的外部性逐渐变为正向。

（2）随着城市群的经济水平不断提升，土地供给结构逐渐表现为以工业和商业等经营性为主转移至以公共服务设施、交通运输用地等公益性用地为主，经营性用地和公益性用地的经济贡献也呈现此消彼长的特点。

7.2.2 实证分析

7.2.2.1 研究对象

本部分将对长江中游湖北、湖南及江西三省在地理空间上的关联性和经济活动上的密切性进行分析，研究对象涵盖湖北、湖南、江西三省全部42个省辖市州，如图7.2所示。

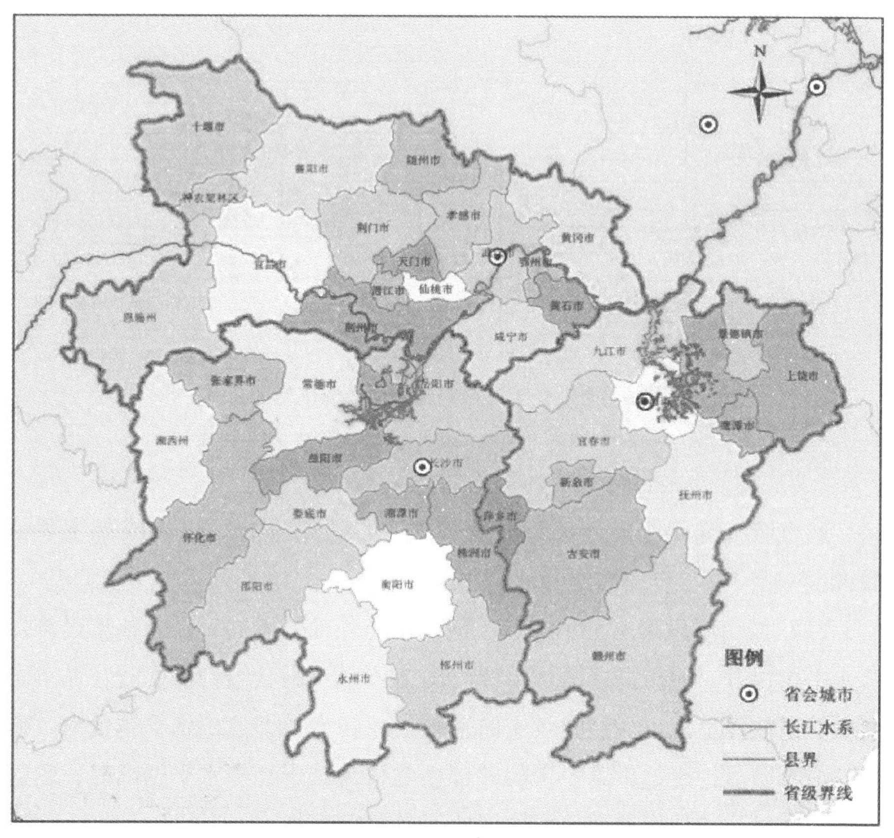

图7.2 研究区域范围

从长江中游城市群协同发展角度看，城市群关系可分为两个层次：一是三省之间的关系；二是每个省内，分别以省会城市为核心的城市关系。因此，为更精准地识别土地供给政策的影响，从两个空间尺度进行分析：

一是立足于城市群区域，所有的城市作为研究样本分析土地供给政策的影响；二是分三个行政省域，以每个省为空间尺度，分析每个省内城市的土地供给政策影响。随后，对比两个空间尺度下土地供给政策影响的差异，从而更有效地探索政策改革的思路。

7.2.2.2　**数据来源**

研究数据时间范围为2000—2018年，其中社会经济数据主要来源于2001—2019年的《中国统计年鉴》《江西省统计年鉴》《湖北省统计年鉴》《湖南省统计年鉴》以及《中国城市统计年鉴》，相关的土地供给数据来源于《中国国土资源年鉴》（2001—2008年）、《中国国土资源统计年鉴》（2009—2018年）以及土地市场动态监测与监管系统。

7.2.2.3　**模型设定与变量选择**

（1）计量模型设定。本部分基于传统的经济增长模型，引入相应的控制变量，控制非核心变量的影响，由此建立如下计量模型：

$$Y_{it} = \beta_{i0} + \sum \beta_{itk} X_{itk} + \mu_{it} \tag{7.7}$$

在式（7.7）中，Y_{it}为被解释变量；X_{itk}为第k个解释变量；β为拟合系数；i为地区，t为时间；μ_{it}为随机干扰项。

由于本部分研究目的是研究城市的空间关系对地方经济的影响，度量空间效应即单个区域某变量变动对其他区域的影响，且由于各地区的土地供给存在横向相互模仿和竞争的策略互动行为，因此经典的线性回归模型难以满足研究要求。本部分将空间效应纳入模型，即构建空间计量模型，模型通过空间权重矩阵的形式将空间效应体现在空间滞后项或空间误差项中。

关于空间效应的存在性检验，通常有两种方法：一是基于全局空间自相关统计量Moran's I检验；二是设定空间计量模型，检验相应空间依赖项的系数显著性，例如经典的拉格朗日乘子检验。其中，第二种方法不仅能检验空间自相关，也为模型选择提供依据，本部分采取第二种方法。

（2）变量选择。

①被解释变量（因变量）。协同视角下的城市发展水平。由于城市群

协同发展的目的是促进资源的有序流动和优化配置，提升资源的利用效率以及城市的高质量发展，使城市群内的人们获得的效用差距缩小，同时考虑到城市群内部城市的要素禀赋和经济基础不同，用经济发展总量（GDP）难以反映城市群内部差异的变化，因此本书借鉴相关研究文献（赵勇和魏后凯，2015；段莉芝和李玉双，2020），采用人均 GDP（PGDP）和 GDP 的增长率（IGDP）进行分析，前者能反映经济发展质量，后者能反映经济增长速度和区域之间的趋同可能性。此外，城市政府间协作与竞争的一个重要动力是其财政导向，因此本部分还选择人均财政收入（PFI）作为被解释变量。

本部分通过三个被解释变量的空间计量模型比较，从不同角度探索土地供给变量对于城市群协同发展的影响，寻找共同的内在规律。

②解释变量。根据前文分析，选择核心解释变量为土地供给指标，包括土地供给规模和土地供给结构。同时，除了土地供给要素外，固定资产投资、财政支出等要素对于城市经济的发展及城市群协同发展水平也有着重要影响，因此被列为控制变量。

A. 核心变量。土地供给规模与结构。研究普遍认为建设用地供给总量对经济发展带动作用较明显，不过在建设用地供给规模有限的情况下以及城市竞争的诉求下，偏重经营性建设用地直接带动经济产出还是偏重公益性建设用地的供给长久地带动经济发展，是地方政府面临的一个重要抉择。

此外，进一步剖析土地供给结构，即住宅用地、工业用地、商服用地、公共管理与公共服务用地等不同用途土地供给的情况，能反映出地方政府供地偏向性行为的效应。

同时，结合前文对土地供给与城市群关系演变的理论探讨，考虑到地方政府间竞争常常体现在经营性用地和公益性用地的差别供地上，因此核心变量选择上采取了两种方式：一是将土地供给变量分为经营性用地（BL）和公益性用地（PL），其中前者主要由住宅（RL）用地、工业（IL）用地、商服用地（CL）组成，后者主要由公共管理与公共服务设施用地（PML）、交通运输用地（TL）组成。二是考虑不同用地结构的影响，将上述各类用地单独作为自变量进行分析。

B. 控制变量：

■　财政支出（FO）。政府财政支出常常被视为是推动区域间协调发展的重要手段之一。在城市发展和城市竞争中，财政支出扮演重要角色，但财政支出对于不同区域经济结构的影响不同（岳凯等，2019）。部分研究认为财政支出偏好会导致要素资源配置扭曲，加剧对部分城市产业升级的抑制作用（王磊和李金磊，2021），也有研究认为财政支出可以成为外围城市追赶中心城市的重要方式，有利于缓解发展不平衡的问题（刘晨晖和陈长石，2017）。因此，财政收入在研究城市群协同发展中的作用不能忽略，列为控制变量。

■　固定资产投资（INV）。增加固定资产投资是城市和区域经济发展的重要动力，固定资产投资主要是对基础设施的投入，包括交通、商业服务、环境保护、卫生事业与环境保护等公共生活与市政公用工程设施等方面，其中对城市群协同发展有举足轻重影响的是交通。区域内发达的交通运输体系是城市群内城市间各种联系的桥梁，是城市群形成与发展的前提，随着运输技术的发展，交通网络在城市群协同发展过程中扮演着更为重要的角色，城市间形成良好的合作与分工，构成整个区域的功能体系，都需要依托便利的交通运输网。如近年来，长三角城市群内城市间高速铁路、城际轨道等快速发展，在节假日，上海虹桥、南京南站每天客流量高达到9.6万—12万人次（姚士谋等，2016）。

一些研究也反映出固定资产投资具有显著的空间外溢特征（林雄斌等，2016；Xiongbin Lin 等，2019；郝凤霞和张诗葭，2021）。因此，将各城市的固定资产投资作为重要的控制变量纳入模型。

（3）空间权重矩阵。考虑到各种生产要素流动往往会突破城市行政边界的现实，城市的经济辐射边界与行政边界并不一致，本研究用两种空间权重矩阵反映城市间的关联性，分别为空间邻近权重矩阵 W_{ij}^{adj} 和空间距离权重矩阵 W_{ij}^{geo} 。两种矩阵分别依据城市之间是否有公共边界、相邻地区的距离设定其权重。

W_{ij}^{adj}的计算公式为：

$$W_{ij}^{adj} = \begin{cases} 1(\text{如果城市 } i \text{ 和 } j \text{ 相邻}) \\ 0(\text{如果城市 } i \text{ 和 } j \text{ 不相邻}) \end{cases}$$

其中，i 与 j 相邻是指两个城市有共同行政边界接壤。

空间距离权重矩阵计算相关文献研究，采取城市间距离的平方倒数计算，即：

$$W_{ij}^{geo} = \begin{cases} 1/d_{ij}^2, & i \neq j \\ 0, & i = j \end{cases}$$

其中，d_{ij} 为城市 i 与城市 j 之间的距离，依据两个城市的经纬度计算而得。

7.2.3 研究结果

基于城市群和省域两个层面，分别针对两种土地分类方法进行空间计量模型分析。由于构建空间计量模型的方法类似，因此仅在第一部分对方法进行介绍。

7.2.3.1 基于城市群层面的土地供给政策效应分析

（1）基于土地变量分为经营性用地与公益性用地情况下的分析。

①空间计量模型选择。按照 Elhorst（2014）对空间面板数据模型确定四个步骤：一是进行 Likelihood Ratio（LR）检验，确定模型固定效应的类型。以基于空间距离权重矩阵的模型为例，由检验结果可知人均 GDP、人均财政收入、GDP 增长率均为空间——时期固定效应（见表 7.9）。二是进行 Lagrange multiplier（LM）检验，确定采用哪一模型。由检验结果可知，该模型含有空间效应，即采用空间杜宾模型（见表 7.10）。三是进行 Hausman 检验，确定空间杜宾模型是否采用随机效应更合适，如表 7.11 所示，所有模型估计结果均在 1% 的显著性水平下拒绝了原假设，即模型应采用固定效应。四是进行 Wald 检验，以检测空间杜宾模型是否可以简化为空间误差模型或空间滞后模型，结果显示人均 GDP、GDP 增长率对应模型不能简化（见表 7.11）。

表 7.9　　Likelihood ratio（LR）检验

	INPGDP	INPFI	INIGDP
原假设（H_0）：空间固定效应不显著 备选假设（H_1）：空间固定效应显著	215.920***	306.938***	-316.500***
原假设（H_0）：时期固定效应不显著 备选假设（H_1）：时期固定效应显著	67.298***	84.962***	97.786***

注：*** 表示在 1% 的水平上显著。

表 7.10　　Lagrange multiplier（LM）检验

		INPGDP	INPFI	INIGDP
面板 OLS	LM Spatial lag	6.179**	66.512***	61.064***
	LM Spatial error	13.802***	52.326***	45.379***
	Robust LM Spatial lag	1.030	14.501***	17.705***
	Robust LM Spatial error	8.653***	0.315	2.020
空间固定效应	LM Spatial lag	5.340**	20.528***	47.036***
	LM Spatial error	1.552	16.247***	38.102***
	Robust LM Spatial lag	11.999***	4.360**	15.764***
	Robust LM Spatial error	8.212***	0.079	6.829***
时期固定效应	LM Spatial lag	0.450	30.288***	2.887*
	LM Spatial error	1.650	32.275***	3.656**
	Robust LM Spatial lag	13.266***	0.278	1.791
	Robust LM Spatial error	14.466***	2.265	2.560
空间与时期固定效应	LM Spatial lag	1.996	0.107	4.397**
	LM Spatial error	1.650	0.116	4.382**
	Robust LM Spatial lag	7.869***	0.002	0.030
	Robust LM Spatial error	7.523***	0.010	0.014

注：***、**、* 分别表示在 1%、5%、10% 的水平上显著。

表 7.11 Hausman 检验与 Wald 检验

检验类型	INPGDP	INPFI	INIGDP
Hausman 检验			
原假设（H_0）：模型应采用随机效应估计 备选假设（H_1）：模型应采用固定效应估计	-98.538***	-100.236***	-109.778***
Wald 检验			
原假设（H_0）：模型应可简化为空间滞后模型 备选假设（H_1）：模型不能简化为空间滞后模型	13.182**	5.347	9.286*
原假设（H_0）；模型应可简化为空间滞后模型 备选假设（H_1）：模型不能简化为空间误差模型	13.243**	0.254	9.003*

注：***、**、* 分别表示在 1%、5%、10% 的水平上显著。

②土地供给政策的直接效应和间接效应。根据前文的分析，可以判断具体空间计量模型形式，下文将进一步识别各自变量的直接效应和间接效应。基于两种空间权重矩阵下的各变量效应分解结果如表 7.12 所示。其中，模型的适合度依据对数似然值（Log-likelihood，LOGL）进行，LOGL 越大代表模型估计效果越好。

表 7.12 长江中游城市群基于经营性用地和公益性用地分类下各变量空间效应分解结果

因变量		INPGDP		INPFI		INIGDP	
权重		W_{ij}^{adj}	W_{ij}^{geo}	W_{ij}^{adj}	W_{ij}^{geo}	W_{ij}^{adj}	W_{ij}^{geo}
模型		时间空间固定效应	时间空间固定效应	时间空间固定效应	时间空间固定效应	时间空间固定效应	时间空间固定效应
直接效应	INBL	-0.007 (-0.188)	-0.005 (-0.144)	-0.009 (-0.186)	-0.005 (-0.097)	0.011 (0.111)	0.037 (0.368)
	INPL	0.027** (1.673)	0.016 (1.048)	0.042** (2.067)	0.032** (1.725)	-0.030 (-0.724)	-0.043 (-1.017)
	INFO	-0.130 (-1.035)	-0.129 (-1.033)	0.567*** (3.784)	0.570*** (3.495)	0.550** (1.647)	0.462 (1.350)
	ININV	0.1170 (1.118)	0.0891 (0.889)	0.2254** (1.692)	0.2105 (1.63420)	0.9297*** (3.380)	0.7693*** (2.800)

续表

因变量		INPGDP		INPFI		INIGDP	
权重		W_{ij}^{adj}	W_{ij}^{geo}	W_{ij}^{adj}	W_{ij}^{geo}	W_{ij}^{adj}	W_{ij}^{geo}
模型		时间空间固定效应	时间空间固定效应	时间空间固定效应	时间空间固定效应	时间空间固定效应	时间空间固定效应
间接效应	INBL	-0.1323* (-1.604)	0.0018 (0.032)	-0.1058 (-1.030)	-0.0170 (-0.245)	-0.2983 (-1.276)	-0.1918 (-1.134)
	INPL	-0.0488* (-1.431)	-0.0582*** (-2.559)	-0.0244 (-0.564)	-0.0395* (-1.334)	-0.0812 (-0.857)	-0.0649 (-0.919)
	INFO	0.3015 (0.951)	0.3111* (1.301)	0.2931 (0.744)	0.4439* (1.418)	2.6853*** (2.959)	1.3399** (1.872)
	ININV	-0.2375 (-1.133)	-0.2348* (-1.464)	-0.1821 (-0.707)	-0.1763 (-0.830)	-1.2427** (-2.240)	-0.8178** (-1.646)
总效应	INBL	-0.139* (-1.437)	-0.004 (-0.054)	-0.114 (-0.951)	-0.022 (-0.245)	-0.287 (-1.030)	-0.155 (-0.738)
	INPL	-0.022 (-0.574)	-0.042* (-1.641)	0.017 (0.363)	-0.008 (-0.215)	-0.111 (-1.058)	-0.108 (-1.273)
	INFO	0.172 (0.486)	0.183 (0.693)	0.860** (1.976)	1.013*** (2.840)	3.236*** (3.110)	1.802** (2.170)
	ININV	-0.121 (-0.573)	-0.146 (-0.934)	0.043 (0.172)	0.034 (0.157)	-0.313 (-0.554)	-0.049 (-0.091)
WY		0.149**	-0.023	0.144**	0.025	0.219***	0.139**
R^2		0.908	0.908	0.917	0.915	0.535	0.516
LogL		429.528	429.466	340.016	337.526	45.550	39.260

注：小括号内为t值。***、**、*分别表示在1%、5%、10%的水平上显著。

根据LOGL可以看出，空间邻近权重矩阵的模型比空间距离权重矩阵的模型解释力强，同时前者模型中PGDP、PFI和IGDP三个因变量空间外溢效应均比后者模型更显著一些，均为正向外溢效应，说明一个地区的人均GDP、人均财政收入和GDP增长率均有带动周边的正向作用，其中GDP增长率的带动作用最大。

各解释变量中，对于人均GDP，经营性用地变量的直接效应不显著、间接效应显著为负，但公益性用地指标均显著，表明地方政府通过经营性用地供给对自身城市经济拉动不大，但对邻近城市经济均产生显著的负向作用。这说明在长江中游城市群内整体上城市之间的经营性用地的供给形成了竞争性的招商引资关系；公益性用地的直接效应为正，间接效应为负，即公益性用地的供给对于自身发展有促进作用，而对周边地区经济抑制作用明显，这可能与交通运输用地比重有关，2016—2018 年长江中游城市群所有城市中交通运输用地占公益性用地比例近三年平均值最小的为 42.79%，最大的为 88.28%，其中三个省会城市南昌、武汉、长沙分别为 61.77%、70.41%、51.88%，反映出城市群内随着大城市（特别是区域中心城市）与周边城市的交通建设速度加快，大城市的虹吸效应更为明显，周边中小城市的生产要素向中心城市集聚，大城市的辐射效应低于集聚效应。同时，由于公益性用地的快速增长，伴随着政府的大量投入，公益性用地对于城市经济的带动作用还处于上升期。

对于人均财政收入，经营性用地的直接和间接效应均不显著，说明传统“以地生财”的方式作用减退，而公益性用地直接效应显著，间接效应不显著，说明公共设施的建设对本地的财政收入带动作用明显。此外，控制变量中财政支出的直接效应和间接效应均显著为正，其直接效应接近公益性用地直接效应的 14 倍，拉动作用显著。

对于 GDP 增长率，土地供给核心变量直接和间接效应均不显著，反映出靠土地供给带动 GDP 快速增长的传统方式已经无效；控制变量中，财政支出的直接效应和间接效应显著为正；固定资产的直接效应为正，但间接效应为负，说明目前各城市在项目投资方面竞争仍表现激烈。

（2）基于土地变量具体用途分类的分析。基于两种空间权重矩阵下的各自变量效应分解结果如表 7.13 所示。

表 7.13　长江中游城市群基于不同土地用途下各变量空间效应分解结果

因变量		INPGDP		INPFI		INIGDP	
权重		W_{ij}^{adj}	W_{ij}^{geo}	W_{ij}^{adj}	W_{ij}^{geo}	W_{ij}^{adj}	W_{ij}^{geo}
模型		时间空间固定效应	时间空间固定效应	时间空间固定效应	时间空间固定效应	时间空间固定效应	时间空间固定效应
直接效应	INRL	-0.0002 (-0.008)	0.004 (0.123)	-0.010 (-0.262)	-0.005 (-0.133)	0.053 (0.662)	0.057 (0.725)
	INIL	-0.001 (-0.0440)	0.010 (0.3347)	0.023 (0.6258)	0.040 (1.0906)	0.076 (0.9378)	0.060 (0.7914)

续表

因变量		INPGDP		INPFI		INIGDP	
权重		W_{ij}^{adj}	W_{ij}^{geo}	W_{ij}^{adj}	W_{ij}^{geo}	W_{ij}^{adj}	W_{ij}^{geo}
模型		时间空间固定效应	时间空间固定效应	时间空间固定效应	时间空间固定效应	时间空间固定效应	时间空间固定效应
直接效应	INCL	0.003 (0.133)	-0.001 (-0.023)	0.020 (0.679)	0.010 (0.358)	-0.134 (-2.131)	-0.073 (-1.165)
	INPML	0.008 (0.383)	-0.005 (-0.264)	-0.005 (-0.207)	-0.017 (-0.694)	-0.062 (-1.197)	-0.096** (-1.830)
	INTL	0.011 (1.209)	0.009 (0.9569)	0.020** (1.798)	0.019* (1.615)	-0.009 (-0.377)	-0.013 (-0.527)
	INFO	-0.105 (-0.862)	-0.097 (-0.761)	0.596*** (3.969)	0.616*** (3.881)	0.762** (2.281)	0.583** (1.687)
	ININV	0.125 (1.208)	0.071 (0.071)	0.234** (1.797)	0.202* (1.611)	0.898*** (3.247)	0.805*** (2.815)
间接效应	INRL	0.057 (0.760)	0.099** (1.883)	0.145* (1.454)	0.147** (2.077)	0.231 (1.001)	0.173 (1.046)
	INIL	-0.196*** (-2.817)	-0.085** (-1.839)	-0.229*** (-2.486)	-0.088* (-1.325)	0.053 (0.258)	-0.085 (-0.569)
	INCL	0.052 (0.946)	0.040 (1.062)	0.041 (0.540)	0.001 (0.027)	-0.536*** (-3.148)	-0.252** (-2.093)
	INPML	-0.058 (-1.556)	-0.060** (-2.069)	-0.023 (-0.463)	-0.059* (-1.503)	-0.173* (-1.597)	-0.070 (-0.782)
	INTL	-0.025 (-1.320)	-0.020* (-1.385)	-0.024 (-0.943)	-0.007 (-0.364)	-0.019 (-0.334)	-0.005 (-0.121)
	INFO	0.3282 (1.152)	0.2566 (1.072)	0.3232 (0.812)	0.4132** (1.328)	2.8860*** (3.241)	1.6757** (2.256)
	ININV	-0.181 (-0.925)	-0.202 (-1.276)	-0.103 (-0.414)	-0.155 (-0.693)	-0.998** (-1.839)	-0.877** (-1.775)

续表

因变量		INPGDP		INPFI		INIGDP	
权重		W_{ij}^{adj}	W_{ij}^{geo}	W_{ij}^{adj}	W_{ij}^{geo}	W_{ij}^{adj}	W_{ij}^{geo}
模型		时间空间固定效应	时间空间固定效应	时间空间固定效应	时间空间固定效应	时间空间固定效应	时间空间固定效应
总效应	INRL	0.057 (0.656)	0.103 * (1.631)	0.135 (1.166)	0.142 ** (1.673)	0.284 (1.069)	0.229 (1.146)
	INIL	-0.197 *** (-2.445)	-0.075 * (-1.389)	-0.206 ** (-1.937)	-0.048 (-0.614)	0.128 (0.533)	-0.025 (-0.144)
	INCL	0.055 (0.831)	0.040 (0.868)	0.061 (0.683)	0.012 (0.192)	-0.671 *** (-3.386)	-0.325 ** (-2.264)
	INPML	-0.050 (-1.234)	-0.065 ** (-1.974)	-0.027 (-0.514)	-0.076 ** (-1.670)	-0.234 ** (-1.934)	-0.160 * (-1.542)
	INTL	-0.014 (-0.651)	-0.012 (-0.737)	-0.004 (-0.145)	0.012 (0.553)	-0.027 (-0.436)	-0.018 (-0.355)
	INFO	0.223 (0.692)	0.160 (0.610)	0.920 ** (2.064)	1.029 *** (3.000)	3.648 *** (3.594)	2.259 *** (2.658)
	ININV	-0.056 (-0.293)	-0.131 (-0.853)	0.131 (0.529)	0.047 (0.214)	-0.100 (-0.184)	-0.072 (-0.144)
WY		0.08409	-0.03664	0.135 **	0.006	0.192 ***	0.107 *
R^2		0.910	0.910	0.919	0.9170	0.554	0.530
LogL		433.541	433.531	345.003	342.146	54.021	45.288

注：小括号内为 t 值。***、**、* 分别表示在 1%、5%、10% 的水平上显著。LOGL 表示对数似然值，LOGL 越大代表模型估计效果越好。

可以看出，对于三个因变量，空间邻近权重矩阵模型的解释力度均高于空间距离权重矩阵模型。人均财政收入、GDP 增长率的空间外溢效应显著为正，人均 GDP 的空间外溢效应不显著。

对于人均 GDP，所有核心变量的直接效应均不显著，工业用地、交通运输用地的间接效应显著为负，控制变量均不显著。

对于人均财政收入，核心变量中只有交通运输用地的直接效应显著为正，住宅用地、工业用地、公共管理与公共服务用地的间接效应显著。

其中，工业用地间接效应为负，说明一个城市工业用地增加，会抑制周边城市人均财政收入的增加，反映出工业项目的竞争已经有较明显的负外部性；住宅用地、公共管理与公共服务用地间接效应为正，反映出一个城市公共环境的改善有利于提高整个区域的吸引力，对周边城市的发展有良好的带动作用。控制变量财政收入和固定资产投资直接效应均显著为正，间接效应不显著，即两者对本地人均财政收入具有显著的带动作用。

对于 GDP 增长率，核心变量中公共管理与公共服务用地直接效应显著，其他土地供给变量直接效应不显著；商服用地、公共管理与公共服务用地的间接效应显著为负，区域中心城市的虹吸效应较明显。控制变量固定资产投资和财政支出的直接效应和间接效应均显著，差别在于固定资产投资的间接效应为负，而财政支出的间接效应为正，说明政府投入和基础设施建设均有明显的经济带动作用，同时城市之间存在明显竞争。

通过表 7. 12 和表 7. 13 可以看出，长江中游城市群中城市行政界线比距离远近的影响更为突出，经营性用地供给对城市经济的带动作用整体不明显，仅商服用地有一定显著度，公益性用地，特别是交通运输用地的直接效应和外溢效应明显，反映出区域内部城市之间的互联互动和有序分工合作十分重要，同时也伴随着城市间竞争激烈的现象。此外，城市群内各城市的政府财政支出和固定资产投资均表现出较显著的直接和间接效应，说明城市群正处于内部快速发展和城市群网络不断丰富和强化的阶段。

7. 2. 3. 2 基于单个省份的计算结果

为了进一步识别不同省份之间的差异性，观察同省份的城市间关系及土地供给变量的影响特点，分别对湖北、湖南和江西三个省份展开分析。根据上述模型选择方法，以下均为空间杜宾模型，但时间和空间效应不同，如表 7. 14、表 7. 15 和表 7. 16 所示，同时考虑到篇幅因素，仅将 LOGL 更大的模型结果列出。

（1）湖北省。湖北省各变量空间效应分解结果如表 7. 14 所示。

表 7.14　　湖北省各变量空间效应分解结果

因变量		INPGDP		INPFI		INIGDP	
（一）核心变量为公益性和经营性用地供给							
权重		W_{ij}^{adj}		W_{ij}^{adj}		W_{ij}^{geo}	
模型		时间空间固定效应		时间空间固定效应		时间空间固定效应	
效应		直接效应	间接效应	直接效应	间接效应	直接效应	间接效应
核心变量	INBL	-0.014	0.06042	-0.030	0.158*	-0.105	-0.224
		(-0.290)	(0.652)	(-0.508)	(1.298)	(-1.102)	(-1.275)
	INPL	0.038**	-0.023	0.051**	-0.041	0.016	-0.056
		(2.034)	(-0.600)	(2.080)	(-0.770)	(0.401)	(-0.723)
控制变量	INFO	-0.433***	-0.056	-0.055	0.052	0.323	1.332***
		(-3.507)	(-0.195)	(-0.368)	(0.144)	(1.254)	(2.340)
	ININV	0.145	0.573**	0.544***	0.772**	0.239	-0.798*
		(0.928)	(2.170)	(2.631)	(2.209)	(0.728)	(-1.320)
WY		-0.330***		-0.269**		0.027	
R^2		0.950		0.960		0.734	
（二）核心变量为不同土地用途供给							
权重		W_{ij}^{adj}		W_{ij}^{adj}		W_{ij}^{geo}	
模型		时间空间固定效应		随机效应		时间空间固定效应	
效应		直接效应	间接效应	直接效应	间接效应	直接效应	间接效应
核心变量	INRL	0.019	0.172**	-0.059	-0.004	-0.054	0.231*
		(0.537)	(2.290)	(-1.232)	(-0.032)	(-0.765)	(1.550)
	INIL	-0.022	-0.076	-0.101**	-0.286***	-0.008	-0.252*
		(-0.575)	(-0.973)	(-2.116)	(-2.750)	(-0.105)	(-1.628)
	INCL	-0.017	-0.011	0.056*	0.174**	0.004	-0.116
		(-0.530)	(-0.173)	(1.422)	(2.058)	(0.057)	(-1.099)
	INPML	0.038*	-0.080**	0.053**	0.071*	-0.018	-0.113
		(1.531)	(-1.728)	(1.648)	(1.338)	(-0.353)	(-1.336)
	INTL	0.021**	-0.011	0.050***	0.100***	0.016	0.023
		(1.780)	(-0.449)	(3.430)	(3.424)	(0.667)	(0.537)
控制变量	INFO	-0.397***	-0.235	-0.001	-0.048	0.393*	1.153**
		(-3.136)	(-0.780)	(-0.005)	(-0.124)	(1.553)	(2.066)
	ININV	0.196	0.688***	0.546***	-0.005	0.370	-0.885*
		(1.246)	(2.584)	(3.215)	(-0.014)	(1.126)	(-1.490)
WY		-0.334***		0.189*		0.019	
R^2		0.954		0.941		0.751	

注：小括号内为 t 值。***、**、* 分别表示在 1%、5%、10% 的水平上显著。

无论核心变量是经营性用地和公益性用地分类，还是按照具体用途分类，对于人均 GDP、人均财政收入两个因变量，空间邻近权重下的模型优于空间距离权重下的模型。因变量的空间外溢效应显著，其中人均 GDP 的空间外溢效应为负，说明城市人均 GDP 越高，对周边城市的抑制作用越大，反映出中心城市与周边城市存在较显著的虹吸效应。对于 GDP 增长率，基于空间距离权重矩阵的模型优于基于空间邻近权重矩阵的模型，且因变量的空间外溢效应不显著。三个因变量的外溢效应特点说明湖北省内城市间联系尚未形成稳定的分工合作关系，而且存在“中心—外围”结构强化的特点。

针对三个因变量，经营性用地供给的直接效应不显著，但进一步结合按用途分类建模情况，可以看出工业用地和商服用地均具有一定显著度的直接效应，其中工业用地直接效应表现为负值，表明湖北省各城市工业结构整体尚需要优化，同时由于间接效应为负，说明工业项目的招商引资竞争程度较高。

对于人均 GDP、人均财政收入，公益性用地的直接效应显著为正，其中交通运输用地对于人均财政收入的间接效应也表现出显著性且为正。

对于 GDP 增长率，核心变量直接效应均不显著，只有住宅、工业、公共管理与公共服务用地的间接效应显著，其中住宅用地为正，工业、公共管理与公共服务用地为负，说明各城市靠土地拉动经济的方式已不可行，城市间在工业项目发展上存在较明显的竞争，公共设施用地在推动大城市的虹吸效应方面扮演了较重要的角色。

控制变量的效应并不稳定，其中固定资产投资表现出一定程度的负外溢效应。

（2）湖南省。湖南省各变量空间效应与分解结果如表 7. 15 所示。

总体上，对于人均 GDP，空间距离权重矩阵的模型优于空间邻近权重矩阵的模型，因变量的外溢效应显著为正，说明城市的人均 GDP 增加会带动要素的聚集，从而对于距离越近的城市正向带动作用越明显；对于人均财政收入和 GDP 增长率，空间邻近权重矩阵的模型优于空间距离权重矩阵的模型，其中人均财政收入的空间外溢效应不显著，GDP 增长率的空间外

表 7.15　　湖南省各变量空间效应分解结果

因变量		INPGDP		INPFI		INIGDP	
（一）核心变量为公益性和经营性用地供给							
权重		W_{ij}^{geo}		W_{ij}^{adj}		W_{ij}^{adj}	
模型		时间空间固定效应模型		时间空间固定效应		时间空间固定效应	
效应		直接效应	间接效应	直接效应	间接效应	直接效应	间接效应
核心变量	INBL	-0.032**	-0.007	0.051	0.179*	0.071	0.357**
		(-1.961)	(-0.141)	(0.788)	(1.357)	(0.5606)	(1.796)
	INPL	0.0002	0.024	-0.022	0.032	-0.073*	-0.121*
		(0.037)	(1.215)	(-0.838)	(0.651)	(-1.347)	(-1.465)
控制变量	INFO	0.007	-0.390**	1.502***	0.421	0.974**	0.531
		(0.109)	(-1.719)	(5.703)	(0.718)	(1.849)	(0.606)
	ININV	0.068*	-0.062	-0.044	0.770**	0.098	-0.613
		(1.586)	(-0.496)	(-0.250)	(1.838)	(0.257)	(-0.926)
WY		0.310***		-0.101		-0.555***	
R^2		0.996		0.957		0.781	
（二）核心变量为不同土地用途供给							
权重		W_{ij}^{gev}		W_{ij}^{adj}		W_{ij}^{adj}	
模型		时间空间固定效应		时间空间固定效应		时间空间固定效应	
效应		直接效应	间接效应	直接效应	间接效应	直接效应	间接效应
核心变量	INRL	-0.005	-0.011	-0.023	0.066	0.165*	0.018
		(-0.394)	(-0.295)	(-0.452)	(0.592)	(1.630)	(0.121)
	INIL	-0.019**	0.003	0.027	-0.067	-0.147*	0.216*
		(-1.772)	(0.095)	(0.614)	(-0.746)	(-1.608)	(1.588)
	INCL	-0.013*	-0.010	0.060*	0.092	-0.040	0.186*
		(-1.455)	(-0.385)	(1.531)	(1.146)	(-0.537)	(1.574)
	INPML	0.003	0.030*	-0.034	-0.010	-0.017	-0.168*
		(0.335)	(1.352)	(-1.059)	(-0.156)	(-0.255)	(-1.565)
	INTL	-0.000	0.013	0.004	0.027	-0.065**	-0.017
		(-0.000)	(1.125)	(0.274)	(0.880)	(-2.075)	(-0.355)
控制变量	INFO	0.012	-0.351*	1.406***	0.268	1.252**	0.229
		(0.172)	(-1.514)	(5.189)	(0.449)	(2.248)	(0.250)
	ININV	0.071*	-0.056	-0.004	1.023***	0.006	-0.579
		(1.571)	(-0.452)	(-0.020)	(2.400)	(0.015)	(-0.898)
WY		0.304***		-0.103		-0.585***	
R^2		0.996		0.959		0.799	

注：小括号内为 t 值。***、**、* 分别表示在 1%、5%、10% 的水平上显著。

溢效应显著为负，说明城市的 GDP 增速越快，对于相邻城市抑制作用越显著。

经营性用地供给对于人均 GDP 的直接效应显著为负，但对于人均财政支出和 GDP 增长率并不显著。进一步结合具体土地用途分析发现：针对不同因变量，住宅用地直接效应存在不显著和显著为正的情况，工业用地和商服用地直接效应存在有正有负的现象，说明当前湖南省的土地供给结构不够合理，未能结合不同城市的产业发展水平和实际需求进行差别化供给。经营性用地供给的间接效应针对人均 GDP、人均财政收入、GDP 的增长率三个因变量，分别为不显著、显著为正和显著为负，其中工业、商服用地对于 GDP 增长率的间接效应显著为正，表明湖南省内部各城市发展关系不一，部分区域联系紧密，部分区域联系松散，这可能与省内如长株潭城市群等区域发展政策有关。

公益性用地供给仅对 GDP 增长率的直接效应和间接效应显著且为负，进一步结合不同用途土地供给情况可发现，公共管理与公共服务用地对于人均 GDP 的间接效应显著为正，而对于 GDP 增长率则显著为负，说明城市内部的公共服务水平提升对于周边城市生活质量有一定的正向激励，但同时也会因为吸引周边生产要素的聚集而对周边的 GDP 增减有一定的影响。

控制变量财政支出和固定资产投资的直接效应主要体现为正，但间接效应不稳定，说明城市间的关系正处于调整和优化阶段。

（3）江西省。江西省各变量空间效应分解结果如表 7.16 所示。

表 7.16　　江西省各变量空间效应分解结果

因变量		INPGDP		INPFI		INIGDP	
（一）核心变量为公益性和经营性用地供给							
权重		W_{ij}^{geo}		W_{ij}^{geo}		W_{ij}^{adj}	
模型		时间固定效应		时间固定效应		时间空间固定效应	
效应		直接效应	间接效应	直接效应	间接效应	直接效应	间接效应
核心变量	INBL	0.164**	0.151*	0.188**	0.126	0.339*	0.051*
		(1.897)	(1.505)	(1.997)	(1.109)	(1.536)	(0.140)
	INPL	0.050	−0.093*	0.057	−0.129*	−0.142*	−0.044
		(1.071)	(−1.357)	(1.071)	(−1.582)	(−1.328)	(−0.177)

续表

因变量		INPGDP		INPFI		INIGDP	
控制变量	INFO	-1.512 *** (-8.932)	0.240 (1.037)	-1.353 *** (-7.274)	0.360 * (1.339)	0.981 (1.063)	7.212 *** (4.075)
	ININV	1.116 *** (9.093)	-0.064 (-0.371)	0.871 *** (6.401)	-0.098 (-0.483)	0.886 (0.987)	-3.581 ** (-2.227)
WY		-0.288 ***		-0.228 **		-0.200 *	
R^2		0.806		0.816		0.687	
（二）核心变量为不同土地用途供给							
权重		W_{ij}^{geo}		W_{ij}^{geo}		W_{ij}^{adj}	
模型		时间固定效应		时间固定效应		时间空间固定效应	
效应		直接效应	间接效应	直接效应	间接效应	直接效应	间接效应
核心变量	INRL	0.052 (0.657)	0.257 ** (2.254)	0.067 (0.776)	0.239 ** (1.806)	-0.091 (-0.516)	0.400 (0.987)
	INIL	0.1331 ** (1.8568)	0.0983 (1.0013)	0.1452 ** (1.8487)	0.0965 (0.8580)	0.4136 *** (2.3454)	0.4248 (1.2711)
	INCL	0.019 (0.301)	-0.060 (-0.630)	0.010 (0.151)	-0.034 (-0.316)	-0.158 (-1.216)	-1.026 *** (-2.937)
	INPML	-0.039 (-0.818)	-0.117 ** (-1.688)	-0.048 (-0.904)	-0.172 ** (-2.178)	-0.092 (-0.812)	0.271 (1.228)
	INTL	0.021 (0.788)	-0.016 (-0.397)	0.019 (0.655)	-0.014 (-0.320)	-0.034 (-0.637)	-0.213 * (-1.448)
控制变量	INFO	-1.402 *** (-8.030)	0.167 (0.662)	-1.183 *** (-6.330)	0.241 (0.865)	1.133 * (1.326)	6.451 *** (4.036)
	ININV	1.051 *** (8.092)	-0.121 (-0.648)	0.777 *** (5.570)	-0.106 (-0.478)	0.924 (1.125)	-3.874 *** (-2.465)
WY		-0.341 ***		-0.289 ***		-0.191 *	
R^2		0.820		0.828		0.742	

注：小括号内为 t 值。***、**、* 分别表示在 1%、5%、10% 的水平上显著。

总体上，对于人均 GDP 和人均财政收入，基于空间距离权重矩阵的模型优于基于空间邻近权重矩阵的模型，对于 GDP 增长率，基于空间邻近权重矩阵的模型解释度优于基于空间距离权重矩阵，三个因变量的外溢效应均显著为负，即城市的人均 GDP、人均财政支出、GDP 增长率的增加都造成了周边要素的聚集，省内要素流动性较大，虹吸效应较明显。

对于人均 GDP，经营性用地影响显著，直接效应和间接效应均为正值，且大小接近，说明经营性用地无论是对本城市，还是相近区域的影响带动效应均较大。其中，工业用地的直接效应显著为正，住宅用地的间接效应显著为正；整体公益性用地效应不显著，只有公共管理与公共服务用地间接效应显著为负，说明城市内部的公共服务改善会加大周边人口、资本等要素的聚集从而影响周边城市的发展，而且这种影响随着距离越近而越大。

对于人均财政收入，经营性用地直接效应显著为正，主要体现在工业用地方面，说明工业用地的供给对本地区的经济带动作用明显，间接效应整体不显著，仅住宅用地表现出一定的显著性，说明城市的经营性用地供给对周边城市影响不大；整体公益性用地效应不显著，只有公共管理与公共服务用地间接效应显著为负。

对于 GDP 增长率，经营性用地的直接效应和间接效应均显著为正，且直接效应约为间接效应的 6 倍，结合具体土地用途供给情况，主要为工业用地的效应显著；公益性用地直接效应显著为负，可能与近些年正处于投资建设阶段有关，不过结合具体土地用途情况，可看到交通运输用地的间接效应显著为负，说明以交通运输用地为主体的公益性用地供给对于促进城市间联系，推动要素向中心城市集中发挥了一定的作用，江西省整体处于基础设施快速建设、区域增长极发展阶段。

控制变量中，财政支出多表现为直接效应为负，间接效应为正，说明当前江西省各市经济的增长对于地方财政的依赖逐渐减弱，部分城市财政支出呈现波动，甚至减少的情况（如上饶市、新余市、吉安市），同时城市的财政支出由于在交通建设上投入较大，对周边城市经济发展有一定的推动作用；固定资产投资的直接效应多表现为显著正值，间接效应多为不显著或者负值，说明固定资产投资是地方经济增长的重要动力之一，同时这一指标往往与招商引资项目密切相关，说明各城市之间存在着较强的竞争关系。

7.2.3.3 主要结论

根据上述分析结果，可以得出以下三个结论。

（1）城市间的经济关系表现出行政界线的影响比空间距离远近更为显著。长江中游城市群的人均 GDP、人均财政支出、GDP 增长率三个因变量的空间计量模型均表现为空间邻近权重矩阵的模型解释力强于空间距离权重矩阵模型，湖北、湖南两省有两个因变量，江西有一个因变量的空间计量模型也呈现同样特点。可以看出目前城市群内，城市行政边界的毗邻与否要比空间上的远近影响更大，城市对周边区域的影响与行政划分更加相关，相比于整个城市群，同一个省内的这种现象要弱一些，说明省内各城市的经济联系要比与省外城市的联系明显更为密切。

（2）城市群整体内部结构未形成良好的分工合作，不同省份的虹吸效应存在差异。省内城市间经济联系明显强于整个城市群内的城市经济联系，使得城市群范围内土地供给政策的空间外溢效应不显著，或者为负，特别是工业用地、公共管理与公共服务用地、交通运输用地，说明城市间项目竞争激烈、中心城市与外围城市的差异较大，空间结构演变还处于增长极化阶段，大城市虹吸效应显著。

三个省内也存在较大差异，湖北省的工业用地间接效应为负、交通运输用地的间接效应为正、湖南省的工业用地间接效应为正、交通运输用地的间接效应为不显著，江西省工业用地间接效应不显著、交通运输用地的间接效应为负，反映出城市竞争呈现“湖北 > 江西 > 湖南”的状况，同时中心城市对周边城市的虹吸效应呈现“江西 > 湖南 > 湖北”的态势，即湖北省内各城市之间在工业项目上尽管竞争激烈，不过伴随着交通的发展，中心城市对周边城市的带动作用越来越明显，而江西省的交通建设反而使得周边城市的生产要素越来越集中于中心城市。

（3）土地供给变量的影响在空间尺度及不同省内存在较大差异，与经济发展水平有关。具体表现为：①城市群层面表现为经营性土地供给直接效应不显著、工业用地间接效应为负，而公益性用地供给直接效应显著为正、间接效应显著为负，且主要是与交通运输用地有关。②经济水平越高的省份，土地供给的直接效应越不明显。目前三个省的经济水平不一，人均GDP从高到低依次为：湖北、湖南、江西（见图7.3）。从前文分析可以看出，湖北省的工业用地直接效应不明显或者为正，交通运输用地直接效应不显著；湖南省的工业用地直接效应有正有负，交通运输用地的直接效应不显著或者为负；江西省工业用地直接效应为正，交通运输用地的直接效应不显著或者为负。结合各变量间接效应的表现，反映出三个省之间，经济水平越高，土地供给结构比供给规模更为重要，长江中游城市群整体处于前文提及的第二阶段，其中湖北省的空间结构正从第二阶段向第三阶段转型。

上述第（2）点和第（3）点结论正好验证了7.2.1.2小节提出的假说（1）和假说（2）。

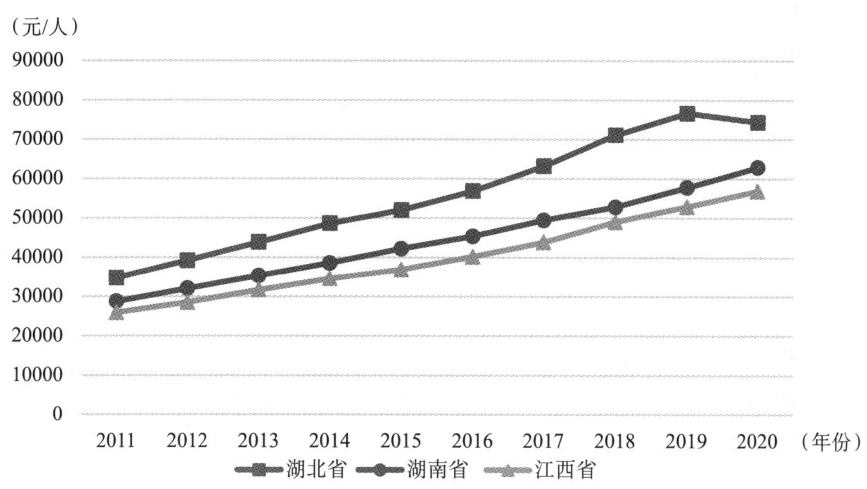

图7.3 湖北、湖南、江西三省2011—2020年人均GDP情况

资料来源：历年《中国统计年鉴》。

7.2.4 政策建议

在我国经济改革和发展的实践中，土地往往是各级政府加快经济发展、促进经济转型和优化经济布局的重要工具。但正如本书研究发现，在城市群内土地供给的效应存在很大差异，这种差异与城市群发展的经济水平、城市内部的行政边界、城市间的经济联系水平有关，表现为不同用途土地之间，以及同一用途土地在不同的行政区内均有差异。因此，未来土地供给制度的改革应该结合以上规律和特点进行，以体现区域性和动态性的创新。

7.2.4.1 建设用地指标的市场化改革探索

当前，土地指标的市场化主要体现在城乡建设用地增减挂钩中的耕地指标上，关于建设用地的改革主要体现在二级市场上，即转让、出租和抵押方面，对于建设用地供给缺乏相应的改革做法，根据本书分析，部分土地供给的直接效应并非完全正向，且普遍具有显著的空间外溢效应，即一个城市的土地供给不一定促进本城市的发展，但却会影响到周边城市的发展，同时这种空间外溢存在正负两种情况，因此要充分发挥其正向效应，抑制其负向效应，就必须针对现行土地供给制度进行思考和创新，特别是对于城市群这一关注国家竞争力的空间形态，优化其土地供给的效应显得尤为重要。

一个可供参考的思路是，上级政府可以考虑以城市群为土地供给的考核区域单元，构建城市间建设用地指标的交易平台，允许地方政府根据自身经济的需求以及城市间的合作分工对每年的供地计划进行调整，剩余或者不足的指标可以在交易平台上进行市场化配置。考虑到前文分析发现省内的经济联系一般会更紧密一些，因此这一改革可以先从省内进行，当然对于空间外溢效应不显著的区域可以不进行此类改革。

7.2.4.2 不同阶段下突出供给结构差异化及出让时限的弹性化

由于在城市群不同发展水平下，不同用途土地供给的效应不同，例如前文分析发现的工业用地和交通运输用地可能呈现随经济的发展其直接效应逐渐减弱、间接效应逐渐显著的特点，因此对于不同城市，在制订供地计划时应充分分析不同用地的效应特点，及时调整自身供给结构。同时，为了保障调整的灵活性，需要增强土地出让时限的灵活性，而并非按照《土地管理法》中对于不同用途土地供给的最高时限进行出让。特别是对于产业用地的供给，既要考虑产业和企业自身的发展规律，也要结合城市群内经济发展的整体水平、城市间联系的紧密程度等进行。

7.2.4.3　积极推动存量土地再开发

从分析结果可以看出，无论是直接效应还是间接效应，土地供给变量的影响主要以正向为主，其中主要表现在工业用地、公共管理与公共服务用地、交通运输用地等反映产业需求、居民生活质量、城市联系的用地方面。在当前建设用地后备资源不足、人地矛盾突出，以及许多城市开展减量化规划的背景下，我们应积极推动低效、闲置的土地进行再开发，重新进行市场化配置。

下一步，可在以下三个方面进行完善与创新：一是规范统一的交易平台，目前地方土地二级市场平台正处于探索之中，国家也并未强行要求各地将成交数据录入土地监管平台；二是降低存量土地市场交易的税费成本，目前土地使用权转让涉及流转税、所得税、财产行为税（增值税、契税等）等多个税种，且费用较高；三是规范涉及用途变更时的增值收益分配机制，在 2017 年我国 34 个市（县、区）开展的土地二级市场改革试点中部分地区对于用途变更、容积率变化等方面采取的优惠措施值得分析和借鉴。

7.2.4.4　科学稳步推进集体经营性建设用地入市

尽管《土地管理法》（2019 修正版）破除了集体经营性建设用地入市的法律障碍，但并非所有地区都应大力强调集体经营性土地入市的规模，以长江中游城市群为例，经营性用地的供应直接效应不显著，因此入市不在于规模，而应关注集体经营性入市是否有利于产业结构的升级，目前《土地管理法》对于集体经营性建设用地入市主要是从规划符合性和本集体经济组织成员意见方面进行约束，从很多地区的实践看，许多集体经营性用地入市主要从程序上保证了使用者的合法性，但入市前后的用途，甚至使用者并未发生变化。因此，下一步为落实《土地管理法》的新要求，还需要政府制定合理的集体经营性建设用地入市细则，同时注重政府和农村集体的合理分工，政府不用刻意加速这一过程，而应从规划管制、产业引导、交易平台建设、利益分配规则等方面进行宏观指导，把具体的入市过程交给市场，由市场主体，以及集体经营性建设用地的所有者和使用者执行。

第 8 章

土地供给调控制度创新探索

通过前面 7 章的研究分析，可以看出土地供给、土地市场及区域经济发展之间存在密切且有差异的关系，未来如何促进区域有效分工与合作、城乡统筹发展及乡村振兴，充分考虑城市与区域空间的结构差异及演变特征，土地供给调控制度应基于科学分析，不断创新，增强其灵活性，才能切实发挥我国土地公有制的制度优势，提升土地利用效率。

8.1　基于区域协同视角的土地供给制度创新

在前文的研究中可以发现，土地供给对于不同经济水平差异的城市群、行政范围内外的区域经济发展影响存在很大差异，未来土地供给制度必须考虑这种差异性。

8.1.1　以国土空间规划为引领，整体布局安排城市群土地供给

在“多规合一”的导向下，土地供给必须以国土空间规划为引领，土地供给的数量和空间布局应该与区域空间结构优化方向一致。一是在城市群内构建整体的绩效考核机制，明确政府与市场在协同发展过程中的权责范围，协调不同行政区域政府间的关系。二是衔接相关规划的同时，调整土地供给结构，优化布局生产、生活与生态空间。三是重点做好交通用地的供给，构建区域一体化的交通网络体系，加强区域联系、引导产业发展。如，巴黎城市群一小时通勤圈、日本“四全综”的全国一日交通圈、“七全综”提出中等城市的一小时都市圈。

8.1.2　实施差别化的供地政策，满足不同区域与城市群的用地需求

通过对比不同城市群的资源禀赋、国土空间用途管制和土地供给趋势与土地供给政策的时空效应特征，不同用途土地供给量对经济发展和空间

外溢效应的影响，尝试以城市群为单位，强化土地供给增量、存量、流量和结构、质量的管控，实现增量与存量挂钩，总量与结构、质量挂钩。加强用地分类调控：需要优化开发的要增加建设用地存量的再开发利用制度供给；需要重点开发的应重点增加产业聚集区及基础设施建设用地制度供给；农产品主产区应重点增加控制建设用地需求和耕地流失的制度供给；重要生态功能区应重点增加保护和支持生态用地的制度供给；禁止开发的应重点增加限制各类开发、适度发展旅游等保护性产业的土地制度供给。另外，应根据土地供给量，如新增建设用地供给或存量建设用地供给，实施增存挂钩和结构调整政策，实现土地供给趋势与用地的正负效益方向一致。

8.1.3 优化用地管理政策，提升土地供给效率

结合城市群经济发展态势，进一步在降低成本、完善标准、优化供给上下功夫。一是要有效降低产业经济运行成本，在城市群内选择适当的产业实行租售并举、租让结合的供地方式，根据产业生命周期实施弹性的出让年期，切实降低企业前期投入成本。二是要进一步完善标准。对于创新型产业的产品研发、技术试验、企业孵化等用地，既要区别于传统工业用地，又不能简单等同于办公、写字楼等商服用地，在地价确定、容积率和建筑形态等方面进行研究，完善用地标准控制。三是要按照国务院“放、管、服”改革的有关要求，下放审批权限、压缩审批时间、简化审批程序，开展如浙江“标准地”改革等制度创新，切实提升土地供给效率。

8.1.4 创新土地供给指标调配机制，推动土地资源优化配置

建立土地供给计划与城市群发展挂钩机制，完善区域层面的土地供给计划。根据城市群内部的协同发展程度与土地供给绩效的不同，拓宽传统“一刀切”或者按照行政单位切分的供地政策。对于协同发展程度及建设用地供需矛盾一般的城市群，重点发展国有土地二级市场，推动存量土地

再开发，实现土地利用效率提升与产业结构优化升级的耦合。对于协同发展水平较高，建设用地供需矛盾突出的城市群，一方面可以重点推动集体经营性建设用地入市，另一方面可以在土地空间外溢范围内，构建城市群内部的土地指标交易平台。区域内建设用地供过于求的城市可以将富余指标通过市场转让给供不应求的城市，这样前者既可以避免低效使用土地，同时又可以增加财政收入，后者则减少了土地资源对经济发展的限制，充分发挥土地资源的配置效率。

8.2　基于城乡土地市场统筹的土地调控制度创新

在当前人地矛盾突出，城镇化水平快速增长的背景下，为了进一步促进农村经济发展落实乡村振兴战略，提升农村建设用地的利用效率，2019 年 8 月通过的《土地管理法》修订案中明确规定符合相关规划和条件的集体经营性建设用地可以直接进入市场，鼓励农村集体经济组织及其成员盘活利用闲置宅基地和闲置住宅。因此，集体经营性建设用地和宅基地的合理利用也将成为未来统筹城乡发展的重要措施，探索新政策背景下的土地调控制度十分必要。

一个重要的创新思路就是推进多渠道土地供给改革，提升存量土地利用效率。建立新型建设用地供给指标体系，把存量用地盘活和农村集体经营性建设用地入市部分纳入该体系中。一方面，在产业升级的导向下，鼓励企业将其持有的低效工矿仓储用地、商服用地等在统一的市场平台上流动，提高土地利用效率；另一方面，在新增建设用地指标供不应求的区域，有序推动集体经营性建设用地入市，并从供给端配合空间规划及产业调整的用地需要，优化各类用地的空间布局。值得注意的是，集体经营性建设用地入市不仅要符合土地利用规划，也要以产业规划为方向，供给以提升产业结构为目标。

当前，乡村振兴战略导向下各地鼓励农村发展新产业新业态，这必然要求农村土地利用结构相应调整，农村产业发展并不是让城市的产业下乡，而是充分结合农村特色，包括自然景观、人文历史，以及发展休闲农业、观光农业。农村空间布局和功能区域分工将与传统农村发展有很大差异，因此农村经营性建设用地中基础设施和公共服务设施的比重要加大，既可以改善农村的区位优势，缩小城市与农村往来的交通时间，同时也能吸引相关经营人才能参与农村的新产业发展，提升村民的生活水平。

此外，宅基地改革要充分考虑村民返乡的可能性，稳步推进。宅基地改革和流转也要考虑其实施前提，即村民已不需要宅基地作为退路，人口城镇化伴随着就业真实的城镇化，只有城市达到较高的城市就业率，有稳定的社会保障，城乡统筹才能实现。目前相比于中西部省份，得益于更高的城市化和工业化水平，东部省份农民在失去土地后比较容易在非农部门实现再就业，东部省份的农民对货币性补偿的诉求更高，而对社会保障与安置、市民身份转变的诉求更低，宅基地退出也更容易实现。

8.3 基于新基建下的空间规划与土地供给创新

8.3.1 新基建对城市空间的影响

“新基建”是基础设施建设中的一个相对概念，主要体现以新发展理念为引领，以技术创新为驱动，以信息网络为基础，因此，不同于传统基建，新基建主要立足于科技端，主要包括5G（第5代移动通信技术）基站建设、特高压、城际高速铁路和城市轨道交通、新能源汽车充电桩、大数据中心、人工智能、工业互联网七大领域。

在经济发展形态逐渐发生变化，以及传统基础设施建设取得巨大进展的背景下，为更好地服务产业结构升级和高质量发展，新基建成为国家建设的重要领域。以5G建设为例，据有关研究机构预计，到2025年，5G建设投资累计将达到 1.2 万亿元，带动的产业链上下游及各行业的应用投资将超过 3.5 万亿元。

"新基建"概念的正式提出是在 2018 年 12 月的中央经济工作会议上，会议提出要"加快 5G 商用步伐，加强人工智能、工业互联网、物联网等新型基础设施建设"，随后在 2019 年、2020 年、2021 年国务院政府工作报告里均强调此要求。在新冠肺炎疫情的影响、世界经济低迷及我国提出国内国际双循环新发展格局的大背景下，未来新基建必然在我国经济发展中扮演重要的角色。

但是，新基建无论是自身建设对空间的需求，还是通过改变人们生活方式，均会对土地需求产生与传统基建很大的差异，因此土地供给政策也应相应采取新的思路。

8.3.1.1　空间形态变化

不同于传统基础设施是土地资源的消耗大户，新型基础设施往往紧凑集约，很多设施能与既有设施复合利用，有些甚至在空间上难以直观显现，比如现有 5G 基站仅行李箱大小，人工智能是抽象的软件系统，物理载体就是一些芯片和存储器等。

对土地需求影响更为突出的是新基建改变了人们对生活方式的需求，从而对不同功能空间的需求发生变化。例如，新基建的建设，以及交通技术和通信技术的发展，大大缩短了时空距离，改变了产业、劳动力等要素的区位选址，许多经济形态可能逐渐从以线下为主转为以线上空间为主，办公空间与居住空间的融合性更强。另外，创新技术将在城市中心聚集，伴随而来的高新技术产业也并非在传统城郊的工业园区集聚，而是会在城市中心区发展，城市空间结构也可能从传统的"中心—外围"结构，逐渐演变为核心 CBD（中央商务区）与相对分散的多个次中心共同组成的多中心结构。同时，不同用途的土地边界会更加模糊，为了满足劳动力高质量的生活追求以及工作的灵活性，城市的公共绿地空间将大大增加，碎片化的文化娱乐空间也将成为重要需求。

8.3.1.2　土地供需矛盾加剧亟待土地利用效率的提升

新基建的发展一方面是本身的用地需求较大，例如基于 5G 频谱和网络技术要求，5G 小基站站距仅为 50—100 米，站址数量将为 4G（第 4 代移动通信技术）网络的数倍，5G 的建设涉及基站站址、机房及管线、电力等配套设施的用地需求。重庆市在《推进 5G 通信网建设发展的实施意见》中提出，到 2020 年，全市基于路灯杆、监控杆、标识杆等社会杆塔设施资源的“多杆合一”5G 宏基站站址达到 1 万座，基于上述设施的 5G 微/皮基站站址达到 5 万座。另一方面是新基建推动产业的更新升级，大数据技术、人工智能、物联网等伴随着大量的上下游企业，用地需求巨大。但我国多年以来大部分工业用地的出让按照《土地管理法》工业用地出让年限的上限 50 年供应，使得工业用地即使承载的产业已经效率降低，甚至停产，也难以直接用于新产业。此外，经历了几十年的传统基建建设时代，大量农村土地已转为城市建设用地，后备土地日益稀缺。

8.3.2 土地供给创新思路

基于上述新基建带来的影响的分析，未来土地供给应从以下三个方面进行相机抉择和创新：

一是国土空间规划层面，加大对空间规划下城市空间结构的思考，特别是新基建发展快速地区，城市中心和郊区的关系、分工定位会出现新的变化，对空间发展战略提出新的思考；城市内部居住、商业办公的功能分区也将趋于混合，公共绿地和公共服务空间占比将逐步提升；高新技术创新产业园区的布局不一定在远离市中心的区域，规划时要突出创新链与产业链的空间融合。

二是供地类型上，考虑更加灵活的供地方式，混合用途供地比例根据新基建发展水平、城市产业发展类型和人们生活工作需求而灵活调整；项目用地标准也将根据实际发展进行适当调整，例如自动驾驶汽车和智能化交通系统的不断发展，交通道路的用地需求会有所下降，交通用地与步行道、非机动车道的空间比例会发生变化。

三是深化二级市场改革，提升存量建设用地供应的比例。一方面，继续推进现有低效国有建设用地的再开发，以满足新基建及其引致的相关产业用地需求；另一方面，提升集体经营性建设用地入市的效率，既保证农民集体作为所有者的收益，同时也要推动产业的升级，以保证这些建设用地作为资源的利用效率，避免一些地方“换汤不换药”，入市只成为一个手续，土地的使用方式并未发生变化，效率也未得到提升。

参考文献

[1] Liu, T. , G. Cao, Y. Yan, and R. Y. Wang. Urban Land Marketization in China: Central Policy, LocalInitiative, and Market Mechanism [J]. Land Use Policy, 2016, (57): 265 -276.

[2] DHEERA A S. Resource misallocation and rice productivity in Thailand [J]. Montenegrin journal of economics, 2018, 14 (2): 143 -153.

[3] Chen, C. R Untitled Land, Occupational Choice, and Agricultural Productivity. American Economic Journal: Macroeconomics, 2017, 9 (4): 91 -121.

[4] 东西中部和东北地区划分方法，中华人民共和国国家统计局 [EB/CD]. http://www.stats.gov.cn/ztjc/zthd/sjtjr/dejtjkfr/tjkp/201106/t20110613_71947.htm.

[5] 曲福田，冯淑怡，诸培新，陈志刚．制度安排、价格机制与农地非农化研究 [J]. 经济学（季刊), 2004 (04): 229—248.

[6] 钱忠好，牟燕．中国土地市场化水平：测度及分析 [J]. 管理世界, 2012a, (7): 65—75.

[7] 徐升艳，陈杰，赵刚．土地出让市场化如何促进经济增长 [J]. 中国工业经济, 2018 (03): 44—61.

[8] 国家统计局发布的《中华人民共和国 2019 年国民经济和社会发展统计公报》[EB/CD]. http://www.stats.gov.cn/tjsj/zxfb/202002/t20200228_1728913.html.

[9] 汪晖，陶然．中国土地制度改革：难点、突破与政策组合 [M]. 北京：商务印书馆, 2013.

[10] 闫昊生等．土地要素：一个中国特色的政策工具 [J]. 经济学家, 2019 (5): 104—112.

［11］刘元春，陈金至．土地制度、融资模式与中国特色工业化［J］．中国工业经济，2020（3）：5—23.

［12］余亮亮，蔡银莺．土地供给结构、财政压力与房价——来自广东省的经验分析［J］．中国土地科学，2018，32（08）：30—36.

［13］黄凌翔，韩杰，黄征学，刘光成．土地供给经济绩效的时空效应研究——以五大城市群为例［J］．宏观经济研究，2019（12）：72—85.

［14］皮亚彬，李超．地区竞争、土地供给结构与中国城市住房价格［J］．财贸经济，2020，41（05）：116—130.

［15］陆铭．建设用地使用权跨区域再配置：中国经济增长的新动力［J］．世界经济，2011，34（01）：107—125.

［16］邵挺，崔凡，范英，许庆．土地利用效率、省际差异与异地占补平衡［J］．经济学（季刊），2011，10（03）：1087—1104.

［17］郭建锋．中国城市建设用地的空间错置及完善途径［J］．城市问题，2015（08）：45—52.

［18］张俊峰，张雄，张安录，贺三维．建设用地空间错配理论、机制与效益损失：基于湖北省的实证［J］．中国人口·资源与环境，2020，30（04）：42—53.

［19］王良健，李辉，禹诚，张特．耕地征收最优规模的理论与实证研究——基于边际理论视角［J］．中国土地科学，2013，27（01）：11—19.

［20］谭荣，曲福田．农地非农化的空间配置效率与农地损失［J］．中国软科学，2006（05）：49—57.

［21］张雄，张安录，邓超．土地资源错配及经济效率损失研究［J］．中国人口·资源与环境，2017，27（03）：170—176.

［22］李力行，黄佩媛，马光荣．土地资源错配与中国工业企业生产率差异［J］．管理世界，2016（08）：86—96.

［23］季书涵，朱英明，张鑫．产业集聚对资源错配的改善效果研究［J］．中国工业经济，2016（06）：73—90.

［24］郭珂．土地财政依赖、财政缺口与房价——基于省际面板数据

的研究［J］. 经济评论，2013（02）：69—75.

［25］唐鹏，周来友，石晓平. 地方政府对土地财政依赖的影响因素研究——基于中国1998—2010年的省际面板数据分析［J］. 资源科学，2014，36（07）：1374—1381.

［26］刘广平，陈立文，寇盛彪. 土地财政依赖、土地价格与房价关系研究［J］. 建筑经济，2014，35（09）：102—106.

［27］牟燕，钱忠好. 地方政府土地财政依赖一定会推高城市一级土地市场化水平吗？——基于2003—2015年中国省级面板数据的检验［J］. 中国土地科学，2018，32（10）：8—13.

［28］方创琳，王振波，马海涛. 中国城市群形成发育规律的理论认知与地理学贡献［J］. 地理学报，2018，73（4），651—665.

［29］何怡瑶，潘士远. 土地政策与中国经济波动——基于土地供给量的视角［J］. 中国土地科学，2015（12）：51—59.

［30］谭术魁，饶映雪，朱祥波. 土地投入对中国经济增长的影响［J］. 中国人口·资源与环境，2012，22（09）：61—67.

［31］王建康，谷国锋. 土地要素对中国城市经济增长的贡献分析［J］. 中国人口·资源与环境，2015，25（08）：10—17.

［32］汤萱，高星，周秋萍. 金融发展、地方政府激励与企业技术效率［J］. 金融经济学研究，2020，35（02）：99—112.

［33］刘国巍，邵云飞. 战略性新兴产业创新金融支持机理及两阶段演化博弈分析［J］. 运筹与管理，2021，30（04）：87—95.

［34］任征宇. 战略性新兴产业金融支持效率研究——基于七大产业的上市公司证据［J］. 财会通讯，2021（04）：160—163.

［35］熊勇清，李鑫，黄健柏，贺正楚. 战略性新兴产业市场需求的培育方向：国际市场抑或国内市场——基于“现实环境”与“实际贡献”双视角分析［J］. 中国软科学，2015（05）：129—138.

［36］陈文晖，李虹林，王婧倩. 促进战略性新兴产业发展的需求侧政策研究［J］. 价格理论与实践，2020（07）：36—39.

［37］孙治宇，王庚. 国内需求培育抑或国外市场拓展：我国战略性

新兴产业发展的市场驱动力研究［J］. 企业经济，2019（01）：144—152.

［38］李太平，顾宇南. 战略性新兴产业集聚、产业结构升级与区域经济高质量发展——基于长江经济带的实证分析［J］. 河南师范大学学报（哲学社会科学版），2021，48（01）：78—87.

［39］王晓晨，贺敏，吴伟军，颜文聪. 我国战略性新兴产业综合竞争力测度及发展差异——基于380家典型性上市公司统计数据的实证分析［J］. 企业经济，2021，40（06）：69—77.

［40］付永萍. 中国战略性新兴产业发展关键影响因素的实证［J］. 东华大学学报（自然科学版），2019，45（04）：605—611.

［41］张越，封伟毅，李志欣. 战略性新兴产业双元创新协同性影响研究［J］. 经济纵横，2021（08）：96—105.

［42］薛昱，张文宇，雷家骕. 基于复杂网络分析的区域战略性新兴产业创新能力评价［J］. 科学决策，2020（04）：49—66.

［43］邵云飞，穆荣平，李刚磊. 我国战略性新兴产业创新能力评价及政策研究［J］. 科技进步与对策，2020，37（02）：66—73.

［44］胡慧芳，胡谍. 战略性新兴产业政策是否有效提升了创新积极性——基于福建省上市公司的经验证据［J］. 福建论坛（人文社会科学版），2021（05）：58—66.

［45］王昶，周亚洲，耿红军. 本地能力视角下战略性新兴产业政策扩散研究——以中国内地31省份新材料政策为例［J/OL］. 科技进步与对策：1-10［2021-10-06］. http：//kns. cnki. net/kcms/detail/42. 1224. G3. 20210413. 1758. 027. html.

［46］戚湧，张锋. 基于内容分析的战略性新兴产业政策评价研究［J］. 科技进步与对策，2020，37（17）：118-125.